Fachrechnen für gastgewerbliche Berufe

von
HERMANN GRÜNER

20., aktualisierte Auflage

HANDWERK UND TECHNIK · HAMBURG

Bildquellenverzeichnis

AID, Bonn: S. 89/3

Bayerisches Staatsministerium für Landesentwicklung und Umweltfragen:
Der umweltbewusste Hotel- und Gaststättenbetrieb, München: S. 86/2, 89/1, 2

Bizerba-Werke, Balingen: S. 31

Charles, Jason, Lübeck: S. 27, 94

dpa-infografik GmbH, Hamburg: S. 57, 91, 186

Eto, Ettlingen: S. 24, 25

Fotolia Deutschland, Berlin, © www.fotolia.de: S. 11 (MH)

Glück, Kassel: S. 103, 129

Hegemann, Markus, Hamburg: S. 14, 15, 17, 18, 19, 20, 22, 26, 27, 28, 30, 32, 33,
37, 43, 44, 50, 54, 71, 83, 86, 94, 105, 122, 137

Hürlimann, München: S. 38/3

Klinger, Baden-Baden: S. 38/1,2, 102

Sämtliche nicht im Bildquellenverzeichnis aufgeführten Zeichnungen:
Hans-Dieter Haren, Offenbach/Main

ISBN 978-3-582-04452-5

Verlag Handwerk und Technik GmbH,
Lademannbogen 135, 22339 Hamburg;
Postfach 63 05 00, 22331 Hamburg – 2014

E-Mail: info@handwerk-technik.de
Internet: www.handwerk-technik.de

Computersatz: comSet Helmut Ploß, 21031 Hamburg
Druck: DZA Druckerei zu Altenburg GmbH, 04600 Altenburg

Allgemeinbildende Schulen unterrichten Mathematik; an der Berufsschule gibt es fachbezogene Mathematik oder Fachrechnen. Worin liegt der Unterschied?

Allgemeinbildende Schulen haben den Unterricht nach Gesichtspunkten der Mathematik aufgebaut.

Wenn z. B. das Bruchrechnen behandelt wird, so reichen die Möglichkeiten der Anwendung dieses Verfahrens von einem Kuchen, der zu verteilen ist, über Zinsrechnen bis zur Aufteilung von Erbschaften.

An allgemeinbildenden Schulen geht es also vorwiegend um das Mathematische; Sachverhalte dienen als Möglichkeit zur Anwendung und Übung.

Die entsprechenden Abschnitte eines Rechenbuches bringen daher auch nur Aufgaben, die „passen".

Berufliche Schulen gliedern den Unterricht vorwiegend nach beruflich-sachlichen Gesichtspunkten. Bei Sachaufgaben ist das Erkennen der Zusammenhänge wichtig. Zur Lösung sind dann oft mehrere Rechenverfahren erforderlich.

Es geht also vorwiegend um Sachstrukturen; die Mathematik ist ein Mittel zu deren zahlenmäßiger Lösung.

In der Grundstufe versucht die Berufsschule eine enge Verbindung zwischen Mathematik und Sachzusammenhang herzustellen. Die Fachstufen stellen dann die Sachprobleme in den Vordergrund.

Für fächerübergreifenden, handlungsorientierten Unterricht bietet diese Sichtweise eine optimale Orientierung mit der Möglichkeit, den Sachgebieten der Leitfächer die zahlenmäßige Erfassung und Bewertung zuzuordnen, ohne den mathematischen Zusammenhang aus den Augen zu verlieren.

Anwendung auf verschiedene Sachgebiete

Rechenverfahren

Lösung mithilfe verschiedener Rechenverfahren

Sachprobleme

Themen der Mathematik zeigt das Inhaltsverzeichnis des Buches in dieser Farbe.

Sachprobleme stehen in schwarzer Überschrift.

Inhaltsverzeichnis

1 Grundrechenarten   **8**

1.1	**Addieren oder Zusammen-**	
	zählen	8
1.1.1	Ermitteln von Mengen und	
	Beträgen	8
1.2	**Subtrahieren oder Abziehen**	9
1.2.1	Ermitteln von Verlusten	9
1.2.2	Führen der Lagerfachkarte	10
1.2.3	Herausgeben von Wechselgeld	11
1.3	**Multiplizieren oder Malnehmen** ...	12
1.3.1	Kommasetzung bei Dezimalzahlen	12
1.4	**Dividieren oder Teilen**	13
1.4.1	Rundungsregeln bei € und kg	14
1.4.2	Rundungsregeln bei fachgebunde-	
	nen Einheiten	15
1.4.3	Erforderliche Genauigkeit	15
1.5	**Übungen**	16

2 Bruchrechnen   **17**

2.1	**Bruch – Dezimalbruch**	17
2.1.1	Vorteile beim Wiegen und Messen ...	17
2.2	**Multiplizieren von Brüchen**	18
2.3	**Kürzen von Brüchen**	18
2.4	**Übungen**	19

3 Rechnen mit Größen   **20**

3.1	**Länge**	20
3.2	**Fläche**	20
3.2.1	In der Küche	21
3.2.2	Im Hotel	22
3.2.3	Maßskizze	23
3.3	**Raum**	24
3.3.1	Behältnisse	24
3.3.2	Arbeitsrechtliche Bestimmungen ...	25
3.4	**Hohlmaße**	26
3.4.1	Ausschank von Getränken	27
3.5	**Gewichtseinheiten**	28
3.5.1	Umgang mit Waagen	28
3.6	**Prüfungsaufgaben**	29

4 Proportionale Zuordnungen   **30**

4.1	**Zweisatz**	30
4.1.1	Rechnende Waagen	31
4.1.2	Preisstrahl und Wertetabelle	31
4.2	**Dreisatz im geraden Verhältnis** ...	32
4.2.1	Preisberechnung für Rohstoffe	33

5 Umgekehrt proportionale Zuordnung   **34**

5.1	**Dreisatz im umgekehrten**	
	Verhältnis	34
5.1.1	Arbeitsdauer – Arbeitskräfte	34
5.1.2	Warenvorrat – Verbrauchsmenge ...	35
5.2	**Zusammengesetzter Dreisatz**	35
5.3	**Prüfungsaufgaben**	36

6 Prozentrechnen   **37**

6.1	**Prozentwert gesucht**	38
6.2	**Grundwert gesucht**	39
6.3	**Prozentsatz gesucht**	40
6.4	**Prüfungsaufgaben**	41
	Gehobener Schwierigkeitsgrad ...	41
6.5	**Prozent und Sprache**	42
6.6	**Prozentsatz bei wechselndem**	
	Grundwert	42
6.6.1	Preise gestern – Preise heute	43
6.7	**Promillerechnung**	44

7 Nährstoff- und Energie- berechnungen   **45**

7.1	**Umgang mit Tabellen**	45
7.2	**Nährwerttabelle**	46
7.3	**Lesen der Nährwerttabelle**	47
7.4	**Berechnen des Nährstoffgehaltes**	
	von Speisen	47
7.5	**Berechnen des Energiegehaltes**	
	von Speisen	49
7.6	**Zusammengesetzte Nährwert-**	
	berechnungen	51
7.7	**Broteinheit**	52
7.8	**Energieverbrauch**	52
7.9	**Prüfungsaufgaben**	55

handwerk-technik.de

8 Grafische Darstellungen 56

8.1	Balken und Säulen	56
8.1.1	Gemüse sind Träger von Reglerstoffen	56
8.2	Kurven zeigen Verläufe – Liniendiagramm	58
8.3	Grafiken können täuschen	59

9 Zinsrechnen 60

9.1	Jahreszins	60
9.2	Monatszins	61
9.2.1	Zinsvergleich bei längerfristigen Anlagen	61
9.3	Tageszins	62
9.4	Ratenkauf	63
9.5	Kapital – Zinsfuß – Zinszeit	65

10 Währungsrechnen 66

10.1	Fremdwährung in Euro	67
10.2	Euro in Fremdwährung	67
10.3	An der Rezeption......................	68
10.4	Geldwechsel mit Gebühren	68
10.5	Prüfungsaufgaben	69
	Gehobener Schwierigkeitsgrad ...	69

11 Verteilungsrechnen 70

11.1	Verteilung von Kosten	70
11.2	Verteilung von Mengen – Proportionale Grundrezepte........	71
11.3	Verteilung von Gewinnen	72
	Gehobener Schwierigkeitsgrad ...	72

12 Durchschnittsberechnung 73

12.1	Einfacher Durchschnitt	73
12.1.1	Durchschnittliche Umsätze berechnen	73
12.1.2	Durchschnittspreise ermitteln und grafisch darstellen......................	74
12.1.3	Lagerkennzahlen berechnen	75
12.2	Gewogener Durchschnitt	77

13 Mischungsrechnen 78

13.1	Mischungsverhältnis gesucht	78
13.2	Mengen sind gesucht.................	79
13.3	Mischung mit drei Sorten	81
13.4	Übungen zu Durchschnitt und Mischung	82

14 Energieverbrauch und Umweltschutz 83

14.1	Aufgaben der Sicherung – Anschlusswert	83
14.2	Überlegter Umgang mit Energie ...	85
14.2.1	Küche	85
14.2.2	Wasser und Warmwasser	86
14.2.3	Heizung	87
14.2.4	Beleuchtung	87
14.2.5	Lebensmittel umweltbewusst einkaufen und anbieten	89
14.2.6	Umweltschutz rechnet sich	90

15 Mengenberechnungen für Küchenrohstoffe 92

15.1	Durchschnittswerte für Ausbeute und Wareneinsatz	92
15.2	Ermitteln von Faustzahlen oder Richtwerten.........................	93
15.3	Umgang mit Richtwerten	94
15.4	Von der Rohstoffmenge zum Gericht	95
15.5	Vom Gericht zur Rohstoffmenge...	96
15.6	Prüfungsaufgaben	97

16 Berechnen der Material- kosten 99

16.1	Einkauf nach bfn	99
16.2	Veränderungen durch Vorberei- tungs- und Garverluste	100
16.2.1	Verluste	101
16.2.2	Verwertbare Abgänge	102
16.3	Prüfungsaufgaben	104
	Gehobener Schwierigkeitsgrad ...	104

17 Kostenvergleiche bei vorgefertigten Lebensmitteln 105

17.1 Vergleich: Mehrkosten – Einsparung von Arbeitszeit 105
17.2 Beispiel eines Kosten- und Aufwandvergleichs 107

18 Preisvergleiche beim Einkauf 109

18.1 Unterschiedliche Angebotseinheiten 109
18.2 Vergleich: Frischware – Tiefkühlware 110
18.3 Unterschiedliche Angebotsformen 111
18.4 Unterschiedliche Ergiebigkeit 113
18.5 Preislisten lesen 114
18.6 Firmeninformationen interpretieren.................................... 115
18.7 Angebotsvergleiche – Gehobener Schwierigkeitsgrad 116
18.8 Rabatt und Skonto 117
18.9 Umrechnen des Skontosatzes in Jahreszins 119
18.10 Bezugskalkulation 120
18.11 Zusammenhänge erkennen 121
18.12 Ein Gericht, drei Betrachtungsweisen 122

19 Bewertung von Fleischteilen 123

19.1 Gegenüberstellung: Bewertungssatz – Bewertungsfaktor 124
19.2 Anwendung von BWS und BWF ... 125
19.3 Zusammenschau: Bezugsart – Kosten 126

20 Rezepturen 127

20.1 Umrechnen von Rezepturen mit der Umrechnungszahl........... 127
20.2 Kostenberechnung bei Rezepturen 128
20.3 Rezepte nach Menge und Preis berechnen 129
20.4 Veränderung der Materialkosten durch Austausch der Zutaten 130
20.5 Überprüfen von Rezepten auf Mindestanforderungen 131

21 Ausschank von Getränken 132

21.1 Schankverlust bei Fassbier 132
21.2 Schankverlust bei offenem Wein .. 133
21.3 Schankverlust bei Spirituosen ... 133
21.4 Materialkosten bei Getränken 135
21.5 Alkoholgehalt bei Getränken 136
21.6 Maßangaben beim Alkoholgehalt .. 137
21.7 Verschneiden von Getränken 138
21.8 Alkoholverzehr – Probleme durch Alkohol 139
21.9 Prüfungsaufgaben 140
Gehobener Schwierigkeitsgrad ... 140

22 Abrechnen mit dem Gast 141

22.1 Erstellen der Rechnung für den Restaurantgast.......................... 141
22.2 Ausweisen der Mehrwertsteuer ... 142
Mehrwertsteuertabelle 144

23 Abrechnen mit dem Finanzamt 145

24 Entlohnung im Gastgewerbe 147

24.1 Entlohnungsarten 147
24.2 Einzelleistungslohn 148
24.3 Gruppenleistungslohn – Tronc ... 149
24.4 Prüfungsaufgaben 152

25 Lohn- und Gehaltsabrechnung 153

25.1 Steuern 153
25.2 Sozialabgaben 154
25.2.1 Umgang mit Lohnsteuer- und Sozialversicherungstabellen 154
25.3 Gesamtabrechnung 155
25.4 Prüfungsaufgaben 156
Gehobener Schwierigkeitsgrad ... 157
25.5 Personalkosten 158
25.6 Stundenkosten 159

26 Einführung in die Kosten- rechnung – Kalkulation 160

26.1	Kalkulationsverfahren	161
26.2	Kalkulation von Speisen und Getränken	162
26.2.1	Zuschlagskalkulation	162
26.2.2	Faktoren des Inklusivpreises	163
26.3	Kalkulationsschema	164
26.3.1	Anwendung des Kalkulations- schemas	164
26.3.2	Berechnen der Aufschläge für Gemeinkosten und Gewinn in Prozent	164
26.3.3	Die Betriebsstruktur beeinflusst die Kosten und damit den Inklusivpreis	165
26.4	Verkürzte Kalkulations- verfahren	166
26.4.1	Kalkulationsfaktor	166
26.4.2	Gesamtaufschlag	166
26.4.3	Rückwärtskalkulation	169
26.4.4	Differenzkalkulation	170
26.5	Prüfungsaufgaben	171
	Gehobener Schwierigkeitsgrad	172
26.6	Kalkulation von Zimmern	173
26.6.1	Divisionskalkulation	173
26.6.2	Kapazität – Auslastung oder Frequenz	173
26.6.3	Veränderung der Selbstkosten bei unterschiedlicher Frequenz	174
26.6.4	Von den Selbstkosten zum Zimmerpreis	175
26.6.5	Zimmer haben unterschied- lichen Wert	176
26.6.6	Zimmerpreis bei differenzierten Kosten – Deckungsbeitrag	177
26.7	Prüfungsaufgaben	179
	Gehobener Schwierigkeitsgrad	180

27 Kosten der Technisierung 181

27.1	Feste Kosten oder Kapitalkosten	181
27.1.1	Abschreibung	181
27.1.2	Zinskosten	182
27.2	Betriebskosten	183
27.3	Kosten der Technisierung – Übersicht	184
27.4	Unterschiedliche Nutzung – unterschiedliche Kosten	185
27.5	Kraftfahrzeugkosten	186

28 Innerbetriebliche Kontrollen 187

28.1	Büfettkontrolle – Beispiel einer Mengenkontrolle	187
28.2	Tagebuch oder Journal – Beispiel einer Finanzkontrolle	188
28.3	Kosten- und Kalkulations- kontrolle – der Wareneinsatz	189
28.4	Kontrollierter Einkauf	190
28.5	Warenwirtschaft – Food and Beverage	191
28.6	Prüfungsaufgaben	192
	Gehobener Schwierigkeitsgrad	192

29 Übungsaufgaben zur Abschlussprüfung 194

29.1	Aufgaben für Koch/Köchin	195
29.2	Aufgaben für Restaurantfachmann/-frau	196
29.3	Aufgaben für Hotelfachmann/-frau	197
29.4	Aufgaben für Fachmann/Fachfrau für System- gastronomie	199

1 Grundrechenarten

*Viele Rechenaufgaben der Praxis lassen sich mit einfachen rechnerischen Mitteln lösen. Deshalb kann jeder, der die Grundrechenarten beherrscht, auch schon ein Stück Fachrechnen. Doch sicher im Rechnen muss man sein. Aus diesem Grund beginnen die folgenden Kapitel mit einer **Wiederholung der rechnerischen Regeln** und zeigen **Kontrollmöglichkeiten**.*

1.1 Addieren oder Zusammenzählen

1

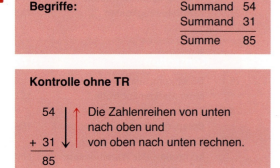

Begriffe:	
Summand	54
Summand	31
Summe	85

Kontrolle ohne TR

54 ↑ Die Zahlenreihen von unten nach oben und
+ 31 ↓ von oben nach unten rechnen.
85

TR-HINWEISE

1. Der Rechner muss leer sein, deshalb

C tasten
oder

C/CE zweimal tasten
oder
ausschalten – einschalten

2. Die Eingabe muss richtig sein, daher nach dem Tasten **prüfen.**

Man tastet	ANZEIGE
5 4 +	54
3 1	31
=	85

Üben Sie ohne Rechner mit Kontrolle.

2	**3**	**4**	**5**	**6**	**7**	**8**	**9**
143 +726	482 +116	736 +212	414 +362	1 796 + 485	4 878 +1 475	7 988 +6 744	10 798 + 7 453

In der Praxis haben Zahlen immer eine Benennung. Man unterscheidet:
● **Mengen,** z. B. Stück (St.), Kilogramm (kg), Gramm (g)
● **Beträge,** z. B. €, ct.

1.1.1 Ermitteln von Mengen und Beträgen

10	**11**	**12**	**13**	**14**	**15**	**16**
1,200 kg +70 g	12,450 kg +635 g	668 g +1,740 kg	4 518 g +0,030 kg	28,500 kg +2300 g	12,85 € +86 ct.	0,18 € +43 ct.

Werte mit unterschiedlicher Benennung sind auf gleiche Benennungen zu bringen. Bei Dezimalzahlen Komma unter Komma setzen.

Schreiben Sie genau untereinander und zählen Sie zusammen:

17 0,175 kg + 85 g + 2,700 kg + 125 g = kg
18 12,750 kg + 375 g + 0,017 kg = kg
19 350 g + 420 g + 1,400 kg + 3,500 kg = kg
20 24,50 € + 0,05 € + 45 ct. + 23 ct. = €
21 16,85 € + 76 ct. + 1,08 € + 52 ct. = €
22 2,06 € + 218 ct. + 0,15 € + 0,07 € = €

8

1.2 Subtrahieren oder Abziehen

Begriffe:	Minuend	96
	Subtrahend	−45
	Differenz	51

Sicherheit durch Kontrolle

96 kg
−45 kg
51 kg

51 kg
+45 kg
96 kg

Das Ergebnis der Subtraktion wird zum Subtrahenden gezählt.

Man erhält den Minuenden.

TR-HINWEISE

Die Aufgabe tastet man

⑨⑥ ⊟ ④⑤ ▣ 5l

CE-Taste hilft, wenn man sich „vertan" hat.

Sie löscht (**c**lear), was man zuletzt eingegeben (**e**nter) hat.

Übung, die Sie im Kopf mitrechnen können.

Aufgabe: 4 + 5 = ?

Sie vertasten sich: ④ ⊞ ④

Sie können berichtigen: **CE** ,

dann die richtige ⑤ und jetzt normal wieder mit ▣

Üben Sie ohne Rechner mit Kontrolle.

2	**3**	**4**	**5**	**6**	**7**	**8**	**9**
17,850 kg	25,240 kg	18,600 kg	74,500 kg	3,750 kg	2,200 kg	18,600 kg	27,425 kg
−1,500 kg	−3,100 kg	−400 g	−6400 g	−375 g	−850 g	−2,750 kg	−6,875 kg

1.2.1 Ermitteln von Verlusten

Bei der Vor- und Zubereitung von Lebensmitteln entstehen Verluste, die für die spätere Mengen- und Preisberechnung erfasst werden müssen. Neben
- **wiegbaren Verlusten,** z. B. Apfelschalen, Zwetschenkernen, gibt es
- **nicht wiegbare Verluste,** z. B. Bratverlust, Kochverlust, die durch einen Gewichtsvergleich ermittelt werden.

10 Vorbereitungsverluste

Warenbezeichnung	eingekauft	vorbereitet		eingekauft	vorbereitet
a) Kartoffeln	18,400 kg	14,350 kg	d)	42,700 kg	32,450 kg
b) Möhren	3,900 kg	3,240 kg	e)	1,400 kg	1,160 kg
c) Lauch	1,800 kg	1,230 kg	f)	1,350 kg	0,870 kg

11 Zubereitungsverluste

Warenbezeichnung	roh	gegart		roh	gegart
a) Kasseler	4,350 kg	3,180 kg	d)	2,150 kg	1,570 kg
b) Schweinekotelett	0,180 kg	0,125 kg	e)	190 g	128 g
c) Sauerbraten	2,370 kg	1,490 kg	f)	3,180 kg	1,970 kg

1.2.2 Führen der Lagerfachkarte

In Klein- und Mittelbetrieben gibt der „Chef" die Waren aus; oft haben auch Angestellte Zutritt zum Warenlager und entnehmen dort ohne besondere Aufzeichnung die erforderlichen Rohstoffe. Voraussetzung ist jedoch immer ein besonderes Vertrauensverhältnis. Problematisch wird dies Verfahren dann, wenn tatsächlich Waren fehlen.

In vielen Betrieben wird daher jede **Bestandsveränderung** per EDV mittels einer speziellen Lagerverwaltungssoftware kontrolliert oder in der **Lagerfachkarte** vermerkt und vom **Empfangenden bestätigt.**

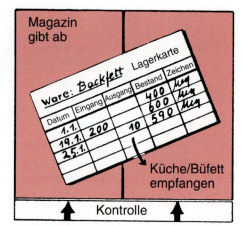

12 **Beispiel**

Von einer Fettsorte sind am Monatsbeginn 40,750 kg vorhanden. Am 2. des Monats werden von Müller 3,500 kg benötigt.
Tragen Sie die Veränderungen in die Lagerkartei ein.

Ware: _____			Okt. 19____
Datum	Zugang kg	Entnahme kg	Bestand kg
1. Bestand			40,750
2. Müller		3,500	37,250

Die Entnahme wird mit Datum, Name und Menge eingetragen.

❷ Die Entnahme wird vom bisherigen Bestand abgezogen.

Man erhält den neuen Bestand.

13 Beschriften Sie die Lagerfachkarte für Weißwein Nr. 67.
Im laufenden Monat sind folgende Einträge vorgenommen worden: 1. März Bestand 42, 9. März Verbrauch 12, 18. März Verbrauch 10, 26. März Verbrauch 18, 30. März Zugang 30.
Ermitteln Sie den Bestand.

Übertragen Sie die Kopfleiste dieser Lagerfachkarte auf Ihr Rechenblatt. Dann tragen Sie die Veränderungen ein und ermitteln jeweils den Bestand.

		14	**15**	**16**	**17**	**18**
1.	Bestand	37,800 kg	19,500 kg	34,700 kg	74,450 kg	18,700 kg
3.	Mayr holt	6,500 kg	2,750 kg	6,800 kg	6,850 kg	2,750 kg
4.	Zepp holt	4,800 kg	3,200 kg	7,150 kg	8,200 kg	4,850 kg
6.	Fellner holt	11,500 kg	1,250 kg	4,450 kg	18,300 kg	1,750 kg
9.	Schulze holt	6,350 kg	850 g	10,500 kg	14,700 kg	450 g
11.	Lieferung	12,500 kg	20,000 kg	25,000 kg	40,000 kg	15,000 kg

10

1.2.3 Herausgeben von Wechselgeld

Ein verärgerter Gast ist die schlechteste Werbung für ein Haus. Und verärgert ist man zu Recht, wenn falsch herausgegeben wird. Als Auszubildender in gastgewerblichen Berufen kommen Sie im ersten Jahr in den Service.

Regeln für das Herausgeben

- **Geld des Gastes bleibt sichtbar** entweder in der Hand, die die Geldtasche hält, oder auf dem Kassenbrett;
- vom Rechnungsbetrag bis zum gegebenen Betrag wird vorgezählt.

19

> **Beispiel**
>
> | Rechnungsbetrag: | 17,30 € | Gast gibt 50,00 € | | | | |
> |---|---|---|---|---|---|---|
> | Man spricht: | 17,30 | 17,50 | 18,00 | 20,00 | 30,00 | 50,00 |
> | Man legt dazu: | | 0,20 | 0,50 | 2,00 | 10,00 | 20,00 |

20 Ein Gast gibt einen 100,00-€-Schein. Zählen Sie vor, wenn sich die Rechnung beläuft auf €

a)	b)	c)	d)	e)	f)	g)	h)
16,80	27,30	46,60	62,30	87,90	42,40	64,30	22,80

Der Gast rundet auf

21

> **Beispiel**
>
> | Rechnungsbetrag: | 16,30 € | Gast gibt 50,00 € und sagt: „18,00 €" | | |
> |---|---|---|---|---|
> | Man spricht: | 18,00 €, vielen Dank | 20,00 | 30,00 | 50,00 |
> | Man legt dazu: | | 2,00 | 10,00 | 20,00 |

22 Üben Sie mündlich das Vorzählen und ermitteln Sie den Unterschied zum Rechnungsbetrag.

		a)	b)	c)	d)	e)	f)
Rechnungsbetrag	€	17,40	46,20	21,80	186,60	94,45	4,20
Gast gibt	€	50,00	100,00	50,00	200,00	100,00	20,00
Gast rundet auf	€	18,00	48,00	23,00	195,00	95,00	4,50

23 Und jetzt umgekehrt: Sie kaufen ein und müssen bezahlen. Zählen Sie mit den größtmöglichen Scheinen oder Münzen vor.

Beispiel: Zahlung 125,16 €.
Man gibt: 1x 100,00 €, 1x 20,00 €, 1x 5,00 €, 1x 10 Cent, 1x 5 Cent, 1x 1 Cent

	a)	b)	c)	d)	e)	f)
Zahlung	6,47	234,56	306,85	589,48	28,05	432,94

1.3 Multiplizieren oder Malnehmen

1

Begriffe:

Multiplikand (Faktor)	$18 \cdot 24$	Multiplikand (Faktor)
	36	
	72	
	432	Ergebnis (Produkt)

Sicherheit durch Kontrolle

$18 \cdot 24 = 432$

$24 \cdot 18 = 432$

Die Zahlengruppen werden vertauscht.

Es entstehen dann andere Zahlenkombinationen, und der Fehler kann vermieden werden.

Üben Sie ohne Rechner mit Kontrolle.

2	**3**	**4**	**5**	**6**	**7**	**8**	**9**
74 · 18	178 · 45	346 · 148	179 · 664	1 768 · 2 703	3 046 · 6 573	789 · 6 789	498 · 76

1.3.1 Kommasetzung bei Dezimalzahlen

12   3
↓↓   ↓
27,75 · 3,5
8325
13875
97,125
↑↑↑↑
321

Sind Dezimalzahlen (Zahlen mit Komma) malzunehmen, rechnet man zunächst wie mit ganzen Zahlen (Zahlen ohne Komma).

Dann zählt man die Stellen nach dem Komma bei den Faktoren. So viele Stellen werden beim Ergebnis von rechts beginnend abgezählt.

Üben Sie ohne Rechner.

10	**11**	**12**	**13**	**14**	**15**	**16**
37,5 · 2,5	18,5 · 2,25	1,850 · 1,75	13500 · 7,6	14,850 · 0,8	2,456 · 0,28	0,76 · 3,89

17
(18) Folgendes Rezept ergibt 12 Windbeutel: 0,15 ℓ Wasser, 70 g Butter, 200 g Mehl, 4 Eier, eine Prise Salz.

Berechnen Sie die 3(5)fache Menge.

19
(20) Für 14 Krapfen oder Berliner benötigt man nach einem Grundrezept 600 g Mehl, 40 g Hefe, 75 g Zucker, 4 Eigelb, 100 g Butter, 0,25 ℓ Milch.

Berechnen Sie die 4(7)fache Menge.

12

1.4 Dividieren oder Teilen

1

Begriffe:

$$420 \;:\; 60 = 7 \;\leftarrow\; \text{Quotient (Teil)}$$

Dividend : Divisor
Teilungszahl (Teiler)

TR-HINWEISE

Die Aufgabe tastet man

④②⓪ : ⑥⓪ =

Sicherheit durch Kontrolle

$$420 : 60 = 7$$
$$60 \cdot 7 = 420$$

Die Gegenrechnung
zur Division
ist die Multiplikation.

Üben Sie ohne Rechner mit Kontrolle.

2	**3**	**4**	**5**	**6**	**7**
375 : 25	3 876 : 85	4 628 : 16	39 216 : 86	9 724 : 4 576	644 568 : 856

8
(9) Es gibt noch Bierfässer aus Holz. Bei diesen ist der Inhalt durch das Eichamt bestätigt. Die Angaben lauten:

Fass A 32,8 (32,2) l, Fass B 52,4 (51,8) l, Fass C 74,8 (75,2) l.

Wie viele ganze Gläser mit 0,4 (0,33) l können jeweils ohne Berücksichtigung von Schankverlust gezapft werden?

10 Bei einer Warenlieferung fehlen die Mengenangaben.

.... kg Pfeffer 5,60 €/kg = 42,00 €
.... kg Curry 5,10 €/kg = 14,03 €
.... kg Paprika 4,90 €/kg = 6,13 €
.... kg Kümmel 3,10 €/kg = 74,40 €

Hinweis: €/kg, €/l
bedeutet je kg, je l .

a) Berechnen Sie die Menge jeder Ware.
b) Wie viel Kilogramm wog die gesamte Lieferung?

11
(12) Räucherlachs mit einem Gewicht von insgesamt 9,340 (12,650) kg hat beim Parieren einen Verlust von 1,820 (2,180) kg. Es werden für ein kaltes Gericht 110 (90) Gramm gereicht.

a) Wie viele Portionen erhält man?
b) Wie viel Gramm wiegt der Rest?
c) Welches Portionsgewicht müsste man wählen, wenn 100 (75) Personen zu bewirten wären?

Textaufgaben machen manchmal Probleme, denn man muss Wörter wie „verteilen" in Rechenwege umsetzen. Hier bedeutet „verteilen" die Rechenvorgänge oder Rechenoperationen Teilen oder Dividieren.

Eine Übung als Hilfestellung:

Nennen Sie zu jeder Wendung die entsprechende Rechenoperation:

ausgeben	verteilen	Flaschen abfüllen
einnehmen	wie oft enthalten	wegnehmen
abbuchen	vervielfachen	ergibt wie viel Portionen
hat zweimal so viel	aufteilen	hinzufügen

1.4.1 Rundungsregeln bei € und kg

13 | **Beispiel**

Der TR zeigt an 82.494672

Welchen Betrag übertragen Sie in die Rechnung, wenn die Frage lautet:

a) Wie viel €?
b) Wie viel kg?

1 €   = 100 Cent
1 Cent = 0,01 €

$\downarrow\downarrow$

0.01

↑
Rundungsstelle

Bei € wird auf zwei Stellen gerundet.

1 kg = 1000 g
1 g   = 0,001 kg

$\downarrow\downarrow\downarrow$

0.001

↑
Rundungsstelle

Bei kg wird auf drei Stellen gerundet.

Wenn eine Aufgabe nicht aufgeht, zeigt der TR so viele Stellen nach dem Komma an, wie das Anzeigefeld erlaubt. Durch das Runden verringert man auf eine für die Praxis sinnvolle Stellenzahl.

- Abrunden, wenn auf die Rundungsstelle eine 0, 1, 2, 3, 4 folgt.
- Aufrunden, wenn auf die Rundungsstelle eine 5, 6, 7, 8, 9 folgt.

82.494672

das sind € 82.494 **82,49**

↑↑
Rundungsstelle folgende Stelle

82.494672

das sind kg 82.4946 **82,495**

↑↑
Rundungsstelle folgende Stelle

Der TR zeigt folgende Zahlen an. Nennen Sie das Ergebnis für € und kg.

14	**15**	**16**	**17**	**18**
a) 2.3456789	18.210923	273.04471	1782.7454	28765.039
b) 44644738	27.561146	468.44444	4232.5449	46190.499

19 Ein Rezept für Schokoladenplätzchen lautet:

250 g Honig, 350 g Zucker, 80 g Kakao, 375 g Mehl, 1 TL Hirschhornsalz, 150 g halbierte Haselnüsse.

a) Welche Mengen benötigt man, wenn man den dritten Teil backen will?
b) Welche Mengen sind erforderlich, wenn drei Viertel der Menge hergestellt werden sollen?

14

1.4.2 Rundungsregeln bei fachgebundenen Einheiten

Ein Spezialitätenrestaurant bezieht Himbeergeist direkt vom Hersteller. Der Ballon enthält 3 *l*.

a) Wie viele Flaschen je 0,7 *l* benötigt man zum Abfüllen?
b) Wie viele Flaschen könnten verkauft werden?

Wie viel benötigt man? → aufrunden   **Wie viel erhält man? → abrunden**

Materialbedarf immer aufrunden, denn man benötigt immer ein Ganzes, auch dann, wenn es nicht aufgebraucht wird.	**Produktionsergebnisse immer abrunden,** denn man kann nicht „Reste" verkaufen.

20
(21) Das Hotel „Schwarzwälder Hof" bezieht Kirschwasser direkt von einem Erzeuger. Es sind drei (fünf) Ballons mit je 2,5 (3,9) Litern geliefert worden. Zum Ausschank füllt man in Flaschen mit 0,7 Liter Inhalt um.

a) Wie viele Flaschen sind bereitzustellen?
b) Wie viele Flaschen könnten verkauft werden?

22
(23) Für Krabbencocktail werden je Person 30 (35) Gramm gerechnet. Es ist für 75 (50) Personen vorzubereiten. Eine Einheit mit Tiefkühlware wiegt 200 (150) Gramm.

a) Wie viele Packungseinheiten sind anzufordern?
b) Wie viel Gramm Krabben müssen übrig bleiben?

1.4.3 Erforderliche Genauigkeit

Auf den Lösungsbögen der IHK-Prüfungen kann man genau erkennen „auf wie viele Stellen nach dem Komma man rechnen muss".

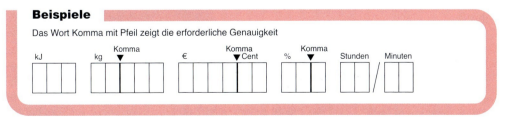

Beispiele

Das Wort Komma mit Pfeil zeigt die erforderliche Genauigkeit

Bei Portionen wird immer nach **ganzen** Portionen gefragt. Das bedeutet abrunden. Denn rechnerisch sind auch 14,9 Portionen nicht 15 Portionen. Die Praxis macht das manchmal anders.

1.5 Übungen

1 Die Rechnung eines Fleischlieferanten wird überprüft:

Schweineschulter	12,400 kg	7,10 €/kg	88,04 €
Braten vom Rind	18,200 kg	8,80 €/kg	163,40 €
Hackfleisch	8,400 kg	6,20 €/kg	52,70 €
Summe			304,14 €

Um welche Summe hat sich der Lieferant verrechnet?

2 Berechnen Sie den Gesamtwert des Fleisches.

Filet vom Rind	22,450 kg	22,40 €/kg
Lammrücken	14,600 kg	14,10 €/kg
Schweinenacken	9,370 kg	6,90 €/kg

3 „Im Einkauf liegt der Gewinn", sagt sich der Gastronom und hat die Preise seiner Kaffeelieferanten aufgelistet.

Ware	Kaffemayer	Edukaffee	Costaria
Edelmischung	€ 7,10	€ 6,95	€ 7,85
Mocca-Spezial	€ 8,45	€ 8,10	€ 8,95

Der Monatsverbrauch von Edelmischung liegt bei 45,000 kg.

a) Berechnen Sie die Kosten je Monat bei jedem Lieferanten.

b) Wie viel € beträgt der Unterschied zwischen dem teuersten und billigsten Angebot im Monat?

c) Wie viel € beträgt bei Mocca-Spezial der Unterschied je kg zwischen dem günstigsten und dem teuersten Angebot?

4
(5) Bei der Warenannahme muss man nicht immer nur der Reihe nach zählen. Man kann auch rechnen. Das geht schneller. Auf der Palette stehen 5 (6) Pakete nebeneinander und 3 (4) Pakete hintereinander. Die Pakete sind in 3 (5) Schichten übereinander gestapelt.

Wie viele Pakete sind auf der Palette?

6 Wie viele Eier sind auf dem Stapel, wenn auf einer „Lage" 30 Eier sind und 10 obenauf liegen?

7 Sie sollen aus dem Magazin 35 Eier holen.

Wie werden Sie diese Menge erhalten?

8 Wie wird die Zusammenstellung bei 55 Eiern aussehen?

9 Drei Männer zechen in einem Gasthaus. Sie verlangen die Rechnung und erhalten einen Gesamtbeleg über 25,00 €. Jeder Gast legt nun einen 10-€-Schein auf den Tisch und einer sagt zum Restaurantfachmann: „Behalten Sie doch von unserer Gruppe zwei Euro als Trinkgeld."

Daraufhin gibt der Restaurantfachmann jedem der drei Gäste einen Euro zurück. Jeder Gast hat demnach neun Euro bezahlt, und das macht zusammen 27,00 Euro. Klar. Und zwei Euro behielt der Restaurantfachmann für sich, macht 29,00 Euro.

Wo ist der dreißigste Euro geblieben?

16

2 Bruchrechnen

2.1 Bruch – Dezimalbruch

1

Begriffe:	Zähler	$\dfrac{1}{10}$	$1 : 10 = 0,1$
	Nenner		

2 Notieren Sie wie in nebenstehendem Beispiel in der angegebenen Einheit und in einer kleineren Einheit.

Beispiel

1/10 von 1 kg = 0,100 kg

1/10 von 1 000 g = 100 g

a) 3/4 von 1 kg   b) 2/3 von 1 m   c) 3/2 von 1 ℓ
d) 5/4 von 1 kg   e) 1/8 von 1 kg   f) 7/20 von 1 ℓ
g) 2/10 von 1 t   h) 1/8 von 1 dt   i) 3/5 von 1 kg

2.1.1 Vorteile beim Wiegen und Messen

Die für ein Rezept erforderliche Rohstoffmenge ist oft nur ein Teil der Einkaufsmenge. Wer beim Abwiegen den richtigen Bruchteil kennt, arbeitet mit Vorteil.

Beispiel

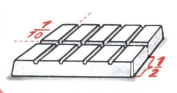

Ein Pflanzenfett mit 250 g wird in Rechteckform mit Zehnerunterteilung angeboten.

Jede „Rippe" ist der zehnte Teil des Ganzen $= \dfrac{1}{10}$.

Jede „Rippe" wiegt den zehnten Teil des Ganzen: 250 g : 10 = 25 g.

Beantworten Sie mündlich: Das Ganze wiegt 250 g.

	3	**4**	**5**	**6**	**7**	**8**	**9**	**10**
Wie viel Gramm sind:	2/10	4/10	7/10	9/10	5/10	3/10	6/10	12/10

Ein Stück Butter wiegt 250 g. Beantworten Sie schriftlich, welcher Bruchteil jeweils erforderlich ist.

	11	**12**	**13**	**14**	**15**	**16**	**17**
Benötigt werden:	50 g	100 g	125 g	200 g	625 g	400 g	350 g

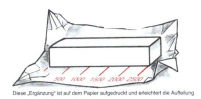

Diese „Ergänzung" ist auf dem Papier aufgedruckt und erleichtert die Aufteilung

Für gewerbliche Betriebe werden Spezialfette in Stangenform mit der abgebildeten Einteilung geliefert.

Welcher Teil der Stange ist jeweils abzuschneiden?

Beantworten Sie mündlich.

		18	**19**	**20**	**21**	**22**	**23**	**24**
Bereitzustellen	a)	500 g	1,500 kg	2 kg	750 g	1 250 g	3,250 kg	2 250 g
sind:	b)	2,500 kg	1 kg	3 kg	1,750 kg	250 g	4,500 kg	400 g

2.2 Multiplizieren von Brüchen

1

Ein Rezept für Hefeteig erfordert 1 Liter Milch. Man nimmt die halbe Rezeptmenge.

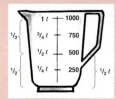

Wie viel Liter Milch sind erforderlich?

1 Ganzes oder

$$\frac{1}{1} \cdot \frac{1}{2} = \frac{1 \cdot 1}{1 \cdot 2} = \frac{1}{2}\ \ell$$

Ein Hefeteigrezept verlangt 1/2 Liter Milch. Man nimmt die halbe Rezeptmenge.

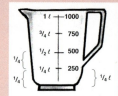

Wie viel Liter Milch sind erforderlich?

1 Halbes oder

$$\frac{1}{2} \cdot \frac{1}{2} = \frac{1 \cdot 1}{2 \cdot 2} = \frac{1}{4}\ \ell$$

Man multipliziert einen Bruch, indem man rechnet:	Zähler mal Zähler Nenner mal Nenner	$\frac{1 \cdot 1}{2 \cdot 2} = \frac{1}{4}$

Berechnen Sie die bereitzustellende Menge.

	2	**3**	**4**	**5**	**6**	**7**	**8**
Rezeptmenge	2 kg	2,500 kg	1 200 g	1,200 kg	3/4 kg	1 1/2 kg	1/4 kg
Man nimmt davon: a)	1/2	1/2	1/2	3/4	1 1/2	1/2	1/2
b)	1/4	1 1/2	1/4	2/3	2 1/2	2/3	2 1/2

9 Rechnen Sie nebenstehendes Rezept um

a) auf die halbe Menge,

b) auf die dreifache Menge.

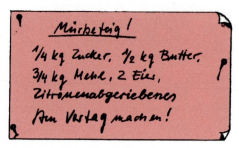

10 Übertragen Sie die Ergebnisse der vorausgegangenen Aufgabe in Dezimalschreibweise.

Manche Ergebnisse bei der Umrechnung von Rezepten lassen sich einfacher ausdrücken.

2.3 Kürzen von Brüchen

1 **Beispiel**

Für ein Rezept wird 1/4 kg Mehl benötigt. Man nimmt das Rezept zweifach.

Ergebnis: zweimal 1/4 kg = 2/4 kg oder 1/2 kg.

Einen Bruch kürzen heißt: Zähler und Nenner durch dieselbe Zahl teilen.	$\dfrac{2}{4} = \dfrac{1}{2}$ oder $\dfrac{2 : 2}{4 : 2} = \dfrac{1}{2}$

Kürzen Sie mündlich.

	2	**3**	**4**	**5**	**6**	**7**	**8**	**9**	**10**
a)	2/4	3/6	4/8	5/4	6/4	9/4	4/3	7/2	9/6
b)	6/8	2/2	8/8	6/2	7/4	11/2	6/3	10/8	6/4

18

2.4 Übungen

1 Wahr oder falsch?   15/20 = 3/10;   7/12 = 49/98;   15/40 = 3/8;   17/20 = 4/10

2 Schreiben Sie als Dezimalzahl:
18/100;   6/1 000;   24/10;   4/1 000;   620/100;   375/1 000

3 Jetzt die umgekehrte Denkweise. Schreiben Sie als gemeinen Bruch:
0,12;   0,045;   12,40;   0,45;   2,008;   0,006;   3,40

4 Ordnen Sie die Werte nach der Größe, beginnen Sie mit dem größten:
0,14   0,04   0,104   0,44   0,044   0,1004   0,0401   0,4044

5 Welcher Bruchteil ist durch die Abbildung farbig dargestellt?

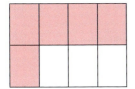 

6 Ein Stück Butter wiegt 250 g.

Benennen Sie die Teilstücke als Bruch und geben Sie das Gewicht der Teilstücke in Gramm an.

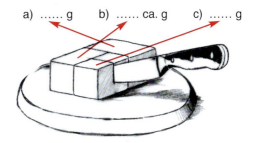

a) ...... g   b) ...... ca. g   c) ...... g

Rezept A

1,750 kg	Mehl
750 g	Stärke
1,250 kg	Butter
1,125 kg	Zucker
625 g	Eier

7 Nehmen Sie das Rezept A zweifach und schreiben Sie in Dezimalschreibweise.

8 Halbieren Sie das Rezept B und notieren Sie in Dezimalschreibweise.

Rezept B

1 1/2 kg	Mehl
1 1/4 kg	Stärke
2 1/2 kg	Butter
3/4 kg	Zucker
1/2 kg	Eier

9 Übertragen Sie die Mengen des Rezeptes A in Bruchschreibweise.

10 Das Rezept C soll in dreifacher Menge hergestellt werden. Notieren Sie in Dezimalschreibweise.

Rezept C

1 1/2 kg	Mehl
7/8 kg	Butter
3/8 kg	Zucker

11 Ein Fass enthält 60 ℓ. Der Wein soll in Flaschen mit unterschiedlichem Inhalt abgefüllt werden. Die Restmenge wird in Flaschen mit 3/4 ℓ Inhalt gefüllt.

Es werden zunächst gefüllt:

a) 35 Flaschen mit 7/10 ℓ   b) 24 Flaschen mit 1 ℓ
   44 Flaschen mit 1/2 ℓ   36 Flaschen mit 7/10 ℓ

Wie viel Flaschen mit 3/4 ℓ sind noch bereitzustellen?

3 Rechnen mit Größen

Im Fachrechnen arbeitet man überwiegend mit Größen (früher als benannte Zahlen bezeichnet).
Länge, Flächeninhalt, Gewicht, Volumen, Zeit … sind Größen.

Größen bestehen aus	**Messzahl**	5 ↓ m	7 ↓ kg	3,00 ↓ €	17 ↓ Min.	130 ↓ km/h	230 ↓ V
	Maßeinheit						

Eine Größe kann meistens auf mehrere Arten beschrieben werden.

> **Beispiel**
>
> 2 m = 20 dm = 200 cm = 2 000 mm, aber auch 0,002 km

Um diese Zusammenhänge zu erkennen, muss das Umwandeln von Maßen beherrscht werden.

3.1 Länge

$\boxed{1 \text{ m}}$ = 10 dm = 100 cm = 1 000 mm
1 dm =   10 cm =   100 mm
1 cm =   10 mm

Längen haben **eine** Ausdehnung ≙ Umwandlungszahl mit **einer** Null.

3.2 Fläche

$\boxed{1 \text{ m}^2}$ = 100 dm² = 10 000 cm² = 1 000 000 mm²
1 dm² =   100 cm² =   10 000 mm²
1 cm² =   100 mm²

Breite
Länge

Flächen haben **zwei** Ausdehnungen ≙ Umwandlungszahl mit **zwei** Nullen.

Zeichnen Sie eine Stellenwerttafel nach nebenstehendem Beispiel in Ihr
Heft, übertragen Sie die Werte und zählen Sie zusammen:

m²	dm²	cm²	mm²
	M u s	t e r	

1 4 m² 19 dm² 12 cm² 78 mm²   **3** 0,6 m² 142 cm² 16 mm²

2 18 m² 4 dm² 19 cm² 8 mm²   **4** 1 426 dm² 1 703 mm²

Quadrat	Rechteck	Dreieck	Kreis
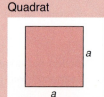		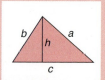	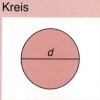
$A = a \cdot a = a^2$	$A = a \cdot b$	$A = \dfrac{c \cdot h}{2}$	$A = \dfrac{d^2 \cdot \pi}{4}$ [1]
$U = 4a$	$U = 2a + 2b = 2(a + b)$	$U = a + b + c$	$U = d \cdot \pi$

[1] Die IHK gibt an, ob mit 3,14 oder mit π zu rechnen ist.

Berechnen Sie die fehlenden Größen des Rechtecks.

	5	**6**	**7**	**8**	**9**	**10**
a	6 cm	4,2 m	?	?	4 cm	?
b	?	?	11 mm	2,9 cm	?	7,8 m
A	24 cm²	9,66 m²	66 mm²	17,98 cm²	?	?
U	?	?	?	?	32 cm	36,4 m

Die Figuren enthalten alle erforderlichen Maße in cm. Die Gesamtfläche lässt sich berechnen, wenn man in Einzelflächen zerlegt.

11   **12**   **13**

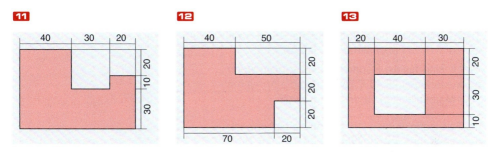

14 Ein Rechteck hat einen Umfang von 138 (152) cm und ist 29 (32) cm breit.
(15) Berechnen Sie die Fläche.

16 Ein Quadrat hat eine Fläche von 64 m².
Berechnen Sie die Seitenlänge.

17 Eine quadratische Fläche hat einen Umfang von 52 (84) cm.
(18) Berechnen Sie den Flächeninhalt.

3.2.1 In der Küche

19 Eine Tischplatte misst 60 x 180 cm (80 cm x 2,2 m). Für einen Kostenvoranschlag soll die Fläche
(20) berechnet werden.
Welche Fläche in m² hat die Platte?

21 Ein Kühlraum ist 4,8 (5,4) m lang, 2,4 (2,8) m breit und 2,4 (2,5) m hoch. Die Wände sollen bis
(22) zur Decke gefliest werden. Die Tür misst 2 x 1 m und bleibt unverkleidet.
Wie viel m² Fliesen sind erforderlich?

23 Ein Betrieb erweitert die Küche und muss deshalb einen Raum neu mit Bodenfliesen auslegen
(24) lassen. Der Raum ist 3,6 (3,2) m lang und 2,8 (2,4) m breit.
a) Welche Fläche in m² hat der Raum?
b) Zum Auslegen werden Fliesen mit 20 x 20 cm verwendet.
Welche Fläche in m² hat eine Platte?
c) Wie viele Fliesen sind erforderlich, wenn mit 3 Prozent Verschnitt gerechnet wird?

Käsewürfel

Julienne

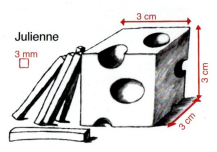

25 Rechnen Sie nach nebenstehender Zeichnung.

Wievielmal größer ist die Oberfläche der Streifen als die des Würfels?

26 Ein Tisch erhält eine neue Arbeitsplatte. Der Handwerker fertigt dazu nebenstehende Skizze.

Wie viel € sind für die Reparatur anzusetzen, wenn ein m² des Belages 25,40 € kostet und die Arbeit mit 30 % der Materialkosten veranschlagt wird?

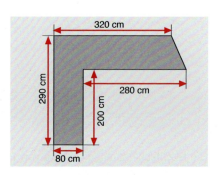

27
(28) In einer Patisserie wurden Dessertstücke bisher nach folgenden Angaben geschnitten: Länge 9 (8) cm, Breite 4 (3) cm. Jetzt soll nach folgenden Maßen geschnitten werden: 8 (7) cm lang und 3 (2,5) cm breit.

Wie viel Prozent sind die neuen Stücke kleiner?

29
(30) Bisher sind Erdbeertörtchen mit einem Durchmesser von 12 (10) cm hergestellt worden. Nun soll der Durchmesser 10 (8) cm betragen.

Berechnen Sie die Flächenverringerung in Prozent.

31 „Wenn man die Materialkosten für eine Pizza halbieren will, macht man einfach solche mit halbem Durchmesser." Stimmt das?

a) Überprüfen Sie diesen Satz mit den Durchmessern 30 cm und 15 cm.
b) Welchen Durchmesser muss man wählen, damit man tatsächlich die halbe Fläche einer Pizza von 30 cm Durchmesser erhält?

3.2.2 Im Hotel

32
(33) An einem runden Tisch mit 1,9 (3) m Durchmesser soll für ein Festessen eingedeckt werden. Man rechnet mit einem Sitzabstand von 70 cm.

Für wie viele Personen (abrunden) kann eingedeckt werden?

34
(35) Bei der Neuplanung eines Restaurants ist ein runder Erkertisch mit 2,4 (2,9) m Durchmesser vorgesehen. Man rechnet mit einem Sitzabstand von 70 cm.

Wie viel Personen können an dem Tisch Platz nehmen?

36
(37) Ein Hotelzimmer, Länge 3,65 (4,80) m, Breite 3,20 (4,25) m, erhält einen neuen Teppichbelag von Wand zu Wand. Der Listenpreis einschließlich Verlegearbeiten beträgt pro m² 21,30 €. Zugleich wird eine neue Randleiste verlegt, die je lfd. Meter 1,60 € kostet (Türbreite 1,20 m).

Berechnen Sie die Gesamtkosten.

38
(39)
Für ein Festessen mit 45 (65) Personen soll die Tafel gestellt werden. Man rechnet je Person mit 70 (65) cm Sitzbreite.

  a) Welchen Gesamtumfang muss die Tafel rechnerisch haben?

  b) Skizzieren Sie einen Vorschlag für eine Tafel in U-Form, in E-Form.

40
(41)
Ein runder Tisch hat einen Durchmesser von 2,10 (3,70) m. Man rechnet mit 60 (65) cm Sitzabstand.

  Wie viel Personen können platziert werden?

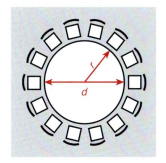

42
(43)
An einem runden Tisch stehen bei 65 cm Sitzabstand 16 (21) Stühle.

  Welchen Durchmesser hat der Tisch?

44
(45)
Die Halle eines Hotels mit einer Länge von 12,50 (9,80) m und einer Breite von 8,70 (7,90) m soll mit schallschluckenden Filzmatten im Format 60 x 60 (40 x 40) cm ausgelegt werden. Ausgenommen bleibt die Rezeption, Länge 3,20 (2,80) m, Breite 1,60 (1,40) m. Für Verschnitt werden 3 % angesetzt. Eine Platte kostet einschließlich der Verlegearbeit 8,30 (5,20) €.

Berechnen Sie die zu erwartenden Ausgaben.

46
(47)
Für quadratische Tische mit einer Seitenlänge von 80 (90) cm sollen neue Moltonbezüge gefertigt werden. Auf jeder Seite ist eine Zugabe von 8 (10) cm erforderlich. Die günstigste Bahnbreite kostet 16,60 (12,40) € je lfd. Meter.

  a) Wie viel laufende Meter müssen für 12 (17) Tische gekauft werden?

  b) Wie viel € sind für die neuen Bezüge insgesamt zu veranschlagen?

3.2.3 Maßskizze

Eine Maßskizze „klappt die Wände auf". Dabei ist es gleichgültig, an welcher Stelle man den Raum aufschneidet. Die Maßskizze ist eine Hilfe, denn sie
- erleichtert die Vorstellung,
- erleichtert das Notieren der Maße.

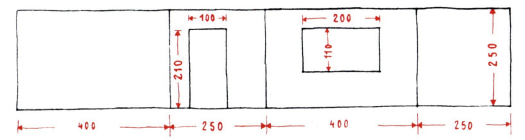

48 Berechnen Sie zu der Skizze die Wandfläche in Quadratmetern.

49
(50)
Ein Zimmer ist 320 (350) cm lang, 240 (280) cm breit und 240 (225) cm hoch.

  a) Fertigen Sie eine Maßskizze an.

  b) Ergänzen Sie: Tür in Breitseite liegend ist 210 (200) cm hoch und 110 (90) cm breit, Fenster in der Längsseite ist 110 (140) cm breit und 80 (90) cm hoch.

  c) Berechnen Sie die Wandfläche.

3.3 Raum

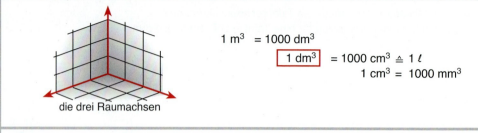

$$1 \text{ m}^3 = 1000 \text{ dm}^3$$
$$\boxed{1 \text{ dm}^3} = 1000 \text{ cm}^3 \triangleq 1 \ell$$
$$1 \text{ cm}^3 = 1000 \text{ mm}^3$$

die drei Raumachsen

Räume haben **drei** Ausdehnungen $\triangleq$ Umwandlungszahl mit **drei** Nullen.

Übertragen Sie die Werte in eine Stellenwerttafel nach nebenstehendem Muster.

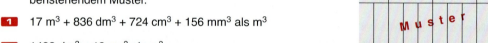

1   17 m³ + 836 dm³ + 724 cm³ + 156 mm³ als m³

2   1483 dm³ + 18 cm³ als m³

3   0,14 dm³ + 8 019 cm³ + 1 740 mm³ als dm³

m³	dm³	cm³	mm³
	M u s t e r		

Zur Berechnung des Rauminhaltes wird bei einfachen Körpern die Grundfläche (siehe S. 20) mit der Höhe vervielfacht. Achten Sie auf gleiche Maßbezeichnungen.

3.3.1 Behältnisse

4   Ein Gastronormbehälter ist innen 30 cm lang, 23 cm breit und 6,5 cm hoch.

a) Berechnen Sie das Fassungsvermögen in Litern.

b) Wie viel Liter sind enthalten, wenn er bis zur Höhe von 5 cm gefüllt ist?

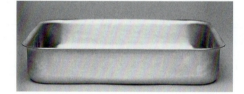

5   Eine Kühltruhe hat folgende Innenmaße: Länge 2,10 (1,80) m, Breite 60 (80) cm, Tiefe 85
(6) (65) cm.

Berechnen Sie den Nutzraum in Litern.

7   Ein Spülbecken hat eine quadratische Grundfläche mit 35 (42) cm Seitenlänge und ist 39 (60) cm
(8) tief.

Wie viel Liter Wasser benötigt man, um es zu zwei Dritteln zu füllen?

9   Die Fritteuse eines Restaurants ist 32 (46) cm lang und 28 (32) cm breit. Nach dem Reinigen des
(10) Fettes liegt der Fettspiegel 8 cm unter der Marke, die den normalen Fettstand anzeigt.

Wie viel Liter Backfett sind aufzufüllen?

11   Ein Spezialitätenrestaurant will das vorhandene Aquarium als Hummerbecken nutzen und stellt
(12) darum auf Salzwasser um. Der Salzgehalt soll 4 Prozent betragen. Das Aquarium ist 1,25 (1,10) m lang, 60 (85) cm breit und wird bis zur Höhe von 45 (55) cm mit Wasser gefüllt.

Wie viel Kilogramm Speisesalz sind im Wasser aufzulösen?

13 Aus einem Prospekt:

GASTRONORM-Behälter	Lichte Weite	625 x 500 mm	500 x 300 mm	300 x 227 mm
	Außenmaße	650 x 550 mm	530 x 325 mm	325 x 252 mm
	Tiefe in mm 65	Inhalt ca. 19 Liter	Inhalt ca. 9,5 Liter	Inhalt ca. 4 Liter
	100	Inhalt ca. 30 Liter	Inhalt ca. 14 Liter	Inhalt ca. 6,5 Liter
	150	Inhalt ca. 46 Liter	Inhalt ca. 21 Liter	Inhalt ca. 9,5 Liter

Welche Füllhöhe ist bei den genannten Inhaltsangaben jeweils vorgesehen?

14 Unten sehen Sie einen Ausschnitt aus einem Prospekt für Küchengeschirr.

Ermitteln Sie die Topfinhalte in Litern.

Mittelhoher Koch-topf mit Deckel		
Art.-Nr.	Ø cm	Höhe cm
560010	20	17
560011	24	21
560012	28	23

Hoher Suppen-topf mit Deckel		
Art.-Nr.	Ø cm	Höhe cm
560001	24	24
560002	28	28
560003	32	32

15 **(16)** Eine Küche ist 16 (14,5) m lang, 8,3 (6,9) m breit und 3,65 (3,45) m hoch. Der Rauminhalt der Einrichtung wird auf 23 (21) m³ geschätzt. Eine wirkungsvolle Lüftung soll einen sechs- bis acht-fachen Luftwechsel in der Stunde ermöglichen. Angeboten werden Exhaustoren (Entlüfter) mit einer Leistung von 40, 50 und 70 m³ je Minute.

Welche Entlüftergröße entspricht den Anforderungen?

17 **(18)** Ein Messbecher hat einen Innendurchmesser von 8 (9,4) cm.

Auf welcher Höhe ist die 1-Liter-Marke angebracht?

3.3.2 Arbeitsrechtliche Bestimmungen

19 **(20)** Bei der Planung einer Küche werden je Arbeitsplatz mindestens 15 m³ Luftraum vorgesehen. Wie viele Personen können in der bei Aufgabe 15 (16) angeführten Küche regelmäßig beschäf-tigt werden?

21 **(22)** Eine Küche ist 8,20 (7,40) m lang und 4,60 (4,20) m breit und 3,60 m hoch. Die Einrichtung benötigt eine Grundfläche von 8,15 (6,74) m², deren Rauminhalt wird mit 6,8 (5,4) m³ angenom-men.

a) Wie viel Quadratmeter beträgt die Grundfläche der Küche?
b) Wie viel Quadratmeter verbleiben nach Abzug der Einrichtung als Bewegungsraum?
c) Wie viel Kubikmeter misst die noch nicht eingerichtete Küche?
d) Wie viel Kubikmeter beträgt der tatsächliche Luftraum unter Berücksichtigung der Einrich-tung?

3.4 Hohlmaße

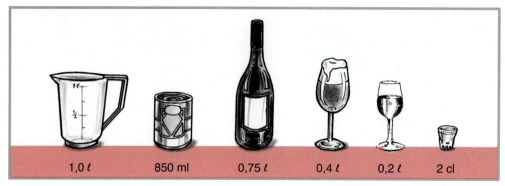

| 1,0 ℓ | 850 ml | 0,75 ℓ | 0,4 ℓ | 0,2 ℓ | 2 cl |

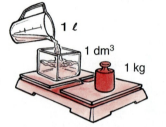

1 ℓ
1 dm³
1 kg

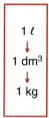

1 ℓ
↓
1 dm³
↓
1 kg

1 Zeichnen Sie nach nebenstehendem Muster eine Stellenwerttafel in Ihr Heft und übertragen Sie:

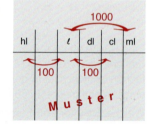

a) Dose Tomatenmark 170 ml,
b) Glas Südwein 5 cl,
c) Glas Bier 0,4 ℓ,
d) Dose Kondensmilch 340 ml,
e) Likörglas 2 cl,
f) Dose Sauerkirschen 1700 ml.

2 Lösen Sie mithilfe der Stellenwerttafel:

(3) a) Wie viel Liter enthält eine 850 (425)-ml-Dose?
b) Wie viele Gläser mit 2 (5) cl erhält man rechnerisch aus einer Flasche mit 0,7 (0,75) ℓ?
c) Auf einer Weinflasche steht 750 ml. Wie viele ganze Gläser mit 0,2 (0,25) ℓ können ausgeschenkt werden?

4 Ermitteln Sie die Gesamtmenge:

a) 4,2 ℓ + 8 dl + 14 cl + 170 ml = ? ℓ
b) 0,2 ℓ + 220 ml + 12 dl + 1,05 ℓ = ? cl
c) 0,42 hl + 0,75 ℓ + 180 cl + 200 ml = ? ℓ
d) 140 cl + 0,04 ℓ + 320 ml + 18 cl = ? ml

5 Wie viele Eimer Wasser mit je 10 ℓ erhält man aus einem Kubikmeter?

6 In einem Rezept für Stollen steht: „Befeuchten Sie die Früchte mit 140 (170) g Rum."

(7) Messen Sie mit einem 2-cl-Glas ab.

8 Eine Packung mit Würfeln für Fleischbrühe trägt nebenstehenden Hinweis:

a) Welcher Inhalt in Milliliter wird für eine Tasse und einen Teller vorausgesetzt?
b) Nennen Sie die Menge als Bruchteil eines Liters (z. B. $\frac{1}{5}$ ℓ).

> **Inhalt 6 Würfel = 3 ℓ**
>
> **Ergibt:**
> **12 Teller oder 21 Tassen**

26

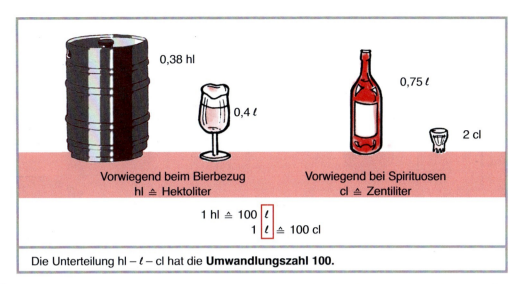

0,38 hl

0,4 ℓ

0,75 ℓ

2 cl

Vorwiegend beim Bierbezug
hl ≙ Hektoliter

Vorwiegend bei Spirituosen
cl ≙ Zentiliter

1 hl ≙ 100 ℓ
1 ℓ ≙ 100 cl

Die Unterteilung hl – ℓ – cl hat die **Umwandlungszahl 100.**

9 Übertragen Sie die Stellenwerttafel in Ihr Heft. Schreiben Sie als Liter und zählen Sie zusammen:

a) 0,40 ℓ + 25 cl + 0,05 ℓ + 16 cl =
b) 0,3800 hl + 32 cl + 1,20 ℓ + 9 cl =
c) 0,0250 hl + 235 cl + 0,05 ℓ + 12 cl =

Die **Stellenwerttafel** hilft beim Umwandeln und Rechnen.

	hl		ℓ		cl
	H	Z	E	z	h
Beispiel					
35 cl = ? ℓ ⟶			0,	3	5
0,70 ℓ = ? cl →			0,	7	0

10 Schreiben Sie als cl und zählen Sie zusammen:

a) 1,50 ℓ + 0,80 ℓ + 0,55 ℓ + 0,04 ℓ =
b) 0,375 ℓ + 0,025 hl + 0,7 ℓ + 0,25 ℓ =
c) 0,07 ℓ + 1,80 ℓ + 0,03 ℓ + 0,05 ℓ =
d) 0,375 ℓ + 0,7 ℓ + 0,72 ℓ + 0,01 hl =

3.4.1 Ausschank von Getränken

11 Eine Flasche mit Whisky enthält 0,72 ℓ.

Wie viele Gläser mit 4 cl Inhalt können rechnerisch ausgeschenkt werden?

12 Für den Bierausschank ist folgende Abrechnung vorzunehmen: 186 Gläser zu je 0,2 ℓ und 258 Gläser zu je 0,4 ℓ.

Wie viel Liter Bier wurden rechnerisch ausgeschenkt?

13 Eine Sonderflasche für die Bar enthält 3 Liter Weinbrand.

Wie viele Schwenker mit 2 cl könnten ausgeschenkt werden, wenn es keinen Schankverlust gäbe?

14 Laut Abrechnung wurden verkauft 182 (163) Glas Bier mit 0,2 ℓ und 72 (84) Glas Bier mit 0,4 ℓ.
(15) Berechnen Sie den Gesamtausschank in Litern.

16 Aus einem Fass mit 0,38 (0,52) hl wurden ausgeschenkt: 91 (154) Gläser mit 0,2 ℓ und 45 (46)
(17) Gläser mit 0,4 ℓ.

Berechnen Sie den Schankverlust in Litern.

3.5 Gewichtseinheiten

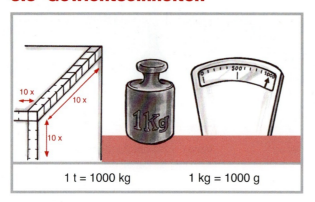

1 t = 1000 kg   1 kg = 1000 g

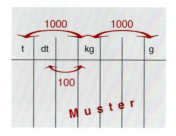

Übertragen Sie die Stellentafel in Ihr Heft und fügen Sie ein:

1	**2**	**3**	**4**	**5**	**6**	**7**	**8**	**9**
125 g	0,2 kg	24 kg	50 g	0,025 kg	1,2 t	1 200 kg	1,5 dt	1240,8 kg

10 Schreiben Sie als kg und zählen Sie zusammen:

a) 350 g + 125 g + 85 g + 240 g + 45 g

b) 0,040 kg + 850 g + 60 g + 450 g + 25 g

c) 750 g + 0,300 kg + 120 g + 550 g + 80 g

d) 1,20 dt + 1,500 t + 42 kg + 0,030 t

3.5.1 Umgang mit Waagen

Direkt anzeigende Waagen

Das Gewicht wird angezeigt.

Indirekt anzeigende Waagen

Laufgewichtswaage   Waage mit Gewichten

Das Gewicht wird ermittelt durch

● Zusammenzählen
zweier Werte: Grob-
gewicht + Feingewicht

● Zusammenzählen
aufgelegter Gewichte

Auf einer Laufgewichtswaage sehen Sie unten stehende Einstellungen. Nennen Sie mündlich das eingestellte Gewicht in kg.

	11	**12**	**13**	**14**	**15**	**16**	**17**	**18**
Grobgewicht in kg	1,5	0,5	2	1,5	10	2	3,5	1,5
Feingewicht in g	50	125	0	250	375	200	70	100

Nennen Sie mündlich die Einstellung von Grobgewicht und Feingewicht.

	19	**20**	**21**	**22**	**23**	**24**	**25**	**26**
Abzuwiegen sind	2,500 kg	1,300 kg	0,700 kg	350 g	125 g	625 g	750 g	950 g

3.6 Prüfungsaufgaben

1
(2) Es sind 275 (180) Kaffeegäste gemeldet. Je Person wird ein Kännchen mit 0,3 Litern veranschlagt. Die Kaffeeküche rechnet je Liter Wasser mit 50 (45) Gramm Kaffeemehl.

Wie viel Kilogramm gemahlener Kaffee sind bereitzustellen?

3
(4) Für einen Cocktail sind neben anderen Zutaten 4 cl Gin erforderlich. Für einen Empfang mit 120 (85) Personen ist der Gin vorzubereiten.

Wie viele ganze Flaschen mit 0,7 (0,75) Liter sind anzufordern?

5
(6) Für einen Liter Reinigungslösung werden 1,25 (0,8) ml Konzentrat benötigt.

Wie viel Liter Reinigungslösung ergibt ein Liter Konzentrat?

7
(8) Für jeden regelmäßig Beschäftigten müssen in der Küche 15 m^3 Luftraum zur Verfügung stehen. Eine Küche ist 6,2 (5,6) m lang, 4,5 (5,2) m breit und 3,2 (3,4) m hoch. Für die Einrichtung werden 6,2 (4,3) m^3 berücksichtigt.

Wie viele Personen dürfen in dieser Küche regelmäßig beschäftigt werden?

9
(10) Der Frühstücksraum eines Hotels erhält einen neuen Bodenbelag. Der Raum ist 10,8 (9,2) m lang und 7,3 (6,1) m breit.

a) Welche Fläche hat der Raum?
b) Wie viel € sind für den Belag zu veranschlagen, wenn 1 m^2 einschließlich der Verlegearbeiten 41,30 € kostet?

11
(12) Ein Kühlraum wird wie folgt ausgemessen: Breite 32 (45) dm, Tiefe 215 (195) cm, Höhe 2,48 (2,20) m.

Wie viel Kubikmeter fasst der Kühlraum?

13
(14) Auf einer Terrasse mit 8 (6,5) m Länge und 6 (4,5) m Breite standen bisher 56 (33) Sitzplätze zur Verfügung. Jetzt ist die Terrasse auf 16 (12,5) m und 9,5 (5,2) m Breite vergrößert worden.

a) Wie viel Quadratmeter misst die neue Terrasse?
b) Wie viele Sitzplätze stehen bei gleicher Dichte auf der neuen Terrasse zur Verfügung?

15
(16) Aus einer Flasche mit 0,7 (0,74) ℓ Weinbrand wurden entnommen: 2 cl, 0,15 ℓ, 4 cl, 60 ml.

Wie viel Zentiliter sind noch in der Flasche?

17
(18) Ein GASTRONORM-Behälter ist innen 32 (64) cm lang, 26 (39) cm breit und 15 cm hoch. Er ist zur Hälfte gefüllt.

Wie viel Liter sind enthalten?

19 Eine Flasche mit Desinfektionslösung trägt die Aufschrift: „Verdünnung 1 : 1000!"

Wie viel Milliliter sind einem Eimer mit 10 ℓ Wasser zuzugeben?

20 Eine rechteckige Packung für Teigwaren hat einen Rauminhalt von 450 cm^3. Um Verpackungskosten zu sparen, schafft die Firma eine Großpackung an, bei der alle Maße (Länge, Breite, Höhe) verdoppelt sind.

Welchen Rauminhalt hat diese Packung?

4.1 Zweisatz

1 **Beispiel**

Schinken ist mit 12,00 € je kg ausgezeichnet.

Preis für 1,5 kg?

Lösungshinweis:

Preis je kg **X** kg **=**

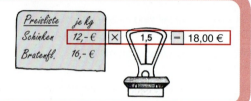

2 Schweinerücken ist mit 6,00 (7,10) €/kg eingekauft worden. Man brät 2,500 (3,800) kg.
(**3**) Wie viel € sind zu berechnen?

4 Kalbskeule wird zu 12,10 (9,90) €/kg angeboten. Man bezieht zwei Keulen im Gesamtgewicht
(**5**) von 32,600 (38,200) kg.

Berechnen Sie den Einkaufspreis.

6 Es werden 24,200 (16,800) kg frische Forellen zum Preis von 5,50 (6,10) €/kg geliefert.
(**7**) Wie viel € sind dafür zu bezahlen?

> Preis je Einheit **X** Einheiten **=** Gesamtpreis.
> Diese Regel gilt auch dann, wenn z. B. nur 0,3 oder 0,6 Einheiten erforderlich sind.

8 Bündner Fleisch kostet je kg 45,60 (52,10) €. Berechnen Sie Materialkosten, wenn
(**9**) a) für einen Bündner Teller 60 g gereicht werden,
b) für einen Vorspeisenteller 25 g Bündner Fleisch verwendet werden.

Berechnen Sie den Materialpreis.

Artikel	**10**	**11**	**12**	**13**	**14**	**15**	**16**	**17**
	Aufschnitt		Filetsteak		Kalbsschnitzel		Gemüsepaprika	
Preis €/kg	12,60		24,00		17,40		2,10	
Menge in g	125	60	180	200	170	190	250	220

Welcher Kilogramm-Preis ist berechnet worden?

	18	**19**	**20**	**21**	**22**	**23**	**24**	**25**
Menge in g	740	620	145	460	275	375	860	900
Kosten €	8,88	9,84	2,03	4,09	3,85	4,50	8,51	13,05

Zusammenhänge erkennen. Berechnen Sie die fehlenden Werte.

	26	**27**	**28**	**29**	**30**	**31**	**32**	**33**
Menge in kg	2,500	?	3,750	2,600	?	5,250	0,750	?
Preis €/kg	3,20	4,70	11,60	?	14,20	7,80	?	42,80
Gesamtpreis €	?	20,00	?	36,40	46,86	?	13,50	154,08

4.1.1 Rechnende Waagen

Rechnende Waagen arbeiten nach dem Prinzip der Zuordnung Menge → Preis.

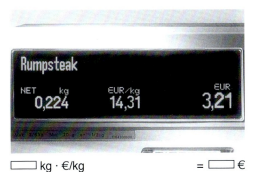

☐ kg · €/kg = ☐ €

Der Preis je kg wird eingegeben. Ein Rechner ermittelt den Preis für das angezeigte Nettogewicht.

Die Zuordnung Menge → Preis wird ausgedruckt und dem Lebensmittel beigegeben.

4.1.2 Preisstrahl und Wertetabelle

Das Fischrestaurant „Jonas" bietet lebendfrische Forellen nach Größe an. Für 100 g werden nach der Speisekarte 4,00 € verlangt.

Um sich das ständige Rechnen zu ersparen, hat sich der Küchenchef eine Grafik angefertigt. Durch die proportionale Zuordnung Menge ↔ Preis entsteht ein Strahl, den man Preisstrahl nennt.

34 Erstellen Sie für das Restaurant „Fischerwirt"

a) einen Preisstrahl für Forellen,
b) einen Preisstrahl für Karpfen.

35 Die Annonceuse findet, für das Kontrollieren bei der Ausgabe wäre eine Wertetabelle günstiger als die Grafik. Erstellen Sie

a) eine Wertetabelle für Forellen, beginnend mit 160 g bis 300 g, Abstand 20 g,
b) eine Wertetabelle für Karpfen, beginnend mit 250 g bis 400 g, Abstand 20 g.

36 Ein Gast will für Forelle blau etwa 9,00
(37) (11,50) € ausgeben.

Wie schwer darf die Forelle sein? (Nebenstehende Speisekarte)

38 Für einen Karpfen wurden 9,50 (13,40) € berechnet.
(39) Welches Gewicht hatte der angebotene Karpfen? (Nebenstehende Speisekarte)

Nach Fangglück unseres Fischermeisters bieten wir frisch von der Angel:

Forellen je 100 g	**3,90 €**
Karpfen je 100 g	**3,50 €**

4.2 Dreisatz im geraden Verhältnis

Viele Waren werden in „Einheiten" angeboten, die eine Umrechnung auf Verbrauchsmengen notwendig machen, z. B.

- **Gemüse** in Dosen oder Tiefkühlpackungen,
- **Obst** in Dosen mit einer bestimmten Stückzahl wie Ananas, halbe Birnen,
- **Fleischstücke** und **Fisch,** deren Größe vom Wuchs der Tiere bestimmt ist.

Damit verbundene Rechenaufgaben werden über den Dreisatz gelöst.

Beispiel

Eine Dose Ananas enthält 7 Scheiben und kostet 0,84 €. Für einen gemischten Obstkuchen benötigt man 5 Scheiben.

Wie viel € sind zu veranschlagen?

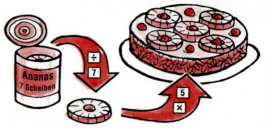

Lösung über x und Bruchstrich

Lösungsansatz   7 Stück ≙ 0,84 € ❶
 5 Stück ≙ x € ❷

Lösungsbruch

7 Stück kosten ————→ ❸

$$\frac{0,84 \cdot 5\ €}{7}$$

1 Stück kostet ————→
5 Stück kosten 5-mal ————
so viel

Antwort:

Für 5 Scheiben müssen 0,60 € veranschlagt werden.

Lösungshinweise

❶ Zuerst **Bedingungssatz** anschreiben,

❷ dann **Fragesatz.**
Gleiche Benennung (Stück, €, kg) untereinander setzen.

❸ Der Ansatz am Bruchstrich beginnt mit der Größe (Zahl und Maßeinheit über dem x.)

---

2 Eine Dose mit 7 (9) Scheiben Ananas kostet 0,98 (1,53) €. Es werden drei Scheiben benötigt.
(3) Wie viel € sind dafür zu veranschlagen?

4 Eine Seite gebeizter Lachs wiegt 2,450 kg und kostet 22,54 (19,85) €.
(5) a) Wie viel € betragen die Materialkosten für eine Portion mit 160 g?
b) Wie viel € sind für eine Vorspeise mit 90 g zu verrechnen?

6 Es wurden 6,800 (14,300) kg Seelachsfilet für insgesamt 40,80 (75,79) € bezogen. Für eine Por-
(7) tion rechnet man 180 Gramm.
Berechnen Sie die Materialkosten.

8 Karpfen werden lebend zu 4,90 €/kg geliefert.
(9) Berechnen Sie die Kosten für ein Stück mit 850 (920) Gramm.

4.2.1 Preisberechnung für Rohstoffe

Steht auch drauf, was drin ist? Die Fertig-packungsverordnung schreibt vor, dass z. B. bei Konserven neben der **Füllmenge** auch das **Abtropfgewicht** genannt wird.

Das Abtropfgewicht sind hier Erbsen ohne Flüssigkeit.

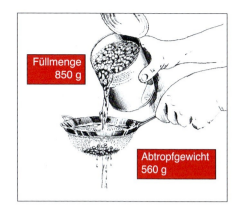

Füllmenge
850 g

Abtropfgewicht
560 g

10 Eine Dose Erbsen enthält 560 Gramm abgetropfte Ware und kostet 1,20 (1,35) €. Für eine Por-
(**11**) tion rechnet man 160 Gramm.

Berechnen Sie die Materialkosten.

12 Aus einer Dose mit Steinpilzen erhielt man 540 (560) Gramm Abtropfgewicht. Der Einkaufspreis
(**13**) betrug 8,80 (8,35) €.

Berechnen Sie die Materialkosten für 40 Gramm, die zu einer Garnitur verwendet werden.

14 Eine Dose Sauerkraut enthält 8,200 (7,900) kg und kostet 8,20 (7,80) €.
(**15**) Berechnen Sie die Kosten für 5 kg.

16 Ein pariertes Roastbeef wiegt 3,200 (3,650) kg und kostet insgesamt 55,36 (62,78) €.
(**17**) Berechnen Sie den Fleischwert für ein Rumpsteak mit 180 Gramm.

18 Es werden 8,730 (10,460) kg gefrostetes Rindfleisch für insgesamt 77,33 (84,73) € eingekauft.
(**19**) Nach dem Auftauen wiegt das Fleisch 8,030 (9,730) kg.

Berechnen Sie den Preis für eine Portion mit 180 Gramm.

20 Fleisch für Rinderbraten wird für 11,20 (11,90) €/kg eingekauft. Für eine Portion rechnet man 160
(**21**) (180) Gramm Fleischgewicht.

Wie viel € sind dafür zu veranschlagen?

22 Hähnchen kosten im Einkauf 2,75 € je Stück. Man erhält davon 520 (560) Gramm gekochtes
(**23**) Fleisch, das zu Geflügelsalat verwendet wird.

Wie viel € sind für 1 kg gekochtes Fleisch zu berechnen?

24 Das Hotel „Am See" bietet Forellen nach Größe an. Bei der Vorbereitung werden die Fische gewogen und dem Gewicht wird ein entsprechendes Preisschild zugeordnet.

a) Welches Preisschild gehört zu welchem Gewicht?

b) Welcher Preis wird je 100 Gramm Fisch gerechnet?

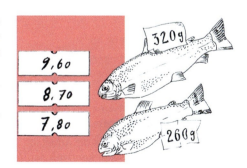

320 g

9,60

8,70

7,80

260 g

5 Umgekehrt proportionale Zuordnung

5.1 Dreisatz im umgekehrten Verhältnis

5.1.1 Arbeitsdauer ↔ Arbeitskräfte

1

Beispiel

Zur Vorbereitung eines kalten Büfetts benötigen nach Erfahrungswerten drei Köche vier Stunden. Wie lange werden vier Köche arbeiten?

Lösung

3 Köche ↔ 4 Std.
4 Köche ↔ x Std.

$$\frac{4 \cdot 3}{4} = 3 \text{ Stunden}$$

Antwort

Vier Köche benötigen drei Stunden.

Lösungshinweise

Führen Sie den mathematischen Ansatz nie mechanisch aus.

Überlegen Sie: Drei Köche arbeiten je vier Stunden; dann sind das 12 Arbeitsstunden.

Werden mehr oder weniger Köche eingesetzt, so ist die Arbeitszeit auf die Beschäftigten aufzuteilen.

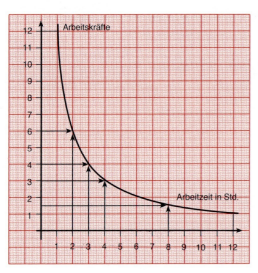

Die Grafik zeigt den Zusammenhang:

> Je mehr Arbeitskräfte, desto kürzer die Arbeitszeit.
>
> Je weniger Arbeitskräfte, desto länger ist die Arbeitszeit.

Die mathemathische Zuordnung Arbeitskräfte ↔ Arbeitszeit hat fachliche Schranken. Berichten Sie.

Hilfestellung:
Das ganze Büfett in einer Stunde?
Ein Koch für das ganze Büfett?

2 Lesen Sie aus der Grafik ab:

(3) a) die erforderliche Arbeitszeit, wenn 6 (2) Köche beschäftigt werden,
b) die erforderliche Anzahl von Köchen, wenn die Arbeit in 6 (4) Stunden zu bewältigen ist.

4 Bisher wurden zur Vorbereitung eines Büfetts bei einer Veranstaltung drei Köche eingesetzt. Für dieses Mal wird ein weiterer abgestellt. Die bisherige Arbeitsdauer war mit 8 Stunden angesetzt.

a) Wie viel Stunden beträgt die Arbeitsdauer beim neuen Personalstand?
b) Wie viel Stunden später kann mit der Vorbereitung des Büfetts begonnen werden?

5 Für die Arbeiten zu einem Sonderessen waren 4 (5) Arbeitskräfte bei je sechsstündiger (acht-
(**6**) stündiger) Arbeitszeit eingeplant. Am Vortag meldet sich ein Koch krank.

Wie viele Stunden müssen die verbleibenden Köche früher anfangen?

7 Die Küchenarbeiten für ein Stadtrestaurant wurden bisher von einer Brigade von 8 (10) Köchen
(**8**) bewältigt. Für den heutigen Tag wird wegen einer Veranstaltung mit einem 25 (20) Prozent höheren Umsatz gerechnet.

Wie viele Köche müssen zusätzlich eingesetzt werden?

9 Eine Großküche beschäftigt bisher 6 (5) Küchenhilfskräfte, die täglich 8 (9) Stunden arbeiten. Es
(**10**) soll auf Teilzeitbeschäftigung mit täglich 6 (5) Stunden Arbeitszeit umgestellt werden.

Wie viele Hilfskräfte müssen zusätzlich eingestellt werden?

11 Wieder eine Aufgabe zum Überlegen. Lehrer Lampel braucht bei einer Klasse mit 24 Schülern
genau 4 Wochen für das Stoffgebiet Dreisatz.

Wie lange bräuchte er bei einer Klasse mit 30 Schülern?

5.1.2 Warenvorrat ↔ Verbrauchsmenge

Sachliche Vorgaben für die Aufgaben Nr. 12 bis 17: Ein Berghotel erhält im Monat November von der Seilbahngesellschaft wegen der geringen Personenbeförderung Sonderkonditionen für den Materialtransport. Diese Möglichkeit der Kosteneinsparung soll für lagerfähige Ware möglichst voll genutzt werden.

12 Als mittlerer Verbrauch je Gast wurden ermittelt 120 (150) g Kartoffeln je Tag.
(**13**) Berechnen Sie die Vorratsmenge für durchschnittlich 35 (65) Gäste je Tag für 3 (4) Monate mit
je 30 Tagen.

14 Die Küche rechnet mit einem durchschnittlichen Bedarf an 20 (15) Gramm Backfett je Gast und Tag.
(**15**) Wie viel Kilogramm Fett sind bei einer durchschnittlichen Belegung mit 65 (50) Personen für drei
Monate mit je 30 Tagen erforderlich?

16 Es wurden 2 700 (3 000) Portionen Frühstücksbutter zu je 25 g eingekauft und im Tiefkühlraum
(**17**) gelagert.

a) Für wie viele Tage reicht der Vorrat bei durchschnittlich 60 (75) Gästen?

b) Das Hotel baut während des Sommers an und kann darum im kommenden Winter durchschnittlich 85 (90) Gäste aufnehmen.
Welcher Vorrat muss für 2 (3) Monate mit je 30 Tagen angelegt werden?

5.2 Zusammengesetzter Dreisatz

1 Vor dem Umbau verbrauchte die Küche bei 6-(8-)stündiger Betriebszeit und einem Einsatz von
(**2**) 6 Gasbrennern 1,44 (1,92) m³ Gas. Mit dem Umbau kommen 2 weitere Brenner hinzu, und die
tägliche Betriebszeit wird auf 7 (9,5) Stunden ausgedehnt.

Mit wie viel Kubikmeter Gasverbrauch je Woche ist zu rechnen?

3 Ein Hotel setzt für die Grundbeleuchtung 64 (43) Birnen mit je 150 W und 18 (14) Birnen mit
(**4**) je 75 W ein. Diese werden nun durch Sparlampen ersetzt. Anstelle der stärkeren Birnen verwendet man solche mit 30 W, anstelle der schwächeren solche mit 15 W. Die Grundbeleuchtung
ist 24 (13) Stunden eingeschaltet.

Berechnen Sie die monatliche (30 Tage) Stromeinsparung in kWh.

5
(6) Für 60 (45) Platten zu einem kalten Büfett benötigen 4 (5) Köche je 6 Stunden. Für ein Sonderessen sollen 50 (30) Platten in der Zeit von 4 (5) Stunden angefertigt werden.

Wie viele Köche müssen eingesetzt werden?

7
(8) Für die Vorbereitung eines kalten Büfetts arbeiten bisher 10 (6) Köche von morgens 9.00 (7.00) Uhr bis 15.00 (17.00) Uhr. Ein Büfett in gleichem Umfang soll bis 19.00 Uhr „stehen". Es werden zusätzlich 2 Köche für die Arbeit abgestellt.

Wann muss mit der Vorbereitung begonnen werden?

9 Anton ist Auszubildender im ersten Jahr und arbeitet erst halb so schnell wie sein erfahrener Kollege Bertold. Bertold benötigt zum Füllen von 90 Wachteln 3 Stunden. Heute arbeiten Anton und Bertold zusammen.

Wie lange brauchen sie bei vergleichbarem Arbeitsaufwand für 120 Wachteln?

10 Ein Hotel stellt als Spezialität Hagebuttenkonfitüre selbst her. Man benötigte bisher für 120 Glas Konfitüre (je 200 ml) 12 kg Hagebutten. Nun sollen 150 Gläser mit je 150 ml gefüllt werden.

Wie viel Kilogramm Hagebutten müssen eingekauft werden?

11 Eine Terrasse mit 12 m Länge und 8 m Breite hatte bisher 64 Sitzplätze. Nach einer Umgestaltung misst die Terrasse 20 m Länge und 6 m Breite.

Wie viele Sitzplätze stehen auf der neuen Terrasse bei gleicher Dichte zur Verfügung?

12 Der Lebensmittelvorrat eines Berghotels reicht für 80 Personen 50 Tage, wenn mit einem Pro-Kopf-Verbrauch von 2 400 g gerechnet wird. Nun sollen 100 Personen verpflegt werden, zugleich wird der Verbrauch je Tag auf 2 000 g gesenkt.

Für wie viele Tage reicht unter diesen Bedingungen der Vorrat?

13 Manchmal geht eine Rechnung ganz anders: Für ein weich gekochtes Ei werden 4 Minuten gerechnet. Man benötigt 40 weich gekochte Eier, die in einem 10-Liter-Topf erhitzt werden.

Welche Kochzeit ist zu veranschlagen?

5.3 Prüfungsaufgaben

1
(2) Ein Kabeljau ohne Kopf wiegt 8,200 (12,400) kg und wurde mit insgesamt 34,44 (60,76) € bezahlt. Für Kabeljau und Senfsoße rechnet man je Tranche 160 (180) g.

Wie viel € sind für den Fischanteil zu berechnen?

3
(4) Ein Karton mit 360 Eiern kostet 39,60 (46,80) €. Wie viel € kosten 32 (18) Eier?

5
(6) Eine Tafel Kuvertüre hat ein Nettogewicht von 2,500 kg und kostet 45,00 (41,25) €. Berechnen Sie den Preis für 380 (215) g.

7
(8) Eine Dose Erbsen enthält 560 (620) g abgetropfte Ware und kostet 0,62 (0,75) €, für eine Portion rechnet man 140 g.

Berechnen Sie die Materialkosten für eine Portion.

9
(10) Grüne Erbsen wurden in der Tiefkühlpackung mit 2,500 (1,000) kg zu 2,80 (1,10) € bezogen. Für eine Portion rechnet man 140 (120) g.

Wie hoch sind die Materialkosten für eine Portion?

36

6 Prozentrechnen[1])

Beispiel

Der Abfall beim Schälen von Kartoffeln wird mit 20 % angegeben. Man schält 10 kg. Wie viel Kilogramm geschälte Kartoffeln kann man erwarten?

1. Schritt: Sich die Sache vorstellen

Kartoffeln **ganze** Menge

Abfall   Verlust „geht weg"

„bleibt übrig" „erhält man"

2. Schritt: Vorgang aus dem Text lösen

notieren   oder   zeichnen

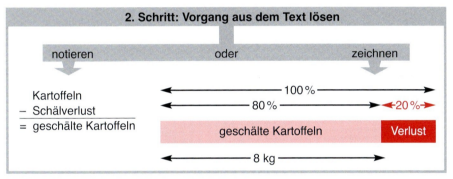

Kartoffeln
− Schälverlust
= geschälte Kartoffeln

3. Schritt: Werte zuordnen

links Mengen eintragen

rechts Prozentangaben einsetzen

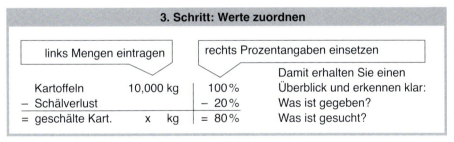

Kartoffeln	10,000 kg	100 %		Damit erhalten Sie einen
− Schälverlust		− 20 %		Überblick und erkennen klar:
= geschälte Kart.	x kg	= 80 %		Was ist gegeben?
				Was ist gesucht?

4. Schritt: Rechnerische Lösung
(Wählen Sie den Weg, der Ihnen am besten liegt.)

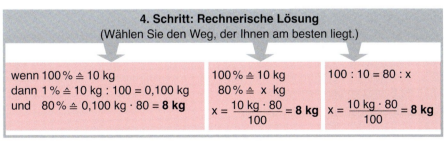

wenn 100 % ≙ 10 kg
dann 1 % ≙ 10 kg : 100 = 0,100 kg
und   80 % ≙ 0,100 kg · 80 = **8 kg**

100 % ≙ 10 kg
80 % ≙ x kg

$$x = \frac{10 \text{ kg} \cdot 80}{100} = \mathbf{8\ kg}$$

100 : 10 = 80 : x

$$x = \frac{10 \text{ kg} \cdot 80}{100} = \mathbf{8\ kg}$$

---

[1]) Prozent (lat.) = „für Hundert". Das Zeichen % kommt von der Abkürzung „cto" für „centum" (lat.) Statt „%" liest man oft auch „v. H.", z. B. 7 v. H. = 7 vom Hundert.

6.1 Prozentwert gesucht

1 Im Gasthof „Alpenblick" werden 25 (30) kg Kartoffeln geschält. Man rechnet mit 20 Prozent
(2) Schälverlust.

Wie viel Kilogramm geschälte Kartoffeln erhält man?

Üben Sie das Herauslösen des Vorgangs aus dem Text und das Zuordnen der Werte.

3 Lange gelagerte Kartoffeln verlieren an Feuchtigkeit und sind deshalb schwerer zu schälen. Ihr
Schälverlust beträgt 30 Prozent.

a) Wie viel Kilogramm geschälte Kartoffeln erhält man aus 18 kg Kartoffeln?
b) Wie viel Kilogramm geschälte Kartoffeln erhält man aus 32 kg Kartoffeln?

4 Der Bratverlust wird bei mittelfettem Schweinebauch mit 35 Prozent angegeben. Frau Schulz
(5) brät ein Stück mit 1,400 (2,100) kg.

Wie viel Kilogramm Braten kann sie erwarten?

6 Bei Spargel ist der Schälverlust je nach Qualität sehr unterschiedlich. Bei guter Qualität gehen
(7) durch das Schälen 20 Prozent verloren, bei geringer Qualität sind es 45 Prozent. Frau Jensen
kauft 1,500 (2,000) kg.

Wie viel Kilogramm geschälter Spargel verbleiben
a) bei guter Qualität,
b) bei geringer Qualität?

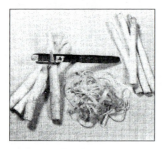
Schälen von Spargel

Abfall

Ich mag die Spitzen am liebsten.

8 Ein Restposten Gemüsekonserven wird um 18 (24) Prozent herabgesetzt. Ohne diesen Nach-
(9) lass hätten 1 248,20 (1 756,40) € bezahlt werden müssen.

Berechnen Sie die Überweisung und die Einsparung.

10 Fruchteis muss (außer bei Zitrone) mindestens 20 Prozent Fruchtanteil enthalten. Es sollen
(11) 2,5 (3,8) Liter Eismix vorbereitet werden.

Wie viel Liter Fruchtmark sind bereitzustellen?

12 Ein Hotel antwortet auf eine Zimmeranfrage: „Leider sind wir gezwungen, in diesem Jahr unsere
(13) Preise um 6 (8) Prozent anzuheben." Voriges Jahr kostete das Zimmer 55,00 (65,00) €.

Mit welcher Ausgabe ist jetzt zu rechnen?

handwerk-technik.de

6.2 Grundwert gesucht

Beim Vorbereiten und Garen von Speisen entstehen Verluste, die im Voraus zu berücksichtigen sind, wenn man zu den erforderlichen Mengen an ausgabefähigen Speisen gelangen will.

1

Beispiel

Eine Pension benötigt 8 kg geschälte Kartoffeln; der Schälverlust wird mit 20 Prozent angenommen. Wie viel Kilogramm Kartoffeln müssen geschält werden?

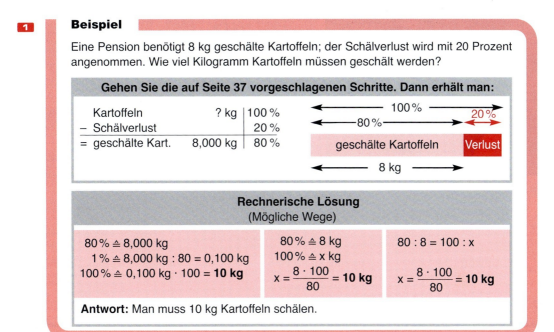

Gehen Sie die auf Seite 37 vorgeschlagenen Schritte. Dann erhält man:

Kartoffeln	? kg	100 %
− Schälverlust		20 %
= geschälte Kart.	8,000 kg	80 %

Rechnerische Lösung
(Mögliche Wege)

80 % ≙ 8,000 kg
1 % ≙ 8,000 kg : 80 = 0,100 kg
100 % ≙ 0,100 kg · 100 = **10 kg**

80 % ≙ 8 kg
100 % ≙ x kg
$x = \dfrac{8 \cdot 100}{80} = \mathbf{10\ kg}$

80 : 8 = 100 : x
$x = \dfrac{8 \cdot 100}{80} = \mathbf{10\ kg}$

Antwort: Man muss 10 kg Kartoffeln schälen.

2
(3) Für eine Veranstaltung sollen insgesamt 8,220 (6,400) kg Schmorbraten zur Verfügung stehen. Man rechnet mit einem Schmorverlust von 40 (38) Prozent.

Wie viel Kilogramm Fleisch müssen angesetzt werden?

4
(5) Während einer Spargelwoche sind 40 (65) mal je 500 Gramm geputzter Spargel vorzubereiten. Wie viel Kilogramm Spargel sind zu schälen, wenn
a) bei Qualitätsspargel 20 Prozent Schälverlust angenommen wird,
b) bei einfacher Qualität mit 32 Prozent Schälverlust zu rechnen ist?

6
(7) Ein Rezept für Walnusskuchen nennt 200 (280) g geriebene Walnüsse. Es werden aber derzeit nur Walnüsse in der Schale angeboten. Abfall 55 %.

Wie viel Gramm Walnüsse mit Schale sind für 10 Kuchen zu kaufen?

8
(9) Nach einer Gehaltserhöhung von 8 (11) Prozent erhält ein Hotelkaufmann 1 684,80 (2 197,80) €. Berechnen Sie das frühere Gehalt.

10
(11) Ein Gastronom hat mit dem Hauseigentümer 6 (8,5) Prozent Umsatzpacht vereinbart. Im letzten Jahr hat er insgesamt 10 560,00 (17 425,00) € Pacht bezahlt.

Wie viel € betrug der durchschnittliche Monatsumsatz?

12
(13) Restaurantfachmann A. erhält als Festlohn 1 482,00 (1 572,00) € monatlich. B. erhält Umsatzbeteiligung, und zwar 9,3 (10,1) Prozent des Umsatzes.

Wie viel € muss B. täglich umsetzen, wenn er bei 22 Arbeitstagen auf den gleichen Bruttolohn kommen will?

6.3 Prozentsatz gesucht

1 **Beispiel**

Es wurden 10 kg Kartoffeln geschält. Man erhielt daraus 8 kg geschälte Ware.
Wie viel Prozent beträgt der Schälverlust?

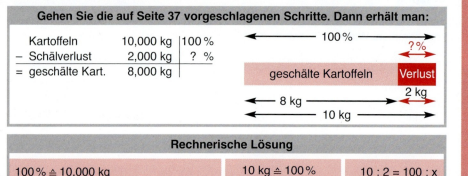

Gehen Sie die auf Seite 37 vorgeschlagenen Schritte. Dann erhält man:

Kartoffeln	10,000 kg	100 %
− Schälverlust	2,000 kg	? %
= geschälte Kart.	8,000 kg	

Rechnerische Lösung

100 % ≙ 10,000 kg
1 % ≙ 10,000 kg : 100 = 0,100 kg
? % ≙ 2,000 kg
 = 2,000 kg : 0,100 kg = **20 %**

10 kg ≙ 100 %
2 kg ≙ x %
$\frac{2 \cdot 100}{10}$ = **20 %**

10 : 2 = 100 : x
$\frac{2 \cdot 100}{10}$ = **20 %**

Antwort: Der Schälverlust beträgt 20 Prozent.

2
(3) 4,800 (2,250) kg Pfifferlinge ergeben nach dem Vorbereiten 3,264 (1,440) kg geputzte Pfifferlinge.

Wie viel Prozent beträgt der Putzverlust?

4
(5) Zwei tiefgekühlte Kalbskeulen wiegen 13,800 (14,200) kg und 14,550 (14,800) kg. Die erste wird rasch aufgetaut und wiegt 11,868 (12,212) kg. Die zweite hat nach langsamem Auftauen ein Gewicht von 14,332 (14,504) kg.

Berechnen Sie die Auftauverluste in Prozent.

6 Auszug aus einer Tabelle für die Berechnung der Einkaufsmengen:

Um 100 g essbaren Anteil zu erhalten, sind an **käuflicher Rohware** durchschnittlich nötig bei:					
a) Blumenkohl	160 g	d) Salzkartoffeln	125 g	g) Kirschen	110 g
b) Erbsen, grün	250 g	e) Rotkohl	130 g	h) Mandarinen	155 g
c) Gurken	135 g	f) Spargel	140 g	i) Melone	125 g

Berechnen Sie den Vorbereitungsverlust in Prozent.

7
(8) Erdbeeren in der 250-g-Schale kosten die Woche über 1,30 (1,15) €. Am Samstag sind sie mit 1,10 (0,95) € ausgezeichnet.

a) Wie viel Prozent beträgt die Einsparung?
b) Warum sind die Erdbeeren manchmal am Samstag billiger?

9
(10) Frisches Fleisch zum Schmoren wird für 8,60 (8,95) €/kg angeboten; gefrostete Ware kostet 7,85 (8,95) €/kg.

Wie viel Prozent ist die Frostware billiger?

6.4 Prüfungsaufgaben

1
(2) In einem Karton sind 22,800 (23,100) kg Suppenhühner enthalten. Für Kochverluste und Ausbeinverlust werden 42 Prozent veranschlagt.

Wie viel Portionen Geflügelsalat mit je 120 Gramm Fleischanteil können erwartet werden?

3
(4) Eine Rehkeule hat ein bratfertiges Gewicht von 1,550 (1,700) kg. Der Bratverlust wird mit 24 Prozent angenommen.

Wie viel Gramm wiegt eine Portion, wenn man 9 Portionen schneidet?

5
(6) Eine Herrengesellschaft wünscht frische Steinpilze mit Semmelknödeln. Man benötigt insgesamt 2,400 (2,900) kg vorbereitete Ware und rechnet mit einem Putzverlust von 30 Prozent.

Wie viel Kilogramm Steinpilze müssen eingekauft werden?

7
(8) Bei einem Essen mit 45 (65) Personen soll Roastbeef gereicht werden. Man rechnet je Person 140 (150) Gramm Braten; der Bratverlust wird mit 22 Prozent angenommen.

Wie viel Kilogramm Roastbeef sind zu braten?

9
(10) Linsen nehmen beim Einweichen und Garen 160 (170) Prozent Wasser auf. Es werden 1,900 (2,500) kg Trockenware zubereitet.

Wie viel Kilogramm gegarte Linsen erhält man?

Gehobener Schwierigkeitsgrad

1 Der Lohn eines Commis betrug ursprünglich 2 060,00 €. In den vergangenen Jahren wurde er zuerst um 4 %, dann um 6 % und schließlich um 7 % erhöht.

Wie hoch ist das Bruttogehalt jetzt?

2 Infolge einer Krise steigt der Heizölpreis Monat für Monat: im ersten Monat um 8 Prozent, im zweiten Monat um 12 Prozent und im dritten Monat um 10 Prozent.

Um wie viel Prozent ist das Heizöl insgesamt teurer geworden?

3 Ein Mikrowellengerät kostete 2 300,00 €. Zuerst wurde der Preis um 10 Prozent erhöht und dann um 10 Prozent gesenkt.

Wie viel € kostet das Gerät jetzt?

4 Die Personalkosten eines Hotels steigen während der Saison um folgende Prozentsätze jeweils im Vergleich zum Vormonat.
Juli 4,8 %, August 6,4 %, September 3,6 %. Im September beliefen sich die Personalkosten auf 34 656,44 €.

Wie viel € betrugen die Personalkosten im Juni des Jahres?

5 Der Heizölpreis fällt im ersten Monat um 10 % und im zweiten Monat nochmals um 10 %. Im dritten Monat steigt der Heizölpreis um 20 % an.

Um wie viel Prozent hat sich der Heizölpreis dadurch gegenüber dem ursprünglichen Preis verändert?

6.5 Prozent und Sprache

„Sagen Sie nicht 33 %, da kann sich kaum jemand etwas darunter vorstellen." So steht es in dem Buch *Schreibe anschaulich*. „Sagen Sie stattdessen: Jeder Dritte. Das sieht man vor sich. Und das wollen Sie doch, dass der andere sich etwas vorstellen kann."

1 Wandeln Sie die folgenden Prozentsätze entsprechend um.

a)	b)	c)	d)	e)	f)	g)	h)	i)
10 %	20 %	25 %	33 %	50 %	75 %	100 %	150 %	200 %

2 Und jetzt umgekehrt: Sie lesen die folgenden Wendungen und müssen diese für Berechnungen in (runde) Prozentsätze umwandeln.

a) jeder Zweite   c) jeder Dritte   e) vier von zehn   g) das Doppelte
b) jeder Dreißigste   d) jeder Zehnte   f) drei von vieren   h) jeder

Auch mit dem Bruchrechnen besteht ein Zusammenhang. Man kann z. B. statt 5 % auch schreiben 5 vom Hundert oder 5 v. H. 5/100 oder 0,05. Schließlich bedeutet % nichts anderes als „vom Hundert".

3 Und jetzt wandeln wir Brüche in Prozentsätze um.

a)	b)	c)	d)	e)	f)	g)	h)	i)
1/2	1/5	1/10	1/4	2/10	3/4	2/5	1 1/2	1/3

4 Es geht auch so: Prozentsätze müssen in Brüchen ausgedrückt werden.

a)	b)	c)	d)	e)	f)	g)	h)	i)
20 %	25 %	33 %	40 %	50 %	75 %	150 %	200 %	5 %

6.6 Prozentsatz bei wechselndem Grundwert

Sie kennen die bekannte Frage: Ist das nebenstehende Glas halb voll oder halb leer? Sie wissen, das hängt davon ab, wie man die Sache sieht.

Auch beim Prozentrechnen gibt es unterschiedliche Sichtweisen.

1

Beispiel

Ein Stück Camembert kostete bisher 0,90 € und jetzt im Sonderangebot 0,75 €.
a) Um wie viel Prozent ist das Sonderangebot billiger?
b) Wie viel Prozent ist das übliche Angebot teurer als das Sonderangebot?

Lösungshinweis
Lautet die Frage: Wie viel Prozent mehr?   Lautet die Frage: Wie viel Prozent weniger?

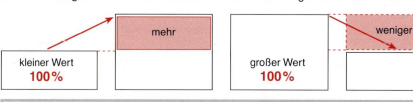

| Lautet die Frage: Wie viel % mehr ⟶ kleiner Wert ≙ 100 % |
| Lautet die Frage: Wie viel % weniger ⟶ großer Wert ≙ 100 % |

Aus dem Preisverzeichnis einer Fleischerei:

Kalbsschnitzel	15,60 € je kg	Schweinebraten	8,60 € je kg
Kalbsrollbraten	12,90 € je kg	Schweineschnitzel	10,90 € je kg
Kalbsbrust	11,20 € je kg	Schweinehackfleisch	5,60 € je kg

2 Wie viel Prozent sind Kalbsschnitzel teurer als Kalbsrollbraten?

3 Wie viel Prozent ist Kalbsrollbraten billiger als Kalbsschnitzel?

4 Wie viel Prozent ist Kalbsrollbraten teurer als Schweinebraten?

5 Wie viel Prozent können eingespart werden, wenn statt Kalbsschnitzeln Schweineschnitzel gekauft werden?

6 Ein Filetsteak wiegt 160 (180) g und kostet 3,80 (4,20) €. Ein gleich großes Stück Schweine-
(7) filet kostet 2,45 (2,95) €.

a) Wie viel Prozent ist das Schweinefilet billiger?
b) Wie viel Prozent ist das Filetsteak teurer als das Schweinefilet?

8 Brathähnchen sind 25 Prozent billiger als Rindfleisch zum Kochen.

Um wie viel Prozent ist das Rindfleisch teurer als die Hähnchen?

9 Wenn ein Hotel durchschnittlich 75 (60) Prozent seiner Zimmer belegen kann, werden zum Früh-
(10) stück 240 (150) Servietten benötigt. Die Geschäfte gehen gut, die Belegung steigt auf 85 (78) Prozent.

Wie viel Servietten sind bereitzuhalten?

6.6.1 Preise gestern – Preise heute

11 Unter dieser Überschrift ermittelte eine Zeitschrift die Preise für bestimmte Lebensmittel im Jahre 1975 und stellte diese den heutigen gegenüber. Das Ergebnis:

Teurer – billiger – eine Frage des Standpunktes. Ermitteln Sie zu jedem Produkt eine Antwort auf die Fragen:

a) Wie viel Prozent ist die Ware teurer/billiger als früher?
b) Wie viel Prozent war die Ware teurer/billiger als heute?

12 Der Bauer sagt: „Etwa 2,500 kg Kürbiskerne benötige ich für einen Liter Kürbisöl."

a) Wie viel Prozent beträgt die Ausbeute?
b) Welchen Fettgehalt in Prozent haben Kürbiskerne?

13 Eine Verbraucherzeitschrift bringt nebenstehendes Beispiel und schreibt dazu: „Zurzeit ein simpler Trick. Weniger Ware zum gleichen Preis."

Wie hoch ist die Preiserhöhung? 25 % oder 33 %?

Wie soll man nun argumentieren?

> *Preis alt: 100 ml = 2,– €*
> *Preis neu: 75 ml = 2,– €*
> *Wie hoch ist die versteckte*
> *Preiserhöhung? 25 %?*
> *Nein, Preiserhöhung 33 %*

6.7 Promillerechnung

Die Promillerechnung wird dort angewendet, wo sich beim Rechnen zu kleine Prozentsätze ergeben. Das ist vor allem bei Berechnung von Versicherungsprämien und Provisionen der Fall, aber auch beim Blutalkohol.

Der Zusammenhang zwischen Prozent und Promille wird durch nebenstehende Übersicht deutlich.

Rechnerisch besteht zwischen Prozent und Promille kein Unterschied.

Denkhilfen
Prozent von 100
$1\% \triangleq 0,01 \triangleq \dfrac{1}{100}$
Promille von 1000
$1‰ \triangleq 0,001 \triangleq \dfrac{1}{1000}$

1 Wandeln Sie die Prozentsätze in Promillesätze um.

a)	b)	c)	d)	e)	f)	g)
100 %	5 %	1 %	0,5 %	0,1 %	0,05 %	2,5 %

2 Berechnen Sie zu den genannten Versicherungssummen die jährlichen Versicherungsbeiträge.

a) 350 000 € zu 7 ‰   b)   456 000 € zu 5,5 ‰
c) 124 000 € zu 3,2 ‰   d) 1 350 000 € zu 3,2 ‰

3
(4) Wer ein Haus sein Eigen nennt, versichert dieses auf jeden Fall gegen Feuer.
Glasbruch wird ersetzt bei äußeren Einwirkungen, z. B. Sturm oder Hagel.
Eine Hausratversicherung sichert Wohnungseigentümer gegen Schäden an der Einrichtung ab, z. B. Wasserschaden bei geborstenem Schlauch der Waschmaschine.

Für eine Familie wurden folgende Werte festgestellt:
Gebäudewert 480 000,00 (355 000,00) € zu 1,4 ‰,
Glas 65 000,00 (35 000,00) € zu 4,2 ‰
Hausrat, Diebstahl: 75 000,00 (45 000,00) € zu 8,3 ‰.

Berechnen Sie die jährliche Zahlung.

7 Nährstoff- und Energieberechnungen

Wenn es um Berechnungen in der Ernährung geht, ist zu unterscheiden zwischen Fragen nach dem Nährstoffgehalt der Speisen und dem Energiegehalt.

Nährstoffgehalt

Berechnet werden die Gehalte an Eiweiß, Fett und Kohlenhydraten.

Die Maßeinheit ist Gramm.

Energiegehalt

Berechnet wird der Gehalt/Verbrauch an Energie.

Die Maßeinheit ist Kilojoule (kJ), früher Kilokalorien (kcal).

Die Berechnungsgrundlagen sind in Tabellen festgehalten. Daher zunächst eine Übung im Umgang mit Tabellen.

7.1 Umgang mit Tabellen

Eine **Tabelle ordnet Zahlenmaterial** und macht es dadurch leichter überschaubar. Beachtet man nur wenige **Gestaltungsregeln,** ist es kein Problem, selbst eine Tabelle anzulegen.

Eine Tabelle besteht aus:

● *Tabellenkopf* ⎫ nennen Ordnungs-
● *Vorspalte* ⎭ gesichtspunkte
● waagerechten *Zeilen*
● senkrechten *Spalten*

	Kopf	
Vorspalte		*Spalte*
	Zeile	*Feld*

1 Beantworten Sie mithilfe der Tabelle:

a) Welche Lebensmittel enthalten Eiweiß?

b) Welches Lebensmittel ist am energiereichsten?

c) Wie hoch ist der Kohlenhydratgehalt von Zucker in Prozent?

d) Wievielmal mehr Energie enthält Zucker als Kartoffeln?

Ausschnitt aus einer Nährstofftabelle

Lebensmittel	100 g enthalten			
	Eiweiß	Fett	Kohlen-hydrate	Energie
	g	g	g	kJ
Kartoffeln, gesch.	2	+	16	295
Mischbrot	7	1	45	865
Vollmilch	3,3	3,5	5	275
Zucker	–	–	99,8	1670
Gurke	+	+	2	40
Kopfsalat	1	+	1	30
Apfel	+	+	11	205
Plattenfett	+	100	–	3870

(+ = In Spuren vorhanden)

Hilfe zum Ablesen von Tabellen:
Lineal anlegen oder mit dem Finger entlang der Zeile oder Spalte fahren.

2 Nach welchem Merkmal wird im Kopf obiger Tabelle unterschieden?

3 Nach welchen Gesichtspunkten ordnet die Vorspalte?

4 In welcher Richtung verlaufen in einer Tabelle a) Zeilen, b) Spalten?

5 Wie nennt man die Fläche, in der sich Zeile und Spalte überschneiden?

7.2 Nährwerttabelle

Nährstoffe / Lebensmittel	Abfall %	Eiweiß (Protein) in g	Fett in g	Kohlenhydrate verwertbare g	Ballaststoffe g	Energie kJ
Fleisch						
Rindfleisch, mittelfett	0	20	5	●	●	540
Kalbfleisch, mittelfett	0	21	3	●	●	455
Schweinefleisch, mittelfett	0	19	12	●	●	770
Leber (Kalb)	3	18	4	4	●	530
gekochter Schinken	0	23	4	●	●	530
fetter Speck	0	5	77	●	●	2920
Salami	0	21	33	●	●	1580
Fleischwurst	0	12	29	●	●	1260
Brathuhn	26	15	7	●	●	515
Fische						
Hering	30	13	12	●	●	680
Kabeljaufilet	0	17	+	●	●	325
Seelachsfilet	0	18	1	●	●	345
Forelle	48	10	1	●	●	220
Milch und Milcherzeugnisse						
Vollmilch	0	3,3	3,5	5	●	270
Schlagsahne	0	2	32	3	●	1270
Butter	0	1	83	+	●	3090
Emmentaler, 45% Fett i.Tr.	6	27	28	●	●	1500
Speisequark, 20% Fett i.Tr.	0	13	5	3	●	460
Eier und Fette						
Hühnerei	12	11	10	1	●	570
Margarine	0	+	80	+	●	2970
Öl, Plattenfett, Schmalz	0	●	100	●	●	3700
Getreide, Mehl, Brot						
Weizenmehl, Type 550	0	10	1	71	4	1410
Reis, poliert	0	7	1	78	1	1460
Brötchen, Weißbrot	0	8	2	56	3	1155
Mischbrot	0	6	1	44	6	890
Vollkornbrot, Roggen	0	7	1	39	8	810
Teigwaren, Zucker						
Eierteigwaren	0	12	3	70	3	1500
Zucker	0	–	–	100	●	1675
Honig	0	–	–	81	●	1275
Gemüse, Obst, Nüsse						
Blumenkohl	38	2	–	2	2	55
Erbsen, Linsen, getrocknet	0	23	1	52	11	1330
Erbsen grün, in Dosen	0	4	–	9	●	225
Gurken	26	+	+	2	1	35
Kartoffeln	20	2	–	12	2	240
Kopfsalat	32	1	–	1	1	30
Möhren	19	1	–	4	3	85
Kohlrabi	34	1	–	3	1	65
Rote Bete	22	1	–	7	2	135
Rosenkohl	22	3	+	3	3	115
Spargel	26	1	–	1	1	50
Sellerie	27	1	–	2	3	55
Spinat	15	2	–	+	2	55
Tomaten	0	1	+	3	2	80
Weißkohl	22	1	–	4	2	80
Erdnüsse, geröstet	0	26	49 Fruchtsäure	13	7	2625
Äpfel, Birnen	8	+	+	11	2	210
Apfelsinen	28	1	+	7	2	130
Bananen	33	1	+	14	1	260
Kirschen, süß; Pflaumen	12	1	+	13	2	230
Marmelade im Durchschnitt	0	+	+	66	●	1090

Abfall % / Der genießbare Anteil von 100 g eingekaufter Ware enthält:

● Es liegen keine genauen Analysen vor. + In Spuren enthalten
Für die Energieberechnung zählen nur die verwertbaren Kohlenhydrate.

7.3 Lesen der Nährwerttabelle

1 Wie viel Prozent beträgt der durchschnittliche Abfall bei Kartoffeln?

2 Wie viel Prozent beträgt der durchschnittliche Abfall bei Gurken?

3 Wie viel Gramm Fett enthalten 100 g mittelfettes Schweinefleisch?

4 Wie viel Gramm Fett enthalten 100 g mittelfettes Kalbfleisch?

5 Welches angeführte Nahrungsmittel hat

a) den höchsten Energiegehalt in Kilojoule?
b) den niedrigsten Energiegehalt in Kilojoule?

6 Welche Brotart hat den niedrigsten Energiegehalt?

7 Welches Frischgemüse hat den höchsten Energiegehalt?

8 Warum enthalten getrocknete Erbsen ungefähr zehnmal so viel Energie wie grüne Erbsen?

9 Eine Portion gekochte Nudeln (Teigwaren) wiegt etwa 150 Gramm.

Kann man den Energiegehalt aus der Tabelle ablesen? Nennen Sie Gründe.

7.4 Berechnen des Nährstoffgehaltes von Speisen

Bei der gesunden Ernährung müssen

- die **Nährstoffe** in einem ausgeglichenen Verhältnis aufgenommen werden,
- der **Nährwert- oder Energiegehalt** im richtigen Maß zum Verbrauch stehen.

1 **Beispiel**

Wie viel Gramm der einzelnen Nährstoffe werden mit einem Schnitzel von 150 Gramm mittelfettem Schweinefleisch aufgenommen?

Aus der Nährwerttabelle

Lebensmittel	100 g eingekaufte Ware enthalten			
	Protein	Fett	Kohlen-hydrate	Energie
	g	g	g	kJ
Schweinefleisch, mittelfett	19	12	+	770

Lösungshinweise
Aus der Tabelle die erforderlichen Werte suchen.
❷ Die Tabelle nennt Werte für 100 g. Folglich müssen die Rezeptmengen in Vielfache, z. B. 150 g ≙ **1,5** · 100 g, oder Teile, z. B. 70 g ≙ **0,7** · 100 g, der Tabellenmenge umgewandelt werden.

❷

Lösung
→ 12 g · 1,5 = 18 g Fett
→ 19 g · 1,5 = 28,5 g Eiweiß

Antwort: Das Schnitzel enthält 28,5 g Eiweiß und 18 g Fett.

2 Ein Glas Vollmilch enthält 200 (150) g.
(3) Wie viel Gramm Eiweiß, Fett und Kohlenhydrate sind enthalten?

4 Für eine Portion Kartoffeln rechnet man 200 (180) g.
(5) Wie viel Gramm der einzelnen Nährstoffe sind enthalten?

6 Kabeljau wird gefrostet in Portionen zu 180 (160) g angeboten.
(7) Berechnen Sie das Gewicht der einzelnen Nährstoffe.

8 Der Inhalt eines durchschnittlichen Eies wiegt 50 (55) g.
(9) Welches Gewicht haben die einzelnen Nährstoffe?

10 Für eine Portion Kräuterquark zum Frühstück werden 50 (70) g Quark gerechnet.
(11) Wie viel Gramm der einzelnen Nährstoffe nimmt man zu sich?

12 Magerer Quark enthält 17 (19) Prozent Eiweiß. Im Rahmen einer Diät soll der tägliche Eiweiß-
(13) bedarf von 102 (133) g gedeckt werden.

Wie viel Gramm Quark müssen gegessen werden?

14 Nach den Empfehlungen der Deutschen Gesellschaft für Ernährung sollen täglich 30 g Ballast-
(15) stoffe aufgenommen werden. Fritz isst 150 (180) g Vollkornbrot mit 7 Prozent Ballaststoffgehalt
und 30 (50) g Knäckebrot mit 15 Prozent Ballaststoffgehalt.

Wie viel Prozent des Tagesbedarfs sind damit gedeckt?

16 Erwachsene haben einen durchschnittlichen Bedarf von 800 mg Calcium. 100 g Joghurt enthal-
(17) ten 120 mg (100 g Fruchtjoghurt 75 mg) Calcium.

Wie viel Prozent des Tagesbedarfs nimmt man jeweils zu sich, wenn man zu einer Zwischenmahlzeit einen Becher mit 250 (200) g verzehrt?

18 Die Frühstücksgewohnheiten sind sehr unterschiedlich.

Vergleichen Sie den Nährstoffgehalt. Kaffee oder Tee bleiben beim Energiegehalt unberücksichtigt. 5 g des vom Speck ausgebratenen Fettes werden nicht serviert.

FRÜHSTÜCK VOM BÜFETT	EINFACHES FRÜHSTÜCK
Juice (80 g Tomaten)	2 Brötchen je 40 g
20 g Cereals (Werte wie Reis)	25 g Butter
Ham and Eggs (2 Eier je 50 g, 20 g Speck)	20 g Marmelade
50 g Toast (Werte wie Weißbrot)	20 g Hartkäse, vollfett
20 g Butter	Kaffee oder Tee
20 g Marmelade	
Kaffee oder Tee	

handwerk-technik.de

7.5 Berechnen des Energiegehaltes von Speisen

Nährwerttabellen nennen den Energiegehalt der Rohstoffe. Will man den Gehalt bestimmter Speisen ermitteln, so muss das Rezept berechnet werden.

1 **Beispiel**

Ein Rezept für 4 Portionen Kartoffelbrei lautet: 800 g Kartoffeln, 250 g Milch, 50 g Butter, Salz, Gewürz. Wie viel Kilojoule enthält eine Portion?

Lebens-mittel	100 g enthalten			
	Eiweiß	Fett	Kohlen-hydrate	Energie
	g	g	g	kJ
Butter	1	83	–	3 090
Milch	3,5	3,5	5	270
Kartoffeln	2	–	15	240

Lösung

800 g Kartoffeln		240 kJ · 8 = 1 920 kJ
250 g Milch	**❷**	270 kJ · 2,5 = 675 kJ
50 g Butter		3 090 kJ · 0,5 = 1 545 kJ
4 Portionen enthalten	**❸**	4 140 kJ
1 Portion enthält	**❹**	1 035 kJ

Lösungshinweise

Zunächst müssen in der Tabelle, die hier auszugsweise wiedergegeben ist, die erforderlichen Werte gesucht werden (siehe Seite 46).

❷ Man ermittelt den Energiegehalt jeder Zutat, indem man den Wert aus der Tabelle (für je 100 g) entsprechend vervielfacht.

❸ Den Gesamtenergiegehalt ermittelt man, indem man die Werte jeder Zutat zusammenzählt.

❹ Den Gehalt einer Portion erhält man, wenn der Gesamtwert durch die Zahl der Portionen geteilt wird.

---

2 Als energiearmes Gericht bietet ein Restaurant an: Steak mit Vollkornbrot und Kopfsalat. An Rohstoffen werden aufgewendet: 180 g Rindfleisch, mittelfett, 5 g Plattenfett zum Braten, Vollkornbrot 20 g, Salat 60 g, Öl zum Anmachen 5 g.

Berechnen Sie den Energiegehalt.

3 Für Schweineschnitzel natur mit Pommes frites sind folgende Rohstoffe erforderlich: 180 g Schweinefleisch, mittelfett, 180 g Kartoffeln, 30 g Plattenfett.

a) Berechnen Sie den Energiegehalt dieses Gerichtes in Kilojoule.
b) Wie viel Prozent mehr Energie hat dieses Gericht als das energiearme bei Aufgabe 2?

4 Für Forelle nach Art der Müllerin werden verwendet: Forelle mit 250 g, 10 g Mehl, 15 g Butter.

a) Welchen Energiegehalt in Kilojoule hat die zubereitete Forelle?
b) Wie viel Gramm der einzelnen Nährstoffe sind enthalten?

5 Für Blumenkohl polnische Art nennt die Rezeptkartei einer Portion entsprechend 180 g Blumenkohl, 10 g Brösel (wie Weizenmehl), 5 g Butter.

a) Berechnen Sie den Energiehalt der Speise in Kilojoule.
b) Ermitteln Sie den Anteil der einzelnen Nährstoffe in Gramm.

Viele Mahlzeiten sind nur deshalb zu reich an Energie, weil unbedacht mit reichlich Fett zubereitet wird. Folgende Rezepte zeigen, wie Zubereitungsart und Zutaten den Energiegehalt beeinflussen.

6 Für je 4 Portionen werden benötigt:

Salzkartoffeln	*Bratkartoffeln*	*Pommes frites*
800 g Kartoffeln	800 g Kartoffeln	800 g Kartoffeln
	35 g Backfett	65 g Backfett

Berechnen Sie den Energiegehalt je einer Portion in Kilojoule.

> **Die Zubereitungsart beeinflusst den Energiegehalt.**

---

7 Für je 4 Portionen werden genannt bei

gedünstetem Blumenkohl	*Blumenkohlgemüse*	*Blumenkohl mit Butter und Bröseln*
500 g Blumenkohl	500 g Blumenkohl	500 g Blumenkohl
20 g Butter	30 g Butter	70 g Butter
	40 g Mehl	40 g Semmelbrösel
	0,04 ℓ Sahne	(wie Weißbrot)

a) Berechnen Sie den Energiegehalt je einer Portion.
b) Wie viel Prozent liegt der Energiegehalt bei Blumenkohl mit Butter und Semmelbrösel höher als bei gedünstetem Blumenkohl?

8 Für je 4 Portionen verlangt das Rezept:

Naturschnitzel	*Rahmschnitzel*	*gebackenes Schnitzel*
4 · 150 g Kalbfleisch	4 · 150 g Kalbfleisch	4 · 150 g Kalbfleisch
50 g Backfett	30 g Mehl	30 g Mehl
	60 g Backfett	1 Ei (50 g)
	40 g saure Sahne	60 g Semmelbrösel
	(dafür 230 kJ)	(wie Weißbrot)
		50 g Backfett

Berechnen Sie den Energiegehalt einer Portion.

9 Für je 4 Portionen sind erforderlich bei

gedünstetem Kabeljau	*gebackenem Kabeljau*	
750 g Kablejau	750 g Kabeljau	
30 g Butter	40 g Mehl	
30 g saure Sahne	1 Ei (50 g)	
(dafür 175 kJ)	70 g Semmelbrösel	
100 g Weißwein (dafür 33 kJ)	(wie Weißbrot)	
15 g Mehl	50 g Plattenfett	

Wie viel Prozent mehr Energie enthält gebackener Kabeljau?

50

7.6 Zusammengesetzte Nährwertberechnungen

1 Emmentaler hat 45 Prozent Fett in der Trockenmasse. Die Trockenmasse ist 62 %.

Wie viel Gramm Fett sind in 100 g Käse tatsächlich enthalten?

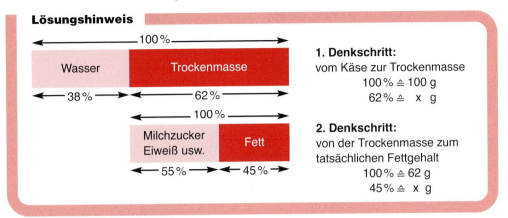

Lösungshinweis

1. Denkschritt:
vom Käse zur Trockenmasse
$100\,\% \triangleq 100\,g$
$62\,\% \triangleq x\ \ g$

2. Denkschritt:
von der Trockenmasse zum tatsächlichen Fettgehalt
$100\,\% \triangleq 62\,g$
$45\,\% \triangleq x\ \ g$

2 Eine Fachzeitschrift bringt eine Übersicht zum Fettgehalt der einzelnen Käsesorten und nennt deren Fettgehalt **in** der **Tr**ockenmasse (i. Tr.).

Berechnen Sie für jede Sorte wie viel Gramm Fett in 100 g Käse tatsächlich enthalten sind.

Sorte	Deklaration	Trockenmasse
a) Emmentaler	50 % Fett i.Tr.	62 %
b) Edamer	40 % Fett i.Tr.	53 %
c) Romadur	20 % Fett i.Tr.	35 %
d) Speisequark	40 % Fett i.Tr.	21 %
e) Speisequark	20 % Fett i.Tr.	21 %

3 Herr Clausen isst zum Abendbrot 150 g Emmentaler (Werte siehe oben), seine Frau will abnehmen und verzehrt einen Becher mit 250 g Frischkäse (Werte siehe Speisequark mit 40 % Fett i. Tr.).

Wie viel Gramm Fett nimmt jeder zu sich?

4
(5) Teigwaren nehmen beim Kochen das $1\frac{1}{2}$fache ihres Trockengewichtes an Wasser auf. Für eine Portion werden 175 (200) g zubereitete Teigwaren gerechnet.

Berechnen Sie unter Verwendung der Nährwerttabelle
a) den Nährstoffgehalt an Eiweiß und Kohlenhydraten für eine Person,
b) den Energiegehalt für eine Portion.

6
(7) Linsen enthalten in getrocknetem Zustand (Einkauf) je 100 g 24 (22) g Eiweiß, 50 (48) g Kohlenhydrate, 1 (2) g Fett und 11 (14) g Ballaststoffe. Beim Garen nehmen Linsen 160 Prozent Wasser auf.

a) Wie viel Prozent beträgt der Eiweißgehalt in gekochten Linsen?
b) Wie viel Gramm Ballaststoffe nimmt man mit einer Portion von 170 g gegarten Linsen zu sich?
c) Getrocknete Linsen fallen in der Nährwerttabelle durch einen hohen Gehalt an Kohlenhydraten auf. Ermitteln Sie, wie viel Gramm Kohlenhydrate in 100 g gegarten Linsen enthalten sind.

8 Fruchtnektar in einer Flasche trägt folgenden Hinweis: 8 Prozent verwertbare Kohlenhydrate. Es werden Gläser mit 0,2 ℓ serviert.

Wie viel Kilojoule sind enthalten, wenn 1 g KH 17 kJ liefert und davon ausgegangen wird, dass 1 Liter 1 kg wiegt?

7.7 Broteinheit

Diabetiker dürfen Kohlenhydrate nur in bestimmtem Maß aufnehmen. Um ihnen die Übersicht zu erleichtern, wurde die Broteinheit (BE) geschaffen. Die BE ist eine rechnerische Größe, die etwa der Kohlenhydratmenge einer Brotscheibe entspricht.

25 g Graubrot

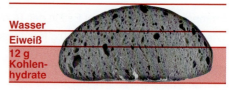

> Eine BE (Broteinheit) ≙ 12 g Kohlenhydrate ≈ eine Scheibe Graubrot.

Heute schreibt die Nährwertkennzeichnungsverordnung bei verpackten Lebensmitteln vor, dass alle Nährstoffe genannt werden. Die BE ist darum nicht mehr vorgeschrieben, aber als Hilfe zur Orientierung erlaubt.

1 Berechnen Sie mithilfe der Nährwerttabelle, wie viel Gramm der folgenden Lebensmittel einer BE entsprechen:

a) Kartoffeln
b) Karotten
c) Eierteigwaren
d) Weißbrot

Eiweiß	ca.	3,5 g
Fett	ca.	3,4 g
Kohlenhydrate	ca.	23,5 g
Broteinheiten (BE)	ca.	2
Kilojoule (kJ)	ca.	590

Beispiel einer Kennzeichnung

2 Eine BE ≙ 12 g KH. Teigwaren enthalten 70 (74) Prozent verwertbare Kohlenhydrate.

(3) a) Wie viel Gramm Trockenware entsprechen einer BE?

b) Wie viel Gramm gekochte Teigwaren entsprechen einer BE, wenn die Teigwaren beim Garen 180 (150) Prozent Wasser aufnehmen?

7.8 Energieverbrauch

Viele Menschen sind der Meinung, durch Bewegung überflüssiges Gewicht verhältnismäßig rasch wieder abbauen zu können.

Prüfen Sie diese Meinung nach.

Entnehmen Sie die Werte für den Energieverbrauch nebenstehender Tabelle.

1 Hannelore geht nach der Arbeit 30 Minuten spazieren.

2 Gerd ist am Samstag $2\frac{1}{2}$ Stunden auf dem Tanzboden.

3 Amanda spielt 40 Minuten Tennis.

4 Andreas fährt täglich 10 Minuten mit dem Rad zum Betrieb und die gleiche Zeit zurück.

5 Eine Tafel Schokolade wiegt 100 g und enthält 2340 kJ.

a) Wie lange muss man Rad fahren, um den Energiegehalt der Schokolade zu verbrauchen?
b) Wie lange muss man schwimmen, um den Energiegehalt der Schokolade zu verbrauchen?

Energieverbrauch für 1 Stunde	
Tätigkeit	kJ
leichte Arbeit	560
spazieren gehen	1 100
Tanzen	1 500
Tennis spielen	1 420
Schwimmen	2 320
Dauerlaufen	2 000
Gymnastik	400
Rad fahren	1 300
Treppen steigen	4 160

handwerk-technik.de

Die Energiewaage zeigt den Unterschied zwischen Energieaufnahme und Energieverbrauch.

Ergänzen Sie die Lücken der „Energiewaage". Aufgabe 6 haben Sie bereits mit Aufgabe 5 gelöst, Sie kennen also den Lösungsweg. Auf ganze Minuten aufrunden.

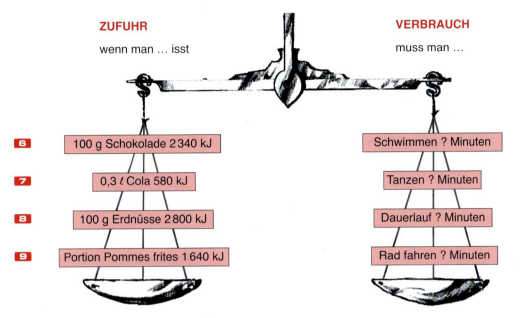

ZUFUHR

wenn man … isst

VERBRAUCH

muss man …

6 100 g Schokolade 2 340 kJ

7 0,3 ℓ Cola 580 kJ

8 100 g Erdnüsse 2 800 kJ

9 Portion Pommes frites 1 640 kJ

Schwimmen ? Minuten

Tanzen ? Minuten

Dauerlauf ? Minuten

Rad fahren ? Minuten

10 Anzeigen versprechen „Wunderkuren", bei denen man innerhalb kürzester Zeit erheblich abnimmt.

Prüfen Sie:

Bei leichter körperlicher Tätigkeit haben männliche Jugendliche einen Energiebedarf von 13 000 kJ, junge Damen einen Bedarf von 10 500 kJ. Bei einer „Null-Diät" bezieht der Körper die gesamte Energie ausschließlich aus dem körpereigenen Fett. Fettgewebe enthält 2 900 kJ je 100 g.

Berechnen Sie, wie viel Gramm Fettgewebe je Tag der Körper abbaut, wenn man keine Nahrung zu sich nimmt.

11 Nennen Sie Gründe, warum bei manchen Diätformen die Gewichtsabnahme kurzfristig tatsächlich höher ist als der bei Aufgabe 10 errechnete Wert.

12 Männliche Jugendliche haben einen durchschnittlichen Gesamtenergiebedarf von 13 000 kJ je Tag; der Grundumsatz wird mit 7 100 kJ angenommen.
Weibliche Jugendliche haben einen Gesamtenergiebedarf von 10 500 kJ am Tag, der Grundumsatz beläuft sich auf 6 300 kJ.

Berechnen Sie jeweils den Anteil des Grundumsatzes in Prozent.

13 100 g Kalbfleisch hat einen Energiegehalt von 455 kJ.
100 g Schweinefleisch hat einen Energiegehalt von 770 kJ.

Wie viel Prozent ist der Energiegehalt bei Schweinefleisch höher als bei Kalbfleisch?

14 Mit der Nahrung sollen wir 75 mg Vitamin C täglich zu uns nehmen. Die Zahlen im Früchteteller nennen den Gehalt an Vitamin C (mg) in 100 g Obst.

Wie viel Gramm der einzelnen Obstsorten decken den Tagesbedarf?

15 Nebenstehenden Zeitungsausschnitt sollten Sie kritisch überprüfen. Obwohl im ersten Moment alles logisch erscheint, hat sich ein Fehler eingeschlichen.

a) Vergleichen Sie den Text mit der Nährwerttabelle.
b) Für eine Portion Salzkartoffeln rechnet man 200 g Kartoffeln, bei Reis rechnet man 70 g auf eine Portion.
c) Wo liegt der Fehler des Journalisten bei der Argumentation?

16 „Eine Handvoll Reis am Tag." Das ist eine vertraute Redewendung. Nehmen wir an, es seien 120 g Reis in der aufgehaltenen Hand. 100 g Reis liefern 1 460 kJ. Der Gesamtumsatz sei 9 000 kJ.

Wie viel Prozent des täglichen Gesamtumsatzes werden durch den Reis gedeckt?

Kartoffeln machen dick? Alles dummes Zeug!

Zum stetigen Rückgang des Kartoffelverbrauchs in deutschen Küchen hat vor allem ein Vorurteil beigetragen: Kartoffeln machen dick.

Die Ernährungswissenschaft hat diese unsinnige Behauptung längst widerlegt. Hundert Gramm rohe oder gekochte Kartoffeln haben nur 240 Kilojoule, und selbst gebacken mit der Schale bringen Sie nur 280 Kilojoule auf die Hüften – die gleiche Menge Reis dagegen 1 460 Kilojoule.

17 Bei der Zuckergewinnung wird „das Wichtigste" aus der Rübe geholt und gereinigt. Die Rübenschnitzel sind „wertloser Ballast" und dienen als Tierfutter.

a) Wie viel Gramm Zucker erhält man aus 1 kg Zuckerrüben?
b) Zwei Stück Würfelzucker wiegen 8 g. Wie viel Gramm Zuckerrüben sind für die Gewinnung notwendig?
c) Für eine Portion Kohlrabi werden 180 g gerechnet. Versuchen Sie, sich die „Gemüseportionen" vorzustellen: morgens zwei Tassen Kaffee mit je zwei Würfelzucker, nachmittags eine Tasse, auch mit zwei Würfeln. Und das jeden Tag.

1 kg Rüben = 130 g Zucker

18 Von der Deutschen Gesellschaft für Ernährung (DGE) wurde nebenstehende Statistik über das Ernährungsverhalten veröffentlicht.

Ermitteln Sie, um wie viel Prozent der Sollwert jeweils über- oder unterschritten wird.

Energie und Nährstoffe	Einheit	Ist-zufuhr	Soll-zufuhr
Energie	kJ	13 800	10 000
Eiweiß	g	77	82
Fett	g	146	77
Kohlenhydrate	g	320	320

19 „Die Energie in der Schokolade kommt vom Zucker", sagt Angelika. „Nein, vom Fett", meint Susanne. Die Nährwerttabelle sagt: Fett 30 %, Kohlenhydrate 54 %, 2 130 kJ in 100 g.

a) Wer hat Recht, wenn 1 g Fett 37 kJ und 1 g Kohlenhydrate 17 kJ liefern?
b) So eine Tafel jogge ich doch schnell herunter. Wirklich? Wie lange muss man laufen, um die Energie von 100 g Schokolade zu verbrauchen? Joggen verbraucht 3 000 kJ je Stunde.

7.9 Prüfungsaufgaben

Bei Prüfungen sind alle erforderlichen Werte in der Aufgabenstellung enthalten, da nicht auf eine Tabelle mit Nährstoffanteilen oder Verlusten zurückgegriffen werden kann.

1 Für Rinderfilet nennt die Nährwerttabelle je 100 g Fleisch 22 g Eiweiß und 2 g Fett. Ein Filetstück
(2) wiegt 180 (160) g.

Wie viel Gramm Eiweiß und wie viel Gramm Fett sind enthalten?

3 Wildfleisch enthält durchschnittlich 17 g Eiweiß und 3 g Fett je 100 g Fleisch. Ein Gramm Eiweiß
(4) liefert 17 kJ, ein Gramm Fett 37 kJ.

Wie viel Kilojoule werden beim Verzehr von Rehmedaillons mit einem Fleischgewicht von 160 (180) g aufgenommen?

5 Edamer enthält 48 (46) % Wasser. In der Trockenmasse sind 45 (40) % Fett enthalten.
(6) Wie viel Gramm Fett werden mit 150 g dieser Käsesorte aufgenommen?

7 Ältere Menschen haben einen Tagesbedarf von durchschnittlich 800 mg Kalzium. Ein Senioren-
(8) heim bietet vormittags als Zwischenmahlzeit einen Becher mit 250 (200) g Dickmilch. Diese enthält 116,8 (105) mg Kalzium je 100 g.
Wieviel Prozent des Tagesbedarfs werden mit einem Becher Dickmilch gedeckt?

9 Teigwaren enthalten 72 (68) Prozent Stärke in der Trockenware. Beim Kochen nehmen sie 150
(10) (120) Prozent Wasser auf. Für eine Portion werden 170 g gekochte Teigwaren gerechnet.

a) Wie viel Gramm Stärke enthält eine Portion?
b) Wie viel Kilojoule liefert der Stärkeanteil einer Portion, wenn 1 g KH ≙ 17 kJ?

11 Butter enthält 83 Prozent reines Fett. Eine Frühstücksportion, wie sie in Hotels verabreicht wird,
(12) wiegt 25 (20) Gramm.

a) Wie viel Gramm reines Fett sind enthalten?
b) Wie viel Kilojoule enthält die Frühstücksportion, wenn 1 g Fett 37 kJ liefert?

13 Eine BE (Broteinheit), mit der Diabetiker ihren Bedarf errechnen können, entspricht 12 g Kohlenhydraten.

a) Wie viel Gramm Kartoffeln entsprechen einer BE, wenn 100 g Kartoffeln 20 g Kohlenhydrate enthalten?
b) Wie viel BE (eine Stelle nach dem Komma) entspricht eine Portion mit 200 g Kartoffeln, wenn der Kohlenhydratgehalt mit 22 Prozent angegeben ist?

14 Goldbarschfilet wird tiefgekühlt in Portionen mit 160 (180) g
(15) angeboten. Die Nährwerttabelle gibt über den Nährstoffgehalt folgende Auskunft: 18 Prozent Eiweiß, 4 Prozent Fett.

a) Berechnen Sie den Anteil der einzelnen Nährstoffe.
b) Ermitteln Sie den Energiegehalt in Kilojoule, wenn 1 g Eiweiß 17 kJ und 1 g Fett 37 kJ liefert.

16 Zum Frühstück wird in Portionen abgepackter Honig mit 20
(17) (15) g eingesetzt. Honig enthält 80 (82) Prozent Kohlenhydrate.

a) Wie viel Gramm Kohlenhydrate sind in einer Portion enthalten?
b) Wie viel Kilojoule liefert eine Portion, wenn 1 g KH ≙ 17 kJ?

8 Grafische Darstellungen

Grafische Darstellungen stellen Aussagen bildlich dar und machen diese so „auf einen Blick" erfassbar. Je nachdem, was ausgesagt werden soll, werden unterschiedliche Formen verwendet.

Ganzes – Teile davon

Sollen Anteile einer Sache vom Ganzen dargestellt werden, z. B. der Anteil an Nährstoffen, dann sind geeignet:

Kreisfläche; die Anteile sind dann wie bei einer Torte größere oder kleinere „Stückchen".

Streifen
– quer liegend

Die Anteile sind dann kleinere oder größere Abschnitte.

Säule
– hoch stehend

8.1 Balken und Säulen

1 Zeichnen Sie vier Streifen untereinander: Länge 10 cm, Höhe 1,5 cm, Abstand zwischen den Balken 1 cm. Tragen Sie die Anteile der einzelnen Nährstoffe für folgende Lebensmittel ein (Werte Seite 46):

a) Rindfleisch, mittelfett   b) Brathuhn   c) Trinkmilch   d) Sahne

Wenn man Werte vergleichen will, legt man die Säulen oder Streifen aneinander. Der Unterschied, auf den es beim Vergleich ja ankommt, wird dann sofort sichtbar.

8.1.1 Gemüse sind Träger von Reglerstoffen

2 Was die nebenstehende Grafik auf einen Blick zeigt:

a) Welches Gemüse verliert die Vitamine am schnellsten?

b) Welches Gemüse erleidet bei der Lagerung den geringsten Schaden?

c) Wie viel Prozent des ursprünglichen Vitamingehaltes sind bei Spinat nach einer zweitägigen Lagerung bei 20 °C verloren gegangen?

d) Wie viel Prozent beträgt bei Spinat der Unterschied im Vitamingehalt zwischen Lagerung im Kühlschrank und Aufbewahrung bei Zimmertemperatur?

e) Wie viel Prozent des ursprünglichen Vitamingehalts enthält Blumenkohl nach zweitägiger Lagerung bei Zimmertemperatur?

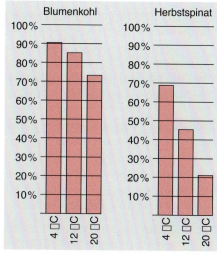

Vitamin-C-Erhaltung bei Lagerdauer von 2 Tagen: +20 °C Zimmertemperatur, +12 °C im Keller, +4 °C im Kühlschrank

56

3 Eine Zeitungsnotiz

In unseren Nachbarländern wird mehr Gemüse verbraucht als bei uns. Nach statistischen Unterlagen werden pro Kopf der Bevölkerung im EU-Durchschnitt 146 kg verzehrt. Die einzelnen Länder greifen jedoch unterschiedlich oft in den Gemüsekorb.
Im Einzelnen: Bundesrepublik Deutschland 90 kg, Niederlande 127 kg, Spanien 148 kg, Italien 206 kg.
Aus gesundheitlichen Gründen wäre es besser, wenn wir uns wieder an den alten Werbespruch erinnerten, nach dem Obst und Gemüse gesund erhalten.

Stellen Sie den Gemüseverbrauch der einzelnen Länder in Säulen dar. Breite je Land 1,5 cm, Höhe 10 kg ≙ 0,5 cm. Den EU-Durchschnitt zeichnen Sie als rote Linie über die Breite aller Säulen.

> Ein Bild sagt mehr als tausend Worte. (Chinesisches Sprichwort)

Wie sich die Ernährungsgewohnheiten ändern können, veranschaulicht die folgende Grafik.

4 Bei welchem Lebensmittel ist der Verbrauch am stärksten zurückgegangen?

5 Wie steht es mit dem Verzehr von Gemüse und Obst?

6 Nennen Sie Nahrungsmittel, von denen heute

a) mehr als das Doppelte verzehrt wird,

b) weniger als die Hälfte verzehrt wird.

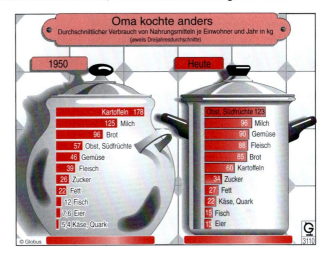

7 Kartoffeln sind ein Grundnahrungsmittel. Der Verbrauch wandelt sich jedoch erheblich. Übertragen Sie die Werte aus der Tabelle in eine Grafik mit Säulen. Gestalten Sie diese so wie nebenstehendes Muster.

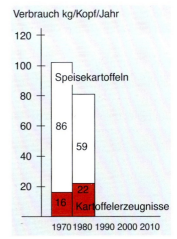

Jahr	1970	1980	1990	2000	2010
Speisekartoffeln kg	86	59	46	39	26
Kartoffel-erzeugnisse kg	16	22	29	31	33

a) Worin unterscheidet sich die Art von bisherigen Säulendiagrammen?

b) Warum ist diese Form hier zweckmäßig?

c) Was sagt die Grafik über den Gesamtverbrauch von Kartoffeln?

d) Warum nimmt der Verbrauch von Kartoffelerzeugnissen zu?

8.2 Kurven zeigen Verläufe – Liniendiagramm

Wenn sich Werte fortlaufend ändern, verbindet man die einzelnen Punkte und erhält eine Kurve. Die Fieberkurve aus dem Krankenhaus ist jedem bekannt.

1

a) Welchen Sachverhalt wollen die Kurven veranschaulichen?
b) Zu welcher Tageszeit fällt die Arbeit am leichtesten?
c) Was versteht man unter Nachmittagstief?
d) Erklären Sie mit den Kenntnissen aus der Ernährungslehre die Wirkung von Zwischenmahlzeiten auf die Leistungsfähigkeit.

2 Energiezufuhr und Energiebedarf vom Jahre 1900 bis zum Jahr 2000.

Warum so viele Menschen Übergewicht haben, zeigt nebenstehende Statistik.

Jahr	Energieaufnahme	Energiebedarf
1900	11 300 kJ	12 900 kJ
1925	11 650 kJ	12 700 kJ
1950	12 400 kJ	12 400 kJ
1975	14 400 kJ	10 800 kJ
2000	15 050 kJ	10 000 kJ

Wissen Sie nun, warum so viele Menschen Übergewicht haben? Leicht ist das aus der Tabelle nicht zu erkennen.

Machen Sie es besser. Fertigen Sie ein Liniendiagramm. Zeichnen Sie dazu ein Achsenkreuz und beschriften Sie die Hochachse beginnend mit 9 000 kJ im Abstand von 1 cm bis 16 000 kJ. Auf der Querachse rechnen Sie für 10 Jahre 1 cm.

3 Das Liniendiagramm bei Aufgabe 2 erlaubt Ihnen eine Erklärung zu der Feststellung: Energiezufuhr und Energiebedarf enwickeln sich wie die Schenkel einer Schere auseinander.

4 Ein Hotel hatte innerhalb der letzten Jahre folgende Übernachtungszahlen.

Jahr	1. Vierteljahr	2. Vierteljahr	3. Vierteljahr	4. Vierteljahr
1	5 040	6 250	7 860	8 420
2	5 780	6 870	8 100	8 940
3	5 910	5 340	7 540	7 220

Stellen Sie die Entwicklung der Übernachtungszahlen in Form eines Liniendiagramms dar. Verwenden Sie für jedes Jahr eine andere Farbe.

5 Ein Hotel hat 85 Bettten und war im Jahr 365 Tage geöffnet.

Monat	Übernacht.	Monat	Übernacht.	Monat	Übernacht.
Januar	1 634	Mai	1 555	September	1 938
Februar	1 261	Juni	1 836	Oktober	1 767
März	1 344	Juli	2 213	November	1 224
April	1 632	August	2 398	Dezember	1 871

Rechnen Sie die Belegung für jeden Monat auf eine Prozentzahl um und stellen Sie die Werte in Form eines Liniendiagramms dar.

6 Keimvermehrung und Lagerdauer

Zeit	12.00	12.20	12.40	13.00	14.00	15.00	16.00	17.00	18.00	19.00
Bakterien	1	2	4	8	?	?	?	?	?	?

a) Ergänzen Sie die fehlenden Werte in Ihr Heft. Beachten Sie den Sprung bei 13.00 Uhr.
b) Fertigen Sie zu der Zahl der errechneten Bakterien ein Kurvendiagramm. (Vorschlag: je Zeitangabe 1 cm Breite, je 1 000 Keime 1 cm Höhe)

7
(8) Ein Lebensmittel hat eine Anfangskeimzahl von 400. Bei einer Lagertemperatur von 4 °C (8 °C) beträgt die Generationsdauer 40 (30) Minuten.

a) Wie viele Keime sind nach vier Stunden auf dem Lebensmittel?
b) Vergleichen Sie die Keimzahlen nach jeweils vier Stunden Lagerdauer und erklären Sie.

8.3 Grafiken können täuschen

1 Ein Fachbuch bringt die folgende Übersicht:

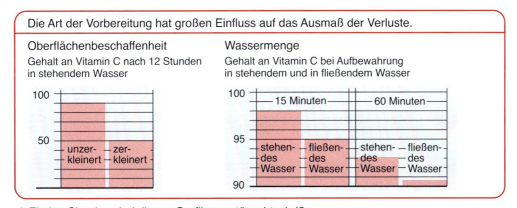

a) Finden Sie, dass bei diesen Grafiken getäuscht wird?
b) Vergleichen Sie die Prozentskala auf beiden Seiten.
c) Warum wurde – vielleicht ohne böse Absicht – auf der rechten Seite eine andere Prozenteinteilung gewählt?
d) Verwandeln Sie die Werte der Grafiken in eine Tabelle. Es genügt, wenn Sie ungefähre Werte ablesen.

9 Zinsrechnen

- **Zinsen erhält man** für Guthaben auf Konten, für Wertpapiere usw.
- **Zinsen sind zu bezahlen** für Kredite, z. B. „überzogenes Konto", Raten.

> Wer wirtschaftlich handeln will, muss Zinsen vergleichen können.

Der Zinsfuß ist die „Maßzahl" für die Höhe der Zinsen in einem Jahr.

Beispiel

4 % Zinsen bedeutet:	für 100,00 €	4,00 €	im Jahr
↓	↓	↓	↓
Zinsfuß	Kapital	Zins	Zeit

Statt 4 % kann man auch sagen 4 vom Hundert | das Geld, um das es geht | | für die das Kapital ausgeliehen ist

9.1 Jahreszins

Beispiel

Auf einem Sparbuch ist ein **Kapital** von 1 500,00 €. Es sind 4 % **Zinsfuß** vereinbart. Im vergangenen Jahr hat man nichts einzahlen können, das Kapital war also die ganze **Zeit** gleich. Wie viel € **Zins** kann man erwarten?

Lösung über x

100 % ≙ 1 500,00 €

4 % ≙ x €

$$\frac{1\,500 \cdot 4}{100} = \mathbf{60,00\ €}$$

Lösung über Dreisatz

100 % ≙ 1 500,00 €

1 % ≙ 1 500,00 € : 100 = 15,00 €

4 % ≙ 15,00 € · 4 = 60,00 €

oder $\frac{1\,500 \cdot 4}{100} = \mathbf{60,00\ €}$

Antwort: Man erhält 60,00 € Zins.

Formel für Jahreszinsen	$\dfrac{\text{Kapital} \cdot \text{Zinsfuß} \cdot \text{Zeit}}{100} \triangleq \dfrac{K \cdot p \cdot t\,^{1)}}{100}$

[1] **p** – denken Sie an **P**rozent;
t – denken Sie an **T**empo, Zeit

2 Auf dem Sparbuch sind 1 300,00 (2 150,00) €. Der Zinsfuß beträgt 2 %.
(**3**) Wie viel € Zins sind zu erwarten?

4 Ein Darlehen über 12 500,00 (14 700,00) € ist mit 12 % zu verzinsen.
(**5**) Wie viel € beträgt der Jahreszins?

Zinsen kann man bei einfachen Zahlenwerten auch im Kopf berechnen.
Wie hoch ist der Jahreszins?

	6	**7**	**8**	**9**	**10**	**11**	**12**	**13**
Kapital €	400,00	700,00	350,00	750,00	1 500,00	2 200,00	800,00	500,00
Zinsfuß %	2	3	4	4	5	4	3,5	2,5

handwerk-technik.de

9.2 Monatszins

1

Beispiel

Hilde leiht ihrer Freundin Birgit 600,00 € zu 4 % für 10 Monate.

Wie viel € Zinsen hat Birgit zu zahlen?

Lösung

❸

$$\frac{600 \cdot 84 \cdot 10}{100 \cdot 12} = 20,00 \ €$$

❷

Lösungshinweise

Zunächst errechnet man den Jahreszins.

❷ Wäre das Kapital nur 1 Monat ausgeliehen, würde der zwölfte Teil Zins bezahlt sein.

❸ In 10 Monaten zahlt man zehnmal so viel.

Antwort: Birgit muss 20,00 € Zins bezahlen.

Formel für Monatszinsen $\quad \dfrac{\text{Kapital} \cdot \text{Zinsfuß} \cdot \text{Monate}}{100 \quad \cdot \quad 12} \triangleq \dfrac{K \cdot p \cdot \text{Mon.}}{100 \cdot 12}$

Berechnen Sie jeweils den Darlehenszins.

	2	**3**	**4**	**5**	**6**	**7**	**8**	**9**
Kapital €	2 400,00	10 000,00	3 600,00	5 000,00	3 500,00	920,00	380,00	1 200,00
Zinsfuß %	5	12	7	6	6	6	7,5	7
Leihzeit Mon.	4	7	5	4	3	$5\frac{1}{2}$	9	$1\frac{1}{2}$

10
(11) Hotelier Wagner nimmt zur Reparatur der Zentralheizung ein Darlehen in Höhe von 12 000,00 (26 000,00) € auf, das mit 9 % zu verzinsen ist.

Wie hoch ist die monatliche Zinszahlung?

12
(13) Familie Kempfer hat zum Ausbau des Hotels eine Hypothek über 90 000,000 (65 000,00) € aufgenommen, die zu 8,5 % zu verzinsen ist.

a) Berechnen Sie den monatlichen Aufwand für Zinsen.
b) Der Zins wird um 0,5 % erhöht. Wie viel € macht das im Monat aus?

14
(15) Eine Bausparkasse verlangt 5 (6) % Zins für ein Bauspardarlehen.

a) Berechnen Sie den monatlichen Zinsanteil bei einem Darlehen über 65 000,00 €.
b) Wie viel € beträgt der monatliche Zinsanteil bei 45 000,00 € Darlehen?

9.2.1 Zinsvergleich bei längerfristigen Anlagen

16
(17) Herr Stern hat bei gesetzlicher Kündigungsfrist 4 200,00 (3 600,00) € auf dem Sparbuch. Er benötigt das Geld in nächster Zeit nicht und überlegt sich darum andere Anlagemöglichkeiten.

a) Wie viel € Zinsen erhält er gegenwärtig im Jahr für sein Sparguthaben?
b) Wie viel € Zinsen erhält er bei einer 12-monatigen Kündigungsfrist?
c) Wie viel € Zinsen sind bei 36-monatiger Kündigung mehr zu erhalten?

Spareinlagen

$1\frac{1}{2}$%	gesetzliche Kündigungsfrist	3%	24-monatige Kündigungsfrist
2%	6-monatige Kündigungsfrist	$3\frac{1}{4}$%	36-monatige Kündigungsfrist
$2\frac{1}{2}$%	12-monatige Kündigungsfrist	$3\frac{1}{2}$%	48-monatige Kündigungsfrist
$2\frac{3}{4}$%	18-monatige Kündigungsfrist		

9.3 Tageszins

Bei der Berechnung der Tageszinsen wird vor der eigentlichen Zinsrechnung die Zinszeit in Tagen berechnet. Dabei gilt:

> Ein Zinsmonat hat 30 Tage.
> Ein Zinsjahr hat 360 Tage. Der Einzahlungstag wird nicht mitgerechnet.

1

Beispiel

Berechnen Sie die Zeit vom 14. 2. bis 8. 6.

1. schon vergangen **14.** Zinszeit **30.**

also: 30 − Einzahlungstag $\triangleq 30 - 14 = 16$

1. Zinszeit **8.** **30.**

+ volle Monate $\triangleq 30 \cdot 3 = 90$

+ Auszahlungstag $\triangleq$ $\underline{8}$

114 Tage

Berechnen Sie die Zinstage.

	2	**3**	**4**	**5**	**6**	**7**	**8**	**9**
Einzahlungstag	14. 3.	6. 1.	19. 8.	13. 4.	24. 5.	17. 6.	11. 1.	14. 4.
Rückzahlungstag	8. 7.	15. 5.	17. 10.	10. 9.	18. 11.	18. 12.	19. 10.	16. 7.

> **Formel für Tageszinsen** $\dfrac{\text{Kapital} \cdot \text{Zinsfuß} \cdot \text{Tage}}{100 \cdot 360} \triangleq \dfrac{K \cdot p \cdot t}{100 \cdot 360}$

10
(11) Ein Hotelier hat zur Renovierung seines Betriebes einen Kredit über 15 000,00 (22 000,00) € vom 1. 5. (15. 2.) bis 20. 10. (10. 9.) aufgenommen. Es sind 9 (12) % Zinsen vereinbart.

Wie viel € Zinsen fallen an?

12
(13) Ein Gastwirt benötigt einen Überbrückungskredit von 6 000,00 (7 800,00) € für 25 Tage. Die Bank rechnet mit einem Zinssatz von 9,5 (11) Prozent.

a) Wie viel € betragen die Zinsen?
b) Wie viel € sind zurückzuzahlen?

14
(15) Zur Renovierung der Küche eines Saisonhotels wurden 60 000,00 (72 000,00) € Kredit aufgenommen, die mit 11 (8) % zu verzinsen sind. Das Hotel ist an 150 (190) Tagen geöffnet.

Berechnen Sie die Zinsbelastung für einen Öffnungstag.

16
(17) Bei Sofortzahlung einer Rechnung über 2 780,00 (4 320,00) € können durch Abzug von Skonto 83,40 (129,60) € gespart werden. Der Hotelier hat das Geld aber derzeit nicht zur Verfügung und nimmt daher einen entsprechenden Kredit auf, der einen Monat mit 11,5 % zu verzinsen ist.

a) Berechnen Sie die Kreditzinsen.
b) War die Kreditaufnahme sinnvoll?

18
(19) Herr Hofer hat eine Rechnung über 468,00 (414,00) € trotz Mahnung noch nicht bezahlt. Aus diesem Grund erwirkt der Händler einen Mahnbescheid. Nun sind vom 18. 3. bis 19. 8. (10. 9.) 9 % Verzugszinsen und zusätzliche Gebühren in Höhe von 27,94 € zu bezahlen.

Wie viel € muss Herr Hofer überweisen?

9.4 Ratenkauf

„Erst sparen und dann kaufen?" oder „Erst kaufen und dann abzahlen?" Eine Entscheidung kann nicht eindeutig und für jeden Fall zutreffend ausfallen. Die Berechnung der Mehrkosten kann aber die Entscheidung erleichtern.

1

Beispiel

Einem Kunden wird folgendes Angebot unterbreitet: 540,00 € bei Sofortbezahlung oder fünf Raten zu je 130,00 €.

a) Wie viel € müssen bei Ratenkauf mehr bezahlt werden?
b) Wie viel Prozent des Kaufpreises sind das?

Lösung

Ratenkauf:	130,00 € · 5	= 650,00 €
Sofortzahlung		540,00 €
Mehrkosten		110,00 €

540,00 € ≙ 100 %
110,00 € ≙ ? %

$$\frac{100 \cdot 110}{540} = 20{,}3 \approx 20\,\%$$

Antwort: Die Mehrkosten betragen 110,00 € oder 20 %.

2
(**3**) Beim Kauf eines Druckers kann man wählen zwischen Sofortzahlung 132,00 (158,00) € oder sechs Raten je 26,00 (30,00) €.

Berechnen Sie die Mehrkosten in € und Prozent.

Berechnen Sie jeweils die Mehrkosten in € und Prozent.

		4	**5**	**6**	**7**	**8**	**9**	**10**	**11**
		Wasch-maschine		Foto-ausrüstung		Flachbild-fernseher		Renn-rad	
Sofortzahlung		490,00	570,00	317,50	243,00	945,00	1120,00	1460,00	1990,00
Ratenkauf Raten		12	24	12	24	12	24	24	36
je €		46,00	28,00	32,00	12,00	91,00	56,00	79,00	70,00

Ratenkauf

● macht es möglich, Waren erst nach dem Erwerb „abzuzahlen",
● gibt die Chance, Notwendiges zu erwerben, auch wenn das erforderliche Geld im Augenblick nicht vorhanden ist,
● verlockt zu unüberlegten und nicht „notwendigen" Käufen.

12 Stellen Sie eine Liste zusammen für

a) Anschaffungen, bei denen Sie einen Ratenkauf für sinnvoll halten,
b) Anschaffungen, die nicht auf Raten erfolgen sollten.
   Unterscheiden Sie dabei zwischen Alleinstehenden und einer jungen Familie.

Ermitteln Sie die Mehrkosten in € bei folgenden Krediten:

	13	**14**	**15**	**16**	**17**	**18**	**19**	**20**
Kreditbetrag €	500,00	2000,00	2000,00	5000,00	5000,00	5000,00	700,00	700,00
Raten	12	12	24	12	24	36	12	24

Kredit-betrag	12 Raten			Effek-tiver Jahres-zins in %	24 Raten			Effek-tiver Jahres-zins in %	36 Raten			Effek-tiver Jahres-zins in %
	1. Rate €	11 Raten à €	Gesamt-betrag €		1. Rate €	23 Raten à €	Gesamt-betrag €		1. Rate €	35 Raten à €	Gesamt-betrag €	
100,00	11,40	9,00	110,40	19,2								
300,00	23,20	28,00	331,20	19,2								
500,00	46,00	46,00	552,00	19,2	19,00	25,00	594,00	18,0				
700,00	68,80	64,00	772,80	19,2	26,60	35,00	831,60	18,0				
1000,00	92,00	92,00	1104,00	19,2	61,00	49,00	1188,00	18,0	47,00	35,00	1272,00	17,6
1500,00	138,00	138,00	1656,00	19,2	80,00	74,00	1782,00	18,0	53,00	53,00	1908,00	17,6
2000,00	184,00	184,00	2208,00	19,2	99,00	99,00	2376,00	18,0	59,00	71,00	2544,00	17,6
3000,00	276,00	276,00	3312,00	19,2	160,00	148,00	3564,00	18,0	106,00	106,00	3816,00	17,6
4000,00	368,00	368,00	4416,00	19,2	198,00	198,00	4752,00	18,0	153,00	141,00	5088,00	17,6
5000,00	463,00	457,00	5490,00	18,0	245,00	245,00	5880,00	16,8	180,00	174,00	6270,00	16,4

Die Mehrkosten für Kredite müssen immer in Prozent des tatsächlichen oder effektiven Jahreszinses genannt werden.

> Der tatsächliche oder effektive Jahreszins ist ein Vergleichswert für Kreditkosten.

21 Vergleichen Sie in obiger Tabelle die Prozentsätze

a) bei 1 000,00 € (12 und 24 Raten),

b) bei 5 000,00 € (12, 24 und 36 Raten).

c) Vergleichen Sie bei 12, 24 und 36 Raten jeweils die oberste Prozentzahl der Tabelle mit der untersten.

22 Welche Schlüsse können aus den Ergebnissen von Aufgabe 21 gezogen werden?

Der Werbeschrift einer Teilzahlungsbank sind folgende Ausschnitte entnommen:

23 Entnehmen Sie dem oberen Abschnitt, wie viel Prozent Jahreszins zu zahlen sind bei einem Kredit über

a) 2 000,00 €,

b) 5 000,00 €,

c) 10 000,00 €.

24 Versuchen Sie die Kreditkosten in Prozent nach dem Rechenbeispiel für 24 Monate zu berechnen für

a) 2 000,00 €,

b) 5 000,00 €,

c) 10 000,00 €.

d) Vergleichen Sie die Werte mit der Tabelle oben.

Zinsen für Bankkredite:

Kreditbetrag	Zinsen pro Monat	Bear-beitungs-gebühr	Effektiver Jahreszins	
			bei Monatsraten	%
10 000,00 € – 14 999,00 €	0,55 %	2 %	48	13,9
5 000,00 € – 9 999,00 €	0,65 %	2 %	36	16,4
bis 4 999,00 €	0,70 %	2 %	24	18,0

So einfach können Sie den Kreditkauf-Preis errechnen:

a) Anzahl der Raten mit dem Kreditzinssatz malnehmen
b) Zu dem Ergebnis 2 % Bearbeitungsgebühr zuzählen
c) Mit der errechneten Summe den Kreditbetrag malnehmen
d) Ergebnis durch 100 teilen
e) Kreditbetrag zuzählen
f) Bei der Anzahlung ist der Anzahlungsbetrag zuzuzählen

Hierzu ein Rechenbeispiel:

Kreditbetrag € 1 000,00; Kreditzinsen pro Monat 0,70 %; Bearbeitungsgebühr 2 %, 24 Raten.

$24 \times 0,70 \% = 16,8 \%$
$\underline{+ 2 \ \%}$
$18,8 \%$

$\dfrac{18,8 \times 1\,000}{100} = € \ 188,00$

Kreditkosten € 188,00
Kreditbetrag € 1 000,00
€ 1 188,00

9.5 Kapital – Zinsfuß – Zinszeit

$$\text{Kapital} = \frac{Z \cdot 100 \cdot 360}{p \cdot t}$$

$$\text{Zinsfuß} = \frac{Z \cdot 100 \cdot 360}{K \cdot t}$$

$$\text{Zeit} = \frac{Z \cdot 100 \cdot 360}{p \cdot K}$$

Immer, wenn nicht der Zins gesucht ist, gilt:

Im Zähler stehen: $Z \cdot 100 \cdot 360$

Im Nenner stehen die beiden nicht gesuchten Größen.

1
(2) Ein festverzinsliches Wertpapier brachte im letzten Jahr bei einer Verzinsung von 4 (2,5) Prozent insgesamt 2 000,00 (2 500,00) € Zinsen.

Wie hoch ist der Nennwert?

3
(4) Ein Selbstständiger möchte so viel Kapital festverzinslich anlegen, dass er aus den Zinsen eine „Zusatzrente" von 250,00 (400,00) € monatlich erhält.

Wie viel € muss er zu 3 (3,5) % anlegen, wenn die Versteuerung unberücksichtigt bleibt?

5
(6) Am 31. 1. wurde ein Kredit über 7 800,00 (12 000,00) € aufgenommen und am 4. 9. (15. 11.) einschließlich Zinsen mit 8 078,20 (12 700,00) € zurückgezahlt.

Welcher Zinsfuß war vereinbart?

7
(8) Ein Hotelier hat einen kurzfristigen Bankkredit über 15 000,00 (24 000,00) € vom 17. 1. (12. 4.) bis 2. 3. (5. 5.) aufgenommen und dafür 112,50 (230,00) € an Zinsen bezahlt.

Welcher Zinsfuß war zugrunde gelegt?

9
(10) Für ein Guthaben von 1 000,00 (396,00) € erhielt man bei einem Zinsfuß von 5,4 (6,0) % 18,15 (3,63) € Zinsen.

Berechnen Sie die Zinszeit.

11
(12) Ein Darlehen über 8 220,00 (15 120,00) € wird am 7. 11. einschließlich 6 (5) % Zinsen mit 8 417,28 (15 271,20) € zurückgezahlt.

Wann ist das Darlehen gewährt worden?

13
(14) Eine Rechnung über 959,73 (1 218,60) € für ein Sonderessen war am 15. 2. fällig, wurde aber nicht bezahlt.

Welche Zahlung muss gefordert werden, wenn am 1. 4. einschließlich 9,5 % Verzugszinsen und 18,62 € Mahngebühren abgerechnet wird?

15
(16) Ein Darlehen über 50 000,00 (62 000,00) € muss mit 9 (11) % verzinst werden. Nach zehn Monaten erhöht die Bank den Zinssatz um 0,5 Prozent.

Wie viel € Zinsen sind am Jahresende insgesamt zu bezahlen?

17
(18) Man bringt 1 000,00 € zur Bank und erhält 5 (7) % Zins.

Nach wie viel Jahren hat sich der Betrag verdoppelt?

10 Währungsrechnen

Die meisten europäischen Staaten haben als gemeinsame Währung den EURO. Das Verhältnis zu anderen Währungen wird durch den **Kurs** ausgedrückt. Je nach Wirtschaftslage wechseln die Kurse; der Euro wird dann gegenüber einer Fremdwährung teurer oder billiger.

> Kurs = Preis des Euro in einer Fremdwährung, z. B. 1,00 € = 1,25 USD

Die Bank sieht den Euro wie eine Ware.
Sie **verkauft den Euro** an Kunden **(Verkauf)** oder **kauft den Euro** von Kunden **(Ankauf).**

Verkauf = Tausch von Fremdwährung in Euro

Bank **verkauft Euro**

Kunde gibt Fremdwährung

Kunde erhält die Menge Euro,
die sich aus der Division
Fremdwährung : Kurs ergibt.

$$\frac{\text{Fremdwährung}}{\text{Kurs}} = \text{Euro}$$

Vgl. Aufgabe 1 oben, Seite 67 (10.1)

Kauf = Tausch von Euro in Fremdwährung

Bank **kauft** Euro

Kunde erhält Fremdwährung

Kunde erhält die Menge Fremdwährung,
die sich aus der Multiplikation
Euro x Kurs ergibt.

Euro x Kurs = Fremdwährung

Vgl. Aufgabe 1 unten, Seite 67 (10.2)

Das steht auf der Kurstafel: | CHF 1,34 |

Es bedeutet: | 1 € kostet 1,34 CHF |

Die rot geschriebenen Teile werden als Wissen vorausgesetzt.

Land	Währung	Zeichen national	Zeichen intern.*	Sorten Ankauf	Sorten Verkauf	Devisen Geld	Devisen Brief
Dänemark	Dänische Kronen	dkr	DKK	7,10	7,82	7,45	7,45
Großbritannien	Pfund	£	GBP	0,81	0,86	0,83	0,83
Schweden	Schwed. Kronen	skr	SEK	9,03	9,66	9,38	9,38
Schweiz	Schweizer Franken	sfr	CHF	1,17	1,29	1,22	1,22
Japan	Yen	Yen	JPY	132,61	147,19	139,03	139,04
USA	US-Dollar	$	USD	1,30	1,44	1,36	1,36
Kanada	Kanadischer Dollar	CAN-$	CAD	1,40	1,57	1,48	1,48

* Die internationalen Zeichen sind festgelegt durch ISO = International Organisation for Standardization. Damit kann man auf Sonderzeichen verzichten.

Was wir einfach Geld nennen, unterscheiden die Geldinstitute.

Sorten = Bares

Münzen,
Geldscheine in
Auslandwährung

Devisen = Unbares

Reiseschecks,
Überweisungen in
Auslandswährung

Der Ankaufskurs ist immer der niedrigere Kurs (bei Devisen wird er „Geld" genannt).

Der Verkaufskurs ist immer der höhere Kurs (bei Devisen wird er „Brief" genannt).

10.1 Fremdwährung in Euro

1 **Beispiele**

Ein amerikanischer Gast bittet, 150 $ in Euro umzutauschen, Kurs 1,37.

Wie viel Euro erhält er?

 1,37 $ 1 €
150,00 $ → x €

150 : 1,37 = 109,49 €

Antwort: Man erhält 109,49 €

Wie viel € entsprechen?

	2	**3**	**4**	**5**	**6**	**7**
Fremdw.	118,20 DKK	912,00 SEK	716,40 CHF	142,70 CAD	978,70 USD	84,30 SEK
Kurs	7,42	9,42	1,32	1,36	1,34	9,22

Mit allen Dezimalstellen des Kurswertes rechnen! Nur das Ergebnis runden.

10.2 Euro in Fremdwährung

1 **Beispiel**

Für eine Reise werden 250,00 € in CHF umgetauscht, Kurs 1,21.

Wie viel Schweizer Franken erhält man?

 1 € → 1,21 CHF
250 € → x

1,21 · 250 = 302,50 CHF

Antwort: Man erhält 302,50 CHF.

Rechnen Sie um:

	2	**3**	**4**	**5**	**6**	**7**
Betrag	238,00 € in SEK	364,00 € in CAD	87,60 € in CHF	227,00 € in USD	114,30 € in DKK	100,00 € in GBP
Kurs	9,33	1,35	1,24	1,36	7,63	0,84

Mit allen Dezimalstellen des Kurswertes rechnen! Nur das Ergebnis runden.

10.3 An der Rezeption

Am Tag vor der Abreise erkundigt sich ein Gast nach der Höhe der zu erwartenden Rechnung, damit er den erforderlichen Betrag noch eintauschen kann.

Wie viel Einheiten seiner Landeswährung muss der Gast jeweils in € umtauschen?

	11	**12**	**13**	**14**	**15**	**16**
Betrag	Gast aus					
a) 864,00 € b) 348,00 €	Dänemark	Schweden	Schweiz	USA	Groß- britannien	Kanada
Kurs	7,44	9,49	1,24	1,37	0,83	1,45

Während der Hauptreisezeiten und bei internationalen Veranstaltungen (Messen, Tagungen) bitten viele Gäste um die Annahme fremder Währungen.

Berechnen Sie für die folgenden Fälle die Rückgabe an den Gast in € bzw. die Restzahlung des Gastes in €.

	17	**18**	**19**	**20**	**21**	**22**
Rechnungs- betrag €	98,00	342,00	650,00	76,00	168,00	316,00
Gast gibt	100,00 CHF	400,00 USD	5 000,00 DKK	100,00 CAD	2 000,00 SEK	250,00 GBP
Kurs	1,25	1,32	7,21	1,44	9,23	0,83

10.4 Geldwechsel mit Gebühren

Banken sehen im Geldwechsel eine Dienstleistung und verlangen Gebühren. Diese müssen vom Hotel an den Gast weitergereicht werden.

1
(**2**) Wir erhalten von einem schweizer Reisebüro einen Scheck über 22 700 (35 660) CHF. Als Tageskurs lesen wir: Sorten Ankauf 1,17, Verkauf 1,29, Devisen Geld 1,22, Brief 1,22. Wechselgebühr 7,00 €.

Welcher Betrag wird unserem Konto gutgeschrieben?

3
(**4**) Ein Reisebüro aus London sendet uns zur Begleichung unserer Forderung einen Verrechnungsscheck über 12 450 (24 620) GBP. Die Tageskurse lauten: Geld 0,83; Brief 0,85. Die Bank berechnet 1,2 Promille Bearbeitungsgebühr.

Wie viel € werden unserem Konto gutgeschrieben?

5
(**6**) Junge Menschen wollen „the American way of life" kennenlernen. Dazu benötigt man Geld, das in der sicheren Form von Reiseschecks mitgenommen werden kann. Die Tageskurse: Sorten Ankauf 1,30, Verkauf 1,44; Devisen Geld 1,36, Brief 1,36. Die Bank berechnet an Gebühren (Courtage) 1 Prozent.

Mit welchem Betrag wird unser Konto belastet, wenn wir Reiseschecks im Wert von 1 200 (1 450) USD wünschen?

10.5 Prüfungsaufgaben

Prüfungsaufgaben zum Währungsrechnen enthalten immer die Angaben des Kurses, weil bei Prüfungen nicht auf eine Umrechnungstabelle zurückgegriffen werden kann. Manche Aufgaben nennen aber An- und Verkaufskurs. Dann ist genau zu überlegen, welcher Kurs gilt. Im Zweifelsfall versetzen Sie sich in die Lage eines Bankangestellten – siehe Abbildung Seite 66.

1
(2) Ein dänischer Gast hat eine Hotelrechnung über 238,70 (417,20) € zu begleichen. Er bittet, mit dänischen Kronen bezahlen zu dürfen.

Wie viel dkr sind zu verlangen, wenn folgender Kurs gilt: 1 € ≙ 7,33 DKK?

3
(4) Ein Amerikaner will in München 280,00 (380,00) USD umtauschen und findet folgende Kursangabe: 1 € ≙ 1,34 USD
Wie viel Euro können erwartet werden?

5
(6) Ein schwedischer Gast will die ihm genannten Zimmerpreise von 52,00 (74,00) € in seine Heimatwährung umrechnen. Der Kurs ist 1 € ≙ 9,3 SEK.

Wie viel SEK kostet das Zimmer?

7
(8) Ein Deutscher tauschte 230,00 (350,00) € um und erhielt dafür 294,40 (458,50) Schweizer Franken.

Zu welchem Kurs hat die Bank gewechselt?

Gehobener Schwierigkeitsgrad

9 Ein Amerikaner zahlt die Hotelrechnung über 376,60 € mit fünf 100-Dollar-Scheinen. Der Kurs steht auf 1,32.

Wie viel € sind zurückzugeben?

10
(11) Für einen Urlaub in Großbritannien werden in Köln 1 200,00 (1 450,00) € in GBP umgetauscht. Die Bank hat dafür 996,00 (1 174,50) GBP ausbezahlt. In Großbritannien hätte die Familie für den gleichen €-Betrag 18,00 (29,00) GBP mehr erhalten.
a) Zu welchem Kurs wurde in Deutschland getauscht?
b) Zu welchem Kurs war der Euro in Großbritannien notiert?

12
(13) Ein schwedischer Gast hat in Leipzig eine Hotelrechnung über 654,00 (812,50) € zu begleichen. Er zahlt mit 2 500,00 (3 000,00) skr in Reiseschecks. Den restlichen Betrag will er in € bezahlen.
Die Kurse vom Tage: Devisen: Geld 9,01   Brief 9,06
                      Sorten: Ankauf 9,08   Verkauf 9,11

Wie viel Euro müssen Sie zusätzlich fordern?

14 Ein bekanntes Fachbuch wird in Basel zu 155,00 CHF oder 122,50 € angeboten.
a) Der Kurs steht in Deutschland bei 1,34. In welcher Währung ist der Kauf günstiger?
b) Wie viel € würde das Buch kosten, wenn in Basel ein Euro 1,28 CHF kostet?
c) Welchem deutschen Kurs entspricht die Umrechnung der Buchhandlung?
d) Welchem Schweizer Kurs entspricht die Umrechnung der Buchhandlung?

15
(16) Ein amerikanischer Tourist möchte am Airport Frankfurt seine restlichen 345,00 (325,00) CHF in Dollars umtauschen. Die Kurse am Airport:

Währung	Ankauf	Verkauf
1 CHF	1,21	1,28
1 USD	1,33	1,39

Wie viel US-Dollar erhält er?

11 Verteilungsrechnen

Es empfehlen sich die Hotels:

„Zum Krug" Hallenbad, Sauna, Bar, Sonnenterrasse, 60 Betten

„Sonne" Familienhotel, sonnige Lage, 50 Betten

„Alter Wirt" Freundliches Haus, gutbürgerliche Küche, 40 Betten

Weißes Tal im Zentrum der Alpen

Preisgünstige Langlauf- und Skiwochen im Dezember, Januar und März.

Beispiel

Obige Gemeinschaftswerbung kostete bei einer Veröffentlichung 1 500,00 €. Die Kosten sollen entsprechend der Bettenzahl auf die einzelnen Häuser verteilt werden. Wie viel € entfallen auf jedes?

Lösung

„Zum Krug"	60 Betten	·	10,00 € =	600,00 €	
„Sonne"	50 Betten	·	10,00 € =	500,00 €	
„Alter Wirt"	40 Betten	·	10,00 € =	400,00 €	

❶ 150 Betten ≙   1500,00 € ❹
❷   1 Bett   ≙   10,00 €

Lösungshinweise

❶ Summe der Teile (hier Betten) ermitteln.
❷ Anteilige Kosten je Teil (Bett) berechnen.
❸ Kosten je Teil (Bett) mit Anteilen (Betten) malnehmen.
❹ Die Addition der Posten muss die Gesamtkosten ergeben.

Bei der Verteilungsrechnung werden Geldbeträge oder Mengen nach einem bestimmten Verteilungsschlüssel aufgeteilt.

11.1 Verteilung von Kosten

1 **(2)** In einer Kleinstadt werben drei Häuser einer vergleichbaren Kategorie gemeinsam und wenden dafür 3 500,00 (5 250,00) € auf. Die Kosten sollen nach der Bettenzahl verteilt werden. Hotel A hat 35 (30) Betten, Hotel B 30 (45) Betten, Hotel C 60 (75) Betten.

Wie viel € hat jedes Haus zu bezahlen?

3 **(4)** Ein Hotel veranstaltet „Französische Wochen" und bestellt direkt bei einem Exporteur in Frankreich. An Fracht und Rollgeld fallen insgesamt 43,23 (47,16) € an. Diese sind nach Gewichtsanteilen zu verrechnen auf

Austern 36,500 (28,500) kg, Fische 76,000 (92,000) kg, Gemüse 84,000 (76,000) kg.

Wie viel € entfallen auf jede Warengruppe?

70

5 Die mit Schwimmbädern ausgestatteten Hotels
(6) eines Nordseeortes haben beschlossen, für die
kommende Saison gemeinsam zu werben. Es be-
teiligen sich das Fremdenverkehrsamt mit 2 (3)
Teilen, das Hotel „Strandbad" mit 5 (6) Teilen, das
Kurhotel mit 8 (10) Teilen und das Haus „Dorfkrug"
mit 4 (3)Teilen. Die Werbeaktion kostet 3 800,00
(3 630,00) €.

Welcher Anteil entfällt auf jeden Beteiligten?

7 In Betrieben, die zu Hotelketten gehören, werden strenge Wirtschaftlichkeitsberechnungen
(8) durchgeführt. Dazu legt man die laufenden Kosten für anteilige Pacht, Heizung, Reinigung usw.
nach Zahl der Sitzplätze um.
Das Restaurant hat 84 (72) Sitzplätze, das Seestübchen 36 (34) Sitzplätze, das kleine Neben-
zimmer 28 (22) Sitzplätze und das Magistratszimmer 18 (16) Plätze. Die gesamten Kosten
beliefen sich im Abrechnungszeitraum auf 996,00 (1 296,00) €.

Wie viel € sind jedem Raum zuzurechnen?

9 Die Energiekosten von 9 847,50 (9 000,00) € für den letzten Monat sind auf die Kosten-
(10) stellen A, B und C im Verhältnis 5 (3) : 3 (4) : 7 (9) umzulegen.

Wie viel € entfallen auf Kostenstelle C?

11 Folgende Warenposten wurden bezogen: Ware B 560 (390) kg zu je 4,45 €
(12) Ware A 320 (410) kg zu je 2,35 €   Ware C 240 (510) kg zu je 9,10 €
Es sind Bezugskosten von 44,80 (39,30) € entstanden, die nach Gewichtsanteilen zu verrechnen sind.

Wie viel € Bezugskosten sind der Ware A zuzurechnen?

13 Ein Hotel bezieht 180 (240) Flaschen „Uhlbacher Götzenberg" zu je 5,40 (6,10) € und 120 (150)
(14) Flaschen „Würzburger Stein" zu je 6,30 (6,70) €. Die Transportversicherung beträgt 5,18
(9,88) € und ist nach dem Wert der Warenposten zu verteilen.

Berechnen Sie den Anteil der Transportversicherung für den Posten „Würzburger Stein".

11.2 Verteilung von Mengen – Proportionale Grundrezepte

1 Ein Grundrezept für Mürbeteig lautet:
(2) 1 Teil Zucker, 2 Teile Fett und 3 Teile Mehl.

   a) Man benötigt 12 (15) kg Mürbeteig. Wie viel Ki-
     logramm sind jeweils abzuwiegen?
   b) Ein Rest von 5 (7) kg Butter soll zu Mürbeteig
     verarbeitet werden. Wie viel Kilogramm Zucker
     und Mehl sind abzuwiegen?

3 Grundrezept für Grießnockerln: 1 Ei (50 g), 50 g
(4) Butter und 100 g Grieß.

   a) Man fertigt Grießnockerln von 100 (250) g But-
     ter.
   b) Man verwendet 6 (10) Eier je 50 g.

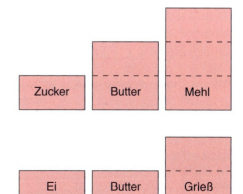

11.3 Verteilung von Gewinnen

1
(2) Drei Köche gewinnen beim gemeinsamen Spiel im Lotto 144 600,00 (8 934,00) €. Sie verteilen den Gewinn entsprechend dem Einsatz.

Wie viel € erhält jeder, wenn sich A mit 3,00 (2,00) €, B mit 5,00 (8,00) € und C mit 4,00 (3,00) € beteiligt hatte?

3
(4) Eine Hotel-Betriebs-GmbH wurde von den Gesellschaftern Anton, Bezold und Christiansen gegründet. Anton brachte 10 000,00 (45 000,00) € ein, Bezold 25 000,00 (35 000,00) € und Christiansen 35 000,00 (30 000,00) €. Das Unternehmen erwirtschaftete im abgelaufenen Jahr 33 600,00 (52 000,00) € Gewinn.

Berechnen Sie die Gewinnanteile jedes Gesellschafters, wenn bei einer GmbH die Gewinne nach der Kapitaleinlage (Geschäftsanteil) verteilt werden.

5
(6) An einer Hotel-Kommanditgesellschaft sind beteiligt:
Herr Müller als Vollhafter mit 600 000,00 (320 000,00) €,
Herr Schulz als Teilhafter mit 300 000,00 (160 000,00) €.
Der Gewinn der Gesellschaft beträgt 75 000,00 (53 200,00) € und wird nach folgenden Regeln verteilt: Einlagen werden mit 4 % verzinst, Gesellschafter Müller erhält für die Geschäftsführung 6 000,00 (4 000,00) €, der Restgewinn wird im Verhältnis der Einlagen verteilt.

Berechnen Sie den Gewinnanteil von Gesellschafter Schulz.

Gehobener Schwierigkeitsgrad

7 Vier Hoteliers beziehen gemeinsam ein Fass Wein. A erhält 1/3, B erhält 1/6, C erhält 1/7 und D den Rest. Das sind 900 Flaschen.

Wie viele Flaschen erhält B?

8
(9) Vier Personen beziehen gemeinsam ein Fass Wein mit 320 (380) l, A übernimmt doppelt so viel Wein wie B, C nimmt 40 l mehr als A, und D übernimmt 20 l weniger als B. Die Frachtkosten betragen 57,60 (72,20) €.

a) Ermitteln Sie die jeweilige Bezugsmenge.

b) Wie viel € muss Bezieher A bezahlen, wenn nach der Bezugsmenge verteilt wird?

10
(11) Für den Kauf eines Hauses im Wert von 720 000,00 (540 000,00) € bringt A 1/4, B 1/5, C 1/6 und D den Rest des Kaufpreises auf.

Wie viel € beträgt der Anteil der Person B?

12 Bei einem gemeinsamen Weingroßeinkauf von drei Hotels werden die Bezugskosten nach folgendem Schlüssel verteilt: A zahlt 1/3 mehr als B, C zahlt 1/4 weniger als B. Die gesamten Bezugskosten betragen 296,00 €.

Wie viel € Bezugskosten hat A zu zahlen?

13
(14) Zwei Gourmet-Restaurants beziehen gemeinsam Wein direkt aus Burgund. A kauft 360 (420) Flaschen im Gesamtwert von 2 556,00 (2 352,00) €, B bezieht 450 (180) Flaschen im Gesamtwert von 3 690,00 (1 242,00) €. Sie vereinbaren eine gemeinsame Lieferung. Die Gewichtsspesen (Fracht, Rollgeld) in Höhe von 202,50 (180,00) € sollen nach der Anzahl der Flaschen, die Wertspesen (Transportversicherung) von insgesamt 43,72 (25,15) € entsprechend dem Wert jedes Anteils aufgeteilt werden.

Berechnen Sie die Bezugskosten für A und B.

handwerk-technik.de

12 Durchschnittsberechnung

12.1 Einfacher Durchschnitt

1

Beispiel

Ein Restaurant verkaufte in der vergangenen Woche an Hummersuppe: Montag 6 Tassen, Dienstag 4 Tassen, Mittwoch 5 Tassen, Donnerstag 6 Tassen, Freitag 8 Tassen, Samstag 7 Tassen, Sonntag 6 Tassen.

Berechnen Sie den durchschnittlichen Tagesverkauf.

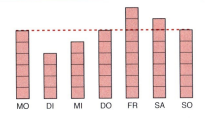

Lösung

	❶	
Montag		6 Port.
Dienstag		4 Port.
Mittwoch		5 Port.
Donnerstag		6 Port.
Freitag		8 Port.
Samstag		7 Port.
Sonntag		6 Port.
7 Tage ❷		42 Port.
1 Tag (42 : 7) =		6 Port. ❸

Lösungshinweise

❶ Zählen Sie die Anzahl der verkauften Einheiten zusammen.

❷ Ermitteln Sie die Zahl der Verkaufstage.

❸ Teilen Sie die Anzahl der verkauften Einheiten ❶ durch die Anzahl der Verkaufstage ❷.

Antwort:

Der durchschnittliche Verkauf beträgt 6 Portionen am Tag.

Summe der Posten ÷ Anzahl der Posten = einfacher Durchschnitt

oder $\dfrac{\text{Summe der Posten}}{\text{Anzahl der Posten}}$ = einfacher Durchschnitt

---

Diese Regel gilt auch dann, wenn andere Einheiten, z. B. € oder Arbeitsstunden, verwendet werden.

2
3
In der vergangenen Woche wurden an Irishcoffee verkauft: Montag 18 (4), Mittwoch 12 (9), Donnerstag 12 (11), Freitag 22 (7), Samstag 19 (9) und Sonntag 7 (8).

Berechnen Sie den durchschnittlichen Tagesverkauf.

12.1.1 Durchschnittliche Umsätze berechnen

4 Berechnen Sie nach den Angaben nebenstehender EDV-Liste den durchschnittlichen Tagesverkauf von klarer Ochsenschwanzsuppe (Oxtail clear).

5 Mit welchem durchschnittlichen täglichen Verkauf von Hummersuppe kann der Betrieb rechnen?

6 Wie hoch ist im Mittel der Verkauf an Erdbeerkaltschale?

DATUM	OXTAIL	HUMMER	ERDBKLTSCH
04.04.	0	2	18
05.04.	4	6	11
06.04.	9	0	17
07.04.	2	3	13
08.04.	0	4	19
09.04.	8	6	24

7

| Tag | Namen der Angestellten | | | | | |
	Müller	Schulze	Schneider	Bölke	Pröls	Stern
1. 4.	714,30	–	517,20	346,20	621,40	581,20
2. 4.	786,25	–	541,80	391,40	708,50	487,60
3. 4.	–	418,40	652,30	318,70	–	622,40
5. 4.	682,10	392,70	–	342,30	571,10	574,30
6. 4.	724,60	468,15	408,40	–	632,60	–
7. 4.	816,40	482,10	635,10	–	461,80	–

a) Welchen Umsatz hat jeder Angestellte erzielt?
b) Berechnen Sie den mittleren Umsatz jedes Angestellten je Arbeitstag.
c) Ermitteln Sie den Gesamtumsatz im Restaurant.
d) Wie hoch ist der Durchschnittsumsatz im Restaurant je Öffnungstag?

8 Eine Hotelkette überwacht die Umsatzzahlen ihrer Betriebe. Im letzten Monat wurden von den Hotels entlang der bayerischen Alpen folgende Umsätze gemeldet:

		Goldener Adler	Goldenes Lamm	Goldener Hirsch	Goldener Krug
1. Woche	€	70 280,00	145 350,00	123 450,00	268 280,00
2. Woche	€	81 350,00	153 280,00	121 460,00	260 210,00
3. Woche	€	79 300,00	154 720,00	128 380,00	259 315,00
4. Woche	€	82 450,00	157 300,00	133 630,00	241 418,00

a) Wie hoch ist der Monatsumsatz jedes Hotels?
b) Wie hoch ist der wöchentliche Durchschnittsumsatz jedes Hotels?
c) Wie hoch ist der Gesamtumsatz der Betriebe?
d) Wie hoch ist der wöchentliche Durchschnittsumsatz aller Hotelbetriebe?

12.1.2 Durchschnittspreise ermitteln und grafisch darstellen

Die Preise für leicht verderbliches Gemüse und Obst ändern sich während der Saison je nach Witterungsbedingungen und Nachfrage kurzfristig. Für die Materialpreisberechnung wird darum ein Durchschnittspreis ermittelt.

9

Spargel	2. 5.	5. 5.	9. 5.	12. 5.	16. 5.	22. 5.
a) €/kg	7,20	6,80	7,10	6,15	6,35	6,80
b) €/kg	6,30	6,95	7,70	7,60	7,45	7,90

Berechnen Sie den durchschnittlichen Preis für diesen Zeitraum.

10

Erdbeeren	18. 5.	23. 5.	29. 5.	3. 6.	8. 6.	14. 6.
a) €/kg	5,90	5,20	6,45	6,90	6,60	7,80
b) €/kg	3,80	4,50	4,70	4,40	5,05	4,60

Mit welchem Durchschnittspreis ist zu kalkulieren?

11
(12) Stellen Sie die Preisentwicklung bei Spargel (Erdbeeren) nach den Angaben aus Aufgabe 9a (10a) grafisch dar (1,00 € ≙ 1 cm).

Tragen Sie den Durchschnittspreis als rote Linie ein.

74

12.1.3 Lagerkennzahlen berechnen

● **Durchschnittlicher Lagerbestand** gibt an, wie viel Geld (Kaufpreis der Waren) durchschnittlich im Lager gebunden ist. Ein übergroßes Lager verursacht unnötige Kosten.

$$\text{Durchschnittlicher Lagerbestand} \triangleq \frac{\text{Jahresanfangsbestand} + 12 \text{ Monatsendbestände}}{13}$$

1 Aus der Lagerbuchhaltung ergeben sich für das abgelaufene Geschäftsjahr folgende Werte:
(2) Anfangsbestand   17 500,00   (16 000,00) €
Summe 12 Monatsendbestände   262 500,00   (348 000,00) €

Wie hoch ist der durchschnittliche Lagerbestand?

3 Ein Restaurant führt drei (vier) Monate nach der Eröffnung erstmals eine Lagerkontrolle durch.
(4) Die Werte:
Anfangsbestand   14 300,00   (21 400,00) €
Summe der Endbeträge   45 700,00   (108 200,00) €

Wie hoch ist der durchschnittliche Lagerbestand?

5 Die Verwaltung hat folgende Bestände festgestellt:

1. 1.	11 200,00 €		
31. 1.	5 400,00 €	31. 7.	9 270,00 €
28. 2.	11 400,00 €	31. 8.	21 640,00 €
31. 3.	12 450,00 €	30. 9.	21 340,00 €
30. 4.	31 120,00 €	31. 10.	17 120,00 €
31. 5.	18 320,00 €	30. 11.	19 780,00 €
30. 6.	16 480,00 €	31. 12.	12 810,00 €

Ermitteln Sie den durchschnittlichen Lagerbestand.

● **Durchschnittliche Lagerumschlagshäufigkeit** gibt an, wie oft im Jahr die durchschnittliche Lagermenge verkauft oder umgeschlagen wurde. Je höher die Lagerumschlagshäufigkeit, desto geringer sind die Lagerkosten.

$$\text{Lagerumschlagshäufigkeit} \triangleq \frac{\text{Wareneinsatz}}{\text{durchschnittlicher Lagerbestand}}$$

6 Der Wareneinsatz eines Jahres betrug 194 400,00 (172 340,00) €, der durchschnittliche
(7) Lagerbestand 16 200,00 (12 310,00) €.

Berechnen Sie die Lagerumschlagshäufigkeit.

8 Die Lagerbuchhaltung gibt für Trockenware folgende Werte:
(9) Anfangsbestand 11 250,00 (17 800,00) €, Summe der 12 Monatsendbestände 185 050,00 (224 650,00) €, jährlicher Wareneinsatz 256 700,00 (261 100,00) €.

Berechnen Sie die durchschnittliche Lagerumschlagshäufigkeit.

- **Durchschnittliche Lagerdauer** gibt an, wie viele Tage eine Ware durchschnittlich gelagert wird. Dieser Wert ist besonders bei Frischware wichtig.

$$\text{Durchschnittliche Lagerdauer} \triangleq \frac{360}{\text{Lagerumschlagshäufigkeit}}$$

Je kürzer die Lagerdauer, desto besser die Qualitätserhaltung.

10 Die Lagerumschlagshäufigkeit eines Lagers ist 12 (17).
(11) Berechnen Sie die durchschnittliche Lagerdauer in Tagen.

12 Der Warenverbrauch des Jahres beläuft sich auf 212 800,00 (165 870,00) €, der durchschnitt-
(13) liche Lagerbestand ist mit 15 200,00 (8 730,00) € ermittelt.

Berechnen Sie die durchschnittliche Lagerdauer in Tagen.

- **Der Meldebestand oder Bestellbestand.** Wenn der Warenvorrat auf diesen Stand abge-
sunken ist, muss eine neue Lieferung veranlasst werden.
Der Meldebestand richtet sich nach dem durchschnittlichen Tagesabsatz, der Lieferzeit und dem festgelegten Mindestbestand (Reserve).

$$\textbf{Meldebestand} = (\text{Tagesbedarf} \cdot \text{Lieferzeit}) + \text{Mindestbestand}$$

14

Beispiel

Von einer Spirituose werden täglich im Durchschnitt zwei Flaschen benötigt, die Lieferzeit beträgt eine Woche, Mindestbestand 8 Flaschen.

Berechnen Sie den Meldebestand.

2 Flaschen · 7 = 14 Flaschen ⟵ Tagesbedarf · Lieferzeit
+ 8 Flaschen ⟵ Mindestbestand
Meldebestand 22 Flaschen

15 Die Lagerkarte für trockenen Vermouth nennt als Mindestbestand 12 Flaschen. Der Betrieb ver-
(16) braucht durchschnittlich 3 (5) Flaschen am Tag. Die Lieferzeit beträgt 7 Tage.

Berechnen Sie den Meldebestand.

17 Für Portwein ist der Mindestbestand auf 8 (12) Flaschen festgesetzt. Durchschnittlicher Tages-
(18) bedarf 4 (7) Flaschen, Lieferzeit 14 Tage.

Berechnen Sie den Meldebestand.

19 Bei einer Lieferzeit von 10 Tagen und einem Tagesverbrauch von 14 Flaschen war der Meldebestand auf 300 Flaschen festgesetzt. Der Lieferant stellt auf wöchentliche (7 Tage) Lieferung um.

Wer hat den Durchblick und findet den neuen Meldebestand?

76

12.2 Gewogener Durchschnitt

> Beim gewogenen Durchschnitt werden die Mengen/Gewichte berücksichtigt.

Bei Beispiel 1 werden **viel teures** Rohmarzipan und **wenig billiger** Zucker gemischt.
Diese Unterschiede werden berücksichtigt.

1 **Beispiel**

Zu Silvester werden Marzipanschweinchen hergestellt. Man mischt dazu 2,500 kg Rohmarzipan zu 6,20 €/kg mit 0,800 kg Puderzucker zu 0,90 €/kg.

Berechnen Sie den Preis für 1 kg angewirktes Marzipan.

Lösung

Menge	Ware	Einzel-preis	Preis der Ware
2,500 kg	Marzipan	6,20 €	15,50 €
0,800 kg	Zucker	0,90 €	0,72 €
3,300 kg	kosten		16,22 €
1,000 kg	kostet		4,92 €

Lösungshinweise

Preis für jede einzelne Ware ermitteln.

Von der **Gesamtmenge** und dem **Gesamtpreis** auf den Preis für die Einheit schlie-ßen.

Antwort:
1 kg angewirktes Marzipan kostet 4,92 €.

2
(3) Zum Frühstücksbüfett wird eine Mischung aus Trockenfrüchten selbst zusammengestellt. Man verwendet 4,500 kg Pflaumen zu 3,90 (4,10) €/kg, 2,700 kg Aprikosen zu 7,20 (7,60) €/kg und 1,900 kg Feigen zu 3,15 (3,40) €/kg.

Berechnen Sie den Preis für 1 kg des Mischobstes.

Kaffeeröster gleichen Vor- und Nachteile einzelner Sorten durch Mischen aus und können so eine gleichbleibende Qualität anbieten.

Berechnen Sie den Preis für 1 kg jeder Mischung.

Mischung	Sorte A zu 12,90 €/kg	Sorte B zu 14,20 €/kg	Sorte C zu 15,80 €/kg
4 Gold	13,000 kg	12,600 kg	14,200 kg
5 Exquisit	4,500 kg	12,400 kg	13,100 kg
6 Mild		24,500 kg	35,600 kg

7
(8) Bei einer schriftlichen Klassenarbeit wurden folgende Ergebnisse erzielt: 3 (1) Schüler die Note Eins, 4 (3) Schüler die Note Zwei, 4 (6) Schüler die Note Drei, 2 (4) Schüler die Note Vier, 0 (2) Schüler die Note Fünf und 1 (2) Schüler die Note Sechs.

Berechnen Sie den Klassendurchschnitt (eine Stelle nach dem Komma).

9
(10) Zur Herstellung von Krabbensalat verwendet man 1,250 kg Krabben zu 11,40 (12,10) €/kg, 180 (240) g Joghurt zu 0,30 (0,35) € je 200-Gramm-Becher sowie Gewürze/Kräuter für 0,60 €.

a) Berechnen Sie Menge und Gesamtpreis der Zubereitung.
b) Ermitteln Sie den Preis für 100 g Krabbensalat.

13 Mischungsrechnen

13.1 Mischungsverhältnis gesucht

1

Beispiel

Ein Hotelier lässt eine Feingebäckmischung zusammenstellen, die zum Eis gereicht werden soll. Für 1 kg Mischung setzt er den Preis von 8,00 € an. Es sind vorhanden eine 1. Sorte zu 7,00 € je kg und eine 2. Sorte zu 11,00 € je kg.

In welchem Verhältnis müssen die beiden Sorten gemischt werden?

Erklärung:

Verwendet man nur die 1. Sorte, so fehlen je kg 1,00 € zum vorgeschriebenen Preis, es entsteht ein Gewinn.

Verwendet man nur die 2. Sorte, so kostet das Gebäck je kg 3,00 € mehr als vereinbart, es entsteht ein Verlust.

Man muss also versuchen, die 1. und die 2. Sorte so zu mischen, dass sich Gewinn und Verlust gegenseitig aufheben. Das ist der Fall, wenn man zu 3 kg der ersten Sorte 1 kg der zweiten Sorte mischt.

Lösung

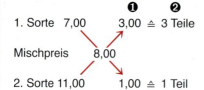

➊ ➋
1. Sorte 7,00   3,00 ≙ 3 Teile

Mischpreis 8,00

2. Sorte 11,00   1,00 ≙ 1 Teil

Lösungshinweise

➊ Man berechnet den Preisunterschied von jeder Sorte zum Mischpreis. Dieser wird jeweils „über Kreuz" angeschrieben. Siehe Pfeilrichtung.

➋ Wenn möglich, kürzt man die Werte, hier mit 1,00 €.

Antwort:

Das Mischungsverhältnis ist 3 : 1.

2
(3)
Es soll eine Gebäckmischung zu 15,00 (14,00) €/kg hergestellt werden. Vorhanden sind eine erste Sorte zu 13,00 (12,00) €/kg und eine zweite Sorte zu 19,00 (22,00) €/kg.

In welchem Verhältnis ist zu mischen?

Ermitteln Sie das Mischungsverhältnis

		4	**5**	**6**	**7**	**8**	**9**
Erste Sorte	€/kg	11,20	7,20	28,50	1,80	19,20	25,00
Mischpreis	€/kg	12,00	7,50	24,00	2,00	19,50	29,00
Zweite Sorte	€/kg	12,60	8,70	21,50	2,50	19,85	35,00

10
Für die Patisserie wird ein Arrak-Konzentrat mit 76 % Alkohol geliefert. Es soll für die Weiterverarbeitung auf 40 Prozent verdünnt werden.

In welchem Verhältnis ist zu mischen?

13.2 Mengen sind gesucht

Beispiel

Es sollen zwei Gebäcksorten zu 16,40 € und 17,90 € je kg so gemischt werden, dass eine Mischung zum Preis von 17,00 € je kg entsteht.

Wie viel Kilogramm von der 2. Sorte sind zu verwenden, wenn von der 1. Sorte 1,800 kg vorhanden sind?

Lösung

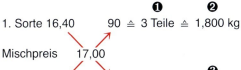

1. Sorte 16,40   ❶ 90 ≙ 3 Teile ≙ ❷ 1,800 kg

Mischpreis   17,00

2. Sorte 17,90   60 ≙ 2 Teile ≙ ❸ 1,200 kg

Antwort:
Von der 2. Sorte benötigt man 1,200 kg.

Lösungshinweise

❶ Das Mischungsverhältnis berechnen wir wie auf Seite 78.
❷ Von der 1. Sorte sind 1,800 kg vorhanden. Diese Menge setzen wir in die zur 1. Sorte gehörende Zeile ein.
❸ Wenn 3 Teile 1,800 kg sind, dann ist 1 Teil 0,600 kg und 2 Teile sind 1,200 kg. Wir benötigen von der 2. Sorte also 1,200 kg.

Von jeder Sorte sind nun die Menge und der Preis bekannt. Die Richtigkeit der Berechnung kann daher nach dem Weg beim **gewogenen Durchschnitt** überprüft werden.
Vgl. S. 75.

Probe

1. Sorte:	1,800 kg zu je 16,40 € ≙ 29,52 €
2. Sorte:	1,200 kg zu je 17,90 € ≙ 21,48 €
Mischung: 3,000 kg kosten	51,00 €
1,000 kg kosten	17,00 €

Stimmt der Preis, den man mithilfe der Durchschnittsberechnung für 1 kg der Mischung erhält, mit dem gegebenen Mischpreis überein, ist die Rechnung richtig.

2 Von der ersten Sorte sind 4,200 kg zu je 11,20 € vorhanden. Es soll eine Mischung zu 11,50 €/kg hergestellt werden.
Wie viel Kilogramm von der zweiten Sorte zu 11,85 €/kg sind dazuzumischen?

Berechnen Sie die fehlenden Angaben und fertigen Sie zur Kontrolle die Probe.

3
1. Sorte: Preis je kg 20,50 €, vorhanden 4,2 kg
2. Sorte: Preis je kg 18,00 €
Mischpreis: je kg 19,50 €

4
je kg 6,80 €, vorhanden 5 kg
je kg 7,42 €
je kg 7,10 €

5
1. Sorte: Preis je kg 2,10 €
2. Sorte: Preis je kg 2,55 €
Mischpreis: je kg 2,35 €, benötigt 22,5 kg

6
je kg 8,10 €
je kg 8,90 €
je kg 8,40 €, benötigt 25 kg

Sind Menge und Preis beider Sorten gegeben → Durchschnittsrechnung.
Wird die Menge einer oder beider Sorten gesucht → Mischungskreuz.

7
(**8**) Essigessenz hat einen Gehalt von 80 (60) Prozent Essigsäure. Zur Bereitung von Kräuteressig soll zunächst auf 5 (10) Prozent verdünnt werden.

    a) Wie lautet das Mischungsverhältnis?

    b) Ein Kanister Essigessenz enthält 2,5 l. Wie viel Liter Wasser sind zuzugeben?

    c) Es sollen 10 Liter verdünnter Essig bereitgestellt werden. Wie viel Liter Essenz und wie viel Liter Wasser sind erforderlich?

9 Ein Rezept zur Herstellung von Essiggurken schreibt vor: Geben Sie zu dieser Flasche Essig (0,75 l mit 5,4 % Säure) zum Verdünnen 1,5 l Wasser.

Welchen Säuregehalt hat die Verdünnung?

10
(**11**) Für ein Gartenfest soll Bowle zu 4,20 (3,80) €/l Rohstoffkosten hergestellt werden. Es stehen zur Verfügung Weißwein zu 3,50 (3,30) €/l und Schaumwein zu 3,75 (3,00) l je Flasche mit 0,75 l. Insgesamt sollen 30 (14) Liter Bowle vorbereitet werden.

Wie viel Liter Weißwein und wie viel Liter Schaumwein sind erforderlich?

12 In der Patisserie wird vielfach Fruchtsirup verwendet, der entsprechend der Anleitung zu verdünnen ist.

Berechnen Sie die fehlenden Werte im Heft.

Fruchtart	Himbeer	Sauerkirsch	Orange	Zitrone
Verdünnung	1 : 5	?	?	1 : 10
Sirupmenge	?	0,75 l	2,50 l	1,20 l
Wassermenge	?	?	17,50 l	?
Fruchtsaft	30,00 l	3,75 l	?	?

13
(**14**) Ein Betrieb reicht frische Kaffeesahne mit einem Fettgehalt von 10 %. Nun ist die Lieferung ausgeblieben und man mischt Kaffeesahne aus Sahne mit 30 % Fettgehalt und Vollmilch mit 3,5 % Fettgehalt.

Wie viel Liter Milch und wie viel Liter Sahne müssen zur Herstellung von 5,3 (10) l Kaffeesahne verwendet werden (2 Stellen nach dem Komma)?

15
(**16**) Vorhanden sind Rindfleisch zu 8,25 (7,25) €/kg und Schweinefleisch zu 7,00 (6,00) €/kg. Es soll daraus Gulaschfleisch zu 7,50 (6,25) €/kg zusammengestellt werden.

    a) In welchem Verhältnis ist zu mischen?

    b) Welche Mengen von jeder Sorte sind für 10 (15) kg Gulaschfleisch erforderlich?

17
(**18**) Eine Gemeinschaftsküche will Mischgemüse so zusammenstellen, dass der Preis je kg bei 2,00 (1,80) € liegt. Einfachere Gemüsearten werden zu 1,25 (1,50) €/kg angeboten, feinere Gemüsearten zu 2,50 (3,00) €/kg.

Wie viel Kilogramm jeder Gemüsequalität sind erforderlich, wenn insgesamt 30,000 (50,000) kg Mischgemüse benötigt werden?

13.3 Mischung mit drei Sorten

Werden drei Sorten gemischt, so ist eine eindeutige Lösung nur möglich, wenn von zwei Sorten Menge und Preis angegeben sind.

1

Beispiel

Ein Händler will Maiwein zum Preis von 4,20 € je l anbieten. Dazu verwendet er aus Restbeständen 70 l der Sorte 1 zu 3,60 € je l und 90 l der Sorte 2 zu 4,40 € je l.
Wie viel Liter einer 3. Sorte zu 4,60 € je l sind zu nehmen?

Lösung

1. Sorte	70 l	zu je 3,60 €	≙	252,00 €
2. Sorte	90 l	zu je 4,40 €	≙	396,00 €

Vorläufige
Mischung 160 l kosten   648,00 €
                    1 l kostet   4,05 €

vorl. Misch.   4,05   40   8 Teile ≙ 160 l

Mischpreis   4,20

3. Sorte   4,60   15   3 Teile ≙ 60 l

Lösungshinweise

Da von Sorte 1 und Sorte 2 Menge und Preis gegeben sind, mischen wir diese nach der Art der Durchschnittsrechnung.

Die so entstandene Mischung nennen wir **vorläufige Mischung** und berechnen den Preis für 1 Liter.

Die Menge der 3. Sorte wird mit dem Mischungskreuz gesucht.

Antwort:
Von der 3. Sorte sind 60 Liter zu verwenden.

Bei der Mischung mit drei Sorten
1. Durchschnittsrechnung mit den Sorten durchführen, bei denen Menge und Preis bekannt sind, das ergibt die vorläufige Mischung.
2. Menge der fehlenden Sorte mit dem Mischungskreuz suchen.

---

2 Eine Kaffeerösterei erhält den Auftrag, Kaffee zum Preis von 10,60 € je kg zu liefern.

Wie viel kg einer Sorte zu 12,10 € je kg sind zu verwenden, wenn zunächst 4 kg einer Sorte zu 9,20 € je kg und 5 kg einer Sorte zu 9,92 € je kg verwendet werden?

3 Berechnen Sie die fehlende Mengenangabe, wenn 15 kg Santos-Kaffee zu 9,70 € je kg, 7 kg Bogota-Kaffee zu 10,58 € je kg und Guatemala-Kaffee zu 11,58 € gemischt werden und der Preis für die Mischung 10,70 € betragen soll.

4 Eine indische Teemischung soll 27,00 € je kg kosten. Man nimmt dazu 60 kg Ceylon Orange-Pekoe zu 32,14 € je kg, 80 kg Darjeeling Flowery-Pekoe zu 32,00 € je kg und Teespitzen aus Assam zu 25,00 € je kg.

Berechnen Sie die benötigte Menge der dritten Sorte.

5 Ein Ausflugslokal will zum Ansetzen von Bowle einen Grundwein zu einem Preis von 4,00 €/l zusammenstellen. Man verwendet dazu 20 l zu 4,25 €/l und 10 l zu 3,10 €/l.

Wie viel Liter einer dritten Sorte zu 4,10 €/l sind zuzusetzen?

13.4 Übungen zu Durchschnitt und Mischung

Bei der Herstellung von Hackfleisch kann Schwein und Rind gemischt werden. Wenn die Materialkosten begrenzt sind, wird man entsprechend mischen. Hier eine „Hackfleischreihe" mit unterschiedlichen Aufgaben.

1
(2) Eine Hackfleischmischung soll 4,50 (4,10) €/kg kosten. Vorhanden sind Schweinefleisch zu 3,90 €/kg und Rindfleisch zu 5,40 €/kg. Benötigt werden insgesamt 15,00 (12,600) kg Hackfleisch.

Wie viel Kilogramm von jeder Sorte sind zu verwenden?

3
(4) Aus 3,500 (4,200) kg Schweinehack mit 35 % Fettgehalt und 1,500 (2,800) kg Rinderhack mit 20 % Fettgehalt wird eine Mischung hergestellt.

Wie hoch ist der Fettgehalt der Mischung in Prozent?

5
(6) Für eine Hackfleischmischung verwendet man 4,800 (6,250) kg Schweinehack zu 4,10 €/kg und 1,200 (3,750) kg Rinderhack zu 5,20 €/kg.

Berechnen Sie den Preis für 1 kg der Hackfleischmischung.

> Mischungen bieten auch eine Möglichkeit, „Reste" zu verarbeiten – das ist ja nichts Unrechtes. Schließlich wird wirtschaftliches Handeln verlangt.

7
(8) Wir hatten als Aktion *Tea and Biscuit* veranstaltet und müssen die verbliebenen Reste verwerten. Von Earl Grey sind noch vorhanden 1,200 (2,300) kg, die je kg 32,50 (34,00) € kosten. Diese Menge wollen wir in eine Mischung einarbeiten, die nicht mehr als 30,00 (32,50) €/kg kosten soll. Als zweite Sorte steht uns Assam zu 28,50 (29,50) €/kg zur Verfügung.

a) In welchem Verhältnis ist zu mischen?
b) Wie viel Kilogramm der zweiten Sorte sind erforderlich?

9
(10) Die Teemischung zum Frühstück soll nicht mehr als 42,00 (36,00) €/kg kosten.

Wir haben noch einen Restbestand von 2,800 (2,200) kg zu 60,00 €/kg und wollen diesen in die Mischung einbringen. Zum Zumischen können wir eine Sorte zu 36,00 (30,00) €/kg verwenden.

Welche Menge ist erforderlich?

Wer den Durchblick hat, schafft alle Lücken der Tabelle.

Lebensmittel	Preis in €/kg			Mengen in kg		
	Sorte 1	Sorte 2	Mischung	Sorte 1	Sorte 2	Gesamt
11 Wurst	7,40	8,10	?	3,500	2,600	?
12 Kaffee	13,00	16,00	14,00	1,800	?	?
13 Gebäck	11,00	13,50	12,50	?	?	15,000
14 Tee	47,50	40,00	44,50	1,800	1,200	?

Wer Berechnungen zum Energiebedarf und zum Energieverbrauch verstehen will, muss sich über Grundbegriffe im Klaren sein.

Spannung

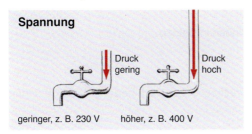

Druck gering   Druck hoch

geringer, z. B. 230 V   höher, z. B. 400 V

Stromstärke

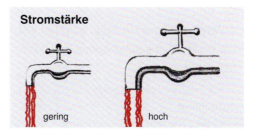

gering   hoch

Spannung ist die Kraft, die in einem Stromkreis Elektronen bewegt.

Sie wird gemessen in Volt (**V**).

Das Formelzeichen ist **U**.

Stromstärke ist die Menge der Elektronen, die gleichzeitig in einem Stromkreis fließen können. Sie ist abhängig vom Leiterquerschnitt (von der Dicke der Leitung).

Die Stromstärke wird gemessen in Ampere (**A**).

Das Formelzeichen ist **I**.

Spannung	·	Stromstärke	=	elektrische Leistung
U	·	I	=	P
V	·	A	=	W
230	·	10	=	2 300

14.1 Aufgaben der Sicherung – Anschlusswert

Sicherungen sind bewusst eingebaute Schwachstellen innerhalb eines Stromkreises. Es ist beabsichtigt, dass genau an der „Sicherungsstelle" der Stromkreis am schwächsten ist und damit bei Überlastung an dieser Stelle unterbrochen wird.

1 Eine Leitung mit 230 V ist mit 10 A abgesichert. Der neue Salamander hat einen Anschlusswert von 2 200 W.

Kann er angeschlossen werden?

2
(3) Eine Gläserspülmaschine hat einen Anschlusswert von 3 500 (4 200) W. Die Stromzufuhr hat 230 V und ist mit 16 A abgesichert.
Kann die Maschine angeschlossen werden?

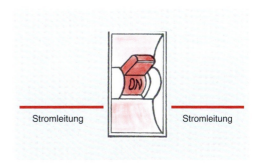

Stromleitung   Stromleitung

Die Sicherung
● ist als schwächstes Glied der Stromzufuhr vorgesehen,
● unterbricht bei Überlastung die Stromzufuhr,
● schützt vor Brand wegen Wärmeentwicklung bei Überlastung der Zuleitung.

elektrische Leistung	·	Zeit	=	elektrische Arbeit
Stromaufnahme				Stromverbrauch
2 000 W	·	1 h	=	2 000 Wh
			=	2 kWh

4
(5) Ein Wäschetrockner mit 3,2 (2,8) kW ist 1 (1,5) Stunden in Betrieb.
Berechnen Sie den Stromverbrauch in kWh.

6
(7) Ein Heißwasserspeichergerät mit 6,5 (8,2) kW Aufnahme ist bei Nachtheizung 7 (8,5) Stunden eingeschaltet.
Berechnen Sie den Stromverbrauch.

Berechnen Sie jeweils die verbrauchte Strommenge in kWh.

Gerät	**8**	**9**	**10**	**11**	**12**	**13**	**14**	**15**
	Bügel-eisen		Wasch-maschine		Wäsche-trockner		Heißluft-gerät	
Stromaufnahme	850 W	940 W	2 800 W	3 200 W	3 000 W	3 150 W	2 250 W	1 800W
Betriebsdauer	30 Min.	45 Min.	1,5 Std.	40 Min.	50 Min.	110 Min.	2,5 Std	210 Min.

Es kann auch gefragt werden, wie lange ein Gerät in Betrieb sein kann, bis es eine kWh verbraucht. Dann rechnet man:

Strommenge	:	Stromaufnahme des Gerätes	=	Zeit in Stunden
1 kWh	:	kW	=	h

16
(17) Ein Fleischwolf hat eine Stromaufnahme von 1 200 (1 500) W.
Wie lange kann er in Betrieb sein, bis 1 kWh verbraucht ist?

18
(19) Ein gewerblicher Wäschetrockner hat einen Verbrauch von 5,3 (4,5) kW.
Nach wie viel Minuten hat das Gerät 1 kWh verbraucht?

20
(21) Bei einem Staubsauger nennt das Leistungsschild 230 V und 750 (1 250) W.
Wie lange kann er in Betrieb sein (Stunden und Minuten), bis 1 kWh verbraucht ist?

22
(23) Eine Küchenuniversalmaschine verbraucht bei einer Spannung von 230 V 1 650 (2 640) W.
Wie lange kann sie in Betrieb sein, bis 1 kWh verbraucht ist?

84

14.2 Überlegter Umgang mit Energie

Wärme kann aus verschiedenen Energieträgern, wie Öl, Erdgas oder Elektrizität, gewonnen werden. Bei der Verbrennung von Öl und Gas entstehen Verluste, die sehr unterschiedlich sein können. Außerdem variieren die Anschaffungs- und Installationskosten bei den einzelnen Energiearten. Wenn bei einigen Berechnungen die elektrische Energie zugrunde gelegt wird, so deshalb, weil diese nahezu ohne Verluste in Wärme umgewandelt wird. Wir wissen aber:

> Regeln zum überlegten Umgang mit Energie sind für alle Energiearten gleich.

14.2.1 Küche

1 Wie Energie durch unbedachtes Handeln verschwendet werden kann, zeigt die Grafik.

Berechnen Sie den Mehrverbrauch in Prozent bei

a) schlechtem Topf,
b) gutem Topf ohne Deckel,
c) schlechtem Topf ohne Deckel.
d) In welchem Beispiel ist der Mehrverbrauch am höchsten?
e) Welche Arbeitsregeln können abgeleitet werden?

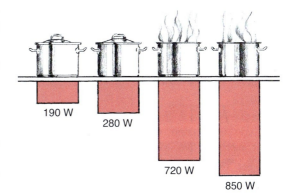

190 W

280 W

720 W

850 W

2 Wo Wärme gespeichert wird, kann man Energie dadurch sparen, dass man schon vor Betriebs-
(3) schluss zurückschaltet und die **Restwärme nutzt.** Das ist z.B. beim Backrohr und beim Wasserbad möglich.

Ein Betrieb hat 365 (320) Tage geöffnet. Durch rechtzeitiges Zurückschalten werden täglich 30 (20) Minuten früher verschiedene Geräte mit insgesamt 12 (16) kW Heizleistung vom Netz genommen.

Berechnen Sie die jährliche Einsparung, wenn 1 kWh mit 0,12 (0,14) € veranschlagt wird.

4 Die Grafik vergleicht den Stromverbrauch zwischen Herdplatte und Mikrowellengerät.

a) Jede Linie zeigt drei Punkte, die für Portionen stehen. Wie viel Gramm beträgt das Portionsgewicht für Kartoffeln?
b) Wie viel Watt werden zum Garen von 800 Gramm Kartoffeln bei jedem Garverfahren benötigt?
c) Ab etwa 600 Gramm ist eine Garart bei beiden Gemüsen günstiger. Welche ist das?
d) Formulieren Sie einen Merksatz zur Verwendung des Mikrowellengerätes, indem Sie die Textlücken unter der Abbildung ergänzen.

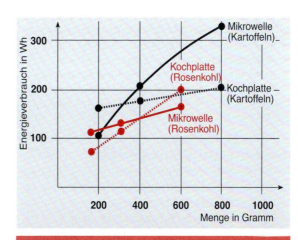

Bei ... Mengen braucht die Mikrowelle ... Strom, bei ... die Kochplatte.

14.2.2 Wasser und Warmwasser

5 Die Abbildung rechts zeigt den Wasserverbrauch eines Vierpersonenhaushaltes am Tag.

 a) Berechnen Sie den Gesamtverbrauch.

 b) In welchen zwei Bereichen wird das meiste Wasser verbraucht? Ermitteln Sie die Anteile in Prozent.

6 In der Küche tropft ein Wasserhahn. Ein Gefäß mit
(7) 150 cm³ füllt sich in 8 (10) Minuten.

 a) Wie viel Liter Wasser gehen an einem Tag verloren?

 b) 1 m³ kostet (Wasser + Abwasser) 2,40 €. Berechnen Sie den Verlust im Monat.

 c) Eine Reparatur kostet 12,00 (8,50) €. Nach welcher Zeit hat sich die Reparatur bezahlt gemacht?

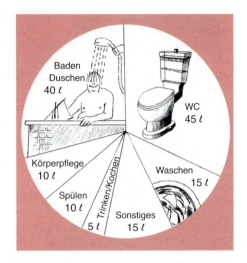

8 Der Wasserverbrauch im WC kann durch den
(9) Einbau von „Spartasten" von 14 (12) ℓ auf 7 (6) ℓ gesenkt werden. Die Installation kostet 12,00 (15,00) €.

Nach welcher Zeit hat sich die Anschaffung gelohnt, wenn für 1 m³ Wasser 2,10 (2,70) € berechnet werden? Den Verbrauch zeigt die Abbildung oben.

10 *„Der Klospülkasten als Sparkasse"* berichtet eine Fachzeitschrift. Ein Restaurant hatte bisher im WC-Bereich einen Wasserverbrauch von rund 2 000 m³ im Jahr. Durch den Einbau von Spartasten konnten 500 m³ oder 1 100,00 € eingespart werden. Die Nachrüstung für Stopptasten an den Spülkästen kostete rund 750,00 €.

 a) Wie viel Prozent Wasser wurden eingespart?

 b) Nach welcher Zeit hat sich die Anschaffung bezahlt gemacht?

 c) Kann aus den Angaben der Fachzeitung der Preis je m³ Wasser/Abwasser ermittelt werden?

11 Für 100 Liter Warmwasser mit 40 °C müssen im
(12) Durchschnitt 0,80 (0,70) € veranschlagt werden. Mengenangaben siehe Zeichnung.

 a) Wie viel € kostet ein Duschbad?

 b) Wie viel € kostet ein Wannenbad?

 c) Berechnen Sie die Einsparung im Jahr, wenn statt drei Vollbädern je Woche jeweils geduscht wird.

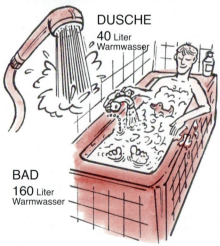

14.2.3 Heizung

> Grundregeln: Der Gast muss sich wohl fühlen und darf nicht „frieren".
> Dennoch: 1 °C Temperatursenkung ≙ 6 % Energieeinsparung.
>   Absenken der Nachttemperatur ≙ 8 % Energieeinsparung.

13
(14) Ein Hotel hat nach den vorliegenden Unterlagen je Zimmer mit durchschnittlich 215,00 (280,00) € Heizkosten zu rechnen. Die Geschäftsleitung will überprüfen, ob sich der Einbau von Thermostatventilen lohnt, und legt dabei die Angaben aus einem Beratungsblatt zu Grunde.

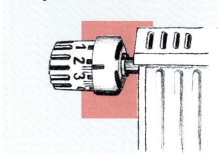

Für ein Thermostatventil müssen Sie je Heizkörper ca. 25,00 € bis 30,00 € einschließlich Einbau aufwenden. Nicht viel, wenn man bedenkt, dass Sie den Brennstoffverbrauch damit um etwa 8 bis 10 % verringern können.

a) Wie viel € Heizkosten je Zimmer werden bei einer Verringerung um 8 Prozent eingespart?
b) Wie viel € Heizkosten je Zimmer werden bei einer Verringerung um 10 Prozent eingespart?
c) Nach wie viel Jahren macht sich der Einbau von Thermostaten im ungünstigsten Fall (hohe Anschaffung, geringe Einsparung) bezahlt?
d) Nach wie viel Jahren macht sich der Einbau im günstigsten Fall (geringe Kosten bei Anschaffung, hohe Einsparung) bezahlt?

15 Durch Absenken der Nachttemperatur werden 8 % Energie eingespart. Werte aus Aufgabe 13.

a) Wie viel € können dadurch je Zimmer im Jahr eingespart werden?
b) Wie hoch ist die jährliche Einsparung bei einem 80-Zimmer-Hotel?

14.2.4 Beleuchtung

16 Eine Energiesparlampe mit 20 W liefert die gleiche Helligkeit wie eine Glühlampe mit 100 W. Jede Glühlampe hat eine Brenndauer von 1 000 Stunden. Die Energiesparlampe hat eine Brenndauer von 8 000 Stunden. Die Vergleichsrechnung geht über 8 000 Betriebsstunden, weil dann die Energiesparlampe „durchgebrannt" ist.

	Glühlampe	Sparlampe
Kaufpreis	1,30 €	9,00 €
Energieaufnahme	100 W	20 W
Stromkosten	0,14 €/kWh	0,14 €/kWh

a) Wie viel € werden für die Lampen bei jeder Art ausgegeben?
b) Auf wie viel € belaufen sich die Energiekosten bei jeder Beleuchtungsart?
c) Vergleichen Sie die gesamten Kosten. Welche Lampenart ist kostengünstiger?
d) Warum werden Energiesparlampen vorgeschrieben?

17 Während die vorausgegangene Aufgabe Nr. 16 Beleuchtungsarten in Form einer Tabelle zeigt, stellt diese Aufgabe den Kostenvergleich der noch in Gebrauch befindlichen Glühlampe mit der Energiesparlampe grafisch dar. Vergleichen Sie die Darstellungsformen und die Aussagekraft.

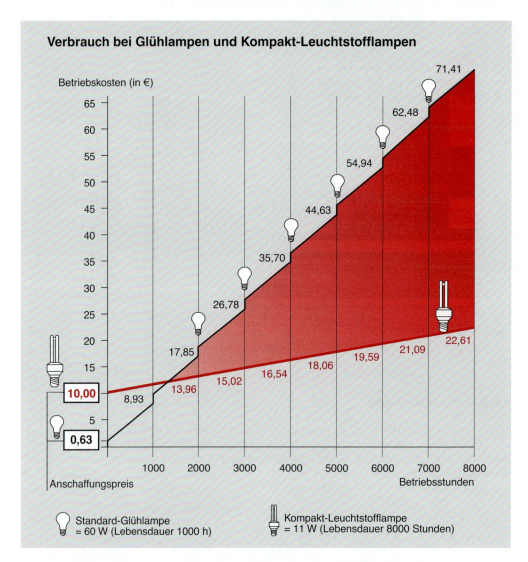

Verbrauch bei Glühlampen und Kompakt-Leuchtstofflampen

a) Welche „Stärken" von Lampen werden verglichen, wie viel Watt hat jede Art? Stimmt das Verhältnis der Wattzahlen mit der Rechnung von vorheriger Seite überein?

b) Mit welchen Kaufpreisen für jede Lampenart wird gerechnet?

c) Wie viel Betriebsstunden werden für jede Lampenart gerechnet?

d) Warum verläuft die schwarze Linie in Stufen, die rote dagegen „glatt"?

e) Warum verläuft die schwarze Linie steiler als die rote?

f) Wie viel € werden je Kilowattstunde berechnet? Kontrollieren Sie bei jeder Lampenart.

g) Nehmen wir an, nach 4 000 Betriebsstunden wird die Energiesparlampe durch Unachtsamkeit zerschlagen. Verlust oder doch noch ein Gewinn?

h) Und jetzt abschließend: Ist die Grafik „ehrlich"? Stimmen die Werte im Prinzip mit der Rechnung von vorheriger Seite überein?

88

14.2.5 Lebensmittel umweltbewusst einkaufen und anbieten

Das Frühstücksbüfett in einem Hotel soll umgestellt werden. Statt Portionsbutter gibt es Butterröllchen auf Eis, statt Honig in Einwegpackungen jetzt Honig aus dem Spender.
Das Haus hat 100 Betten und rechnet mit einer Belegung von 70 % an 365 Tagen.

18 Der Butterverbrauch ist bei jeder Art des Frühstücksbüfetts 1 230 kg im Jahr; Portionsbutter kostet 5,30 €/kg, Butterstückchen für offene Butter kosten 4,10 €/kg.

a) Berechnen Sie die Einsparung im Jahr.
b) Wie viel Gramm Butter (aufrunden) werden je Person gerechnet?

19 Bei Honig wurden bisher 160 Kartons zu je 120 Portionsbechern mit je 30 g verbraucht. Der Portionsbecher kostete je Karton 14,80 €. Bei offener Ware kostet ein Eimer mit 12,500 kg insgesamt 52,00 €.

Berechnen Sie die Einsparung im Jahr.

20 Lassen Sie sich von nebenstehender Abbildung anregen. Welche Lebensmittel, die in Ihrem Betrieb verwendet werden, kommen nicht aus der Region, obwohl auch dort Vergleichbares erzeugt wird?

Stellen Sie eine Liste mit Lebensmitteln zusammen, die weiter als 200 km transportiert worden sind.

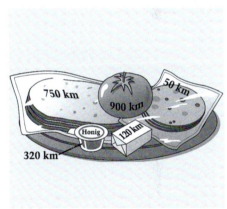

21 Die Grafik vergleicht die Kosten für Mehrwegverpackungen mit denen für Einwegpackungen.

a) Stellen Sie für 0,5 ℓ einen Vergleich an. Die Euroflasche 0,5 ℓ setzen Sie als 100 %.
b) Rechnen Sie die Kosten der beiden Größen von Einwegflaschen auf die Menge von einem Liter um.
c) Rechnen Sie die Kosten der beiden Größen von Dosen auf die Menge von einem Liter um.
d) Vergleichen Sie die Ergebnisse bei b) und c) und vervollständigen Sie den Satz: Je geringer der Inhalt, desto …

Der Preis der Getränkeverpackung

Mehrweg	Einweg			
Euroflasche	Einwegflasche	Einwegflasche	Dose	Dose
0,5 ℓ	0,5 ℓ	0,33 ℓ	0,5 ℓ	0,33 ℓ
1,8 Cent	10,5 Cent	7,9 Cent	12,8 Cent	10,2 Cent

14.2.6 Umweltschutz rechnet sich

22 Papier muss sein, aber es muss nicht immer von der edelsten Sorte sein.

a) Wie viel mal mehr Wasser benötigt man für die Herstellung von neuem Papier im Vergleich zum Umweltschutzpapier?

b) Umweltschutzpapier erfordert weniger Energie. Wie viel Prozent der Energiemenge, die bei neuem Papier erforderlich ist, werden benötigt?

Bedarf für 100 kg	Papier	Umweltschutz-papier
Holz	240 kg	nur Altpapier
Frisch-wasser	44 000 ℓ	180 ℓ
Energie	740 kW	140 kW

23 In einer Dikussion wird behauptet: „Die klassischen Verpackungsmaterialien haben die höchste Recycling-Quote." Siehe nebenstehende Grafik.

a) Was versteht man unter Recyclingquote?

b) Stimmt die Aussage? Auf der einen Seite Papier, Glas, Weißblech (Konservendosen), …

c) Berechnen Sie, wie viel Tonnen Aluminium (Getränkedosen) **nicht** wieder verwendet werden.

Verpackungs-Recycling

Aluminium 115 / 14% Weißblech 739 / 48% Verbrauch in 1.000 Tonnen Davon verwertet in %

Glas 4.233 / 55% Papier/Pappe 4.801 / 66%

Verbunde 410 / 26% Kunststoffe 1.473 / 25%

Verpackungsverbrauch: 11,8 Millionen Tonnen

24 Eine Fachzeitschrift bringt folgende Zusammenstellung:

Was getan wurde	kostete einmalig	und ersparte im Jahr
Abdeckung des Schwimmbades während der Nacht	4 125,00 €	2 245,00 €
Einbau von Sparduschköpfen	7 838,00 €	6 598,00 €
Energiesparlampen	315,00 €	271,00 €

a) Wie viel Prozent der Investitionen (Anschaffungskosten) werden nach einem Jahr eingespart?

b) Nach welchem Zeitraum (Jahre, Monate) macht sich die Anschaffung bezahlt? Ab wann rentiert sie sich?

25 *„Das billigste Gerät kann das teuerste sein.* Wer richtig rechnet, berücksichtigt nicht nur die Anschaffungskosten, sondern auch den Energieverbrauch. Mil dem Kauf eincs Energiespar-Kühlschrankes schonen Sie die Umwelt und Ihre Finanzen". So beginnt eine Werbung für Qualitätskühlschränke. Folgende Werte sollen Ihnen bei der Entscheidung helfen:

Gerät	Neupreis	Stromverbrauch
Energiespar-Kühlschrank	424,00 €	0,55 kWh/Tag
Kühlschrank	398,00 €	0,80 kWh/Tag

Der Strompreis wird mit 0,13 €/kWh angenommen, das Jahr mit 365 Tagen.

a) Wie viel € beträgt die Stromeinsparung in einem Jahr?

b) Nach welcher Zeit machen sich die Mehrausgaben für den Energiespar-Kühlschrank bezahlt?

c) Bei Kühlschränken wird eine Nutzungsdauer von 12 Jahren angenommen. Berechnen Sie die gesamten Aufwendungen (Kauf und Stromkosten) für diesen Zeitraum.

26 Ruß und Ablagerungen erhöhen den Ölverbrauch. Darum müssen Heizungen gewartet werden. Die Grafik zeigt die Zusammenhänge.

Verschaffen Sie sich einen Überblick und beantworten Sie folgende Fragen:

a) Bei welcher Rußdicke ist der Ölverbrauch um 10,5 % höher?

b) Unter welchen Umständen steigt die Abgastemperatur (Luft im Kamin) um etwa 80 °C?

c) Ergänzen Sie die Lücken in folgender Aussage: Wenn der Ruß einen Millimeter dick aufliegt, erhöht sich die Abgastemperatur um … °C und der Heizölverbrauch steigt um … Prozent.

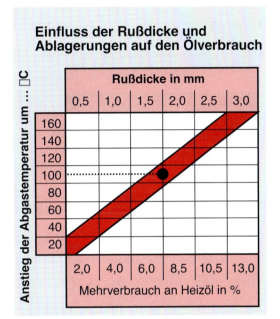

27 Energie (Heizöl, Strom, Gas und Benzin) wird immer teurer. Der Einzelne kann die Preise kaum beeinflussen. Einsparen kann man nur über den Verbrauch.

Nebenstehende Grafik zeigt den Energieverbrauch im privaten Haushalt.

a) Welche Bereiche können als „Hauptverursacher" bezeichnet werden?

b) Nennen Sie unter Beachtung der Grafik zwei Bereiche, wo Energie am wirkungsvollsten eingespart werden kann.

c) In welchen Bereichen kann nach Ihrer Meinung am leichtesten Energie gespart werden?

15 Mengenberechnungen für Küchenrohstoffe

15.1 Durchschnittswerte für Ausbeute und Wareneinsatz

Unter **Ausbeute** versteht man,
- „was man herausholt",
- was an Verwertbarem bleibt.
- Man rechnet vom Einkauf zum verwertbaren Anteil.
- Rechnerisch: vom Grundwert zum verminderten Grundwert.

Vom **Wareneinsatz** spricht man,
- wenn Mengen vor- oder zubereiteter Ware genannt sind und der Einkauf berechnet werden muss.
- Man rechnet vom verwertbaren Anteil zum Einkauf.
- Rechnerisch: vom verminderten Grundwert zum Grundwert.

Wareneinsatz	1,000 kg ≙ 100%
Verlust	30%
Ausbeute	? kg ≙ 70%

Wareneinsatz	? kg ≙ 100%
Verlust	30%
Ausbeute	0,700 kg ≙ 70%

1

Beispiel

Bei Kartoffeln rechnet man mit einem Schälverlust von durchschnittlich 20 Prozent. Für eine Portion Kartoffeln werden etwa 160 Gramm geschälte Kartoffeln gerechnet.

Wie viel Gramm ungeschälte Kartoffeln sind für eine Portion nötig?

Lösung

Kartoffeln	200 g ≙ 100%
Schälverlust	20%
gesch. Kartoffeln	160 g ≙ 80%

Lösungshinweise

Die geschälten Kartoffeln sind nicht mehr das Ganze, also nicht mehr 100%.

---

2 Bei neuen Kartoffeln rechnet man mit einem Vorbereitungsverlust von 15 Prozent und einem Portionsgewicht von 170 Gramm.

Wie viel Gramm Rohware sind für eine Portion erforderlich?

3 Bei der Vorbereitung von Kohlrabi beträgt der Verlust durchschnittlich 30 Prozent; für eine Portion werden 140 Gramm vorbereitetes Gemüse gerechnet.

a) Wie viel Gramm Rohware sind für eine Portion erforderlich?
b) Wie viel Kilogramm Kohlrabi sind anzufordern, wenn 45 Portionen gedünstete Kohlrabi vorzubereiten sind?

4
(5) Bei durchschnittlicher Qualität rechnet man bei Spargel mit einem Schälverlust von 25 (28) Prozent.

a) Während der Spargelwochen werden auf der Sonderkarte Spargelgerichte mit je 500 Gramm (1 Pfund) Spargel angeboten. Wie viel Gramm Einkaufsgewicht sind für eine Portion erforderlich?
b) Wird Spargel als Beilage gereicht, geht man von 150 (120) Gramm vorbereiteter Ware aus. Berechnen Sie die erforderliche Einkaufsmenge.

handwerk-technik.de

15.2 Ermitteln von Faustzahlen oder Richtwerten

Von der gewerblichen Küche erwartet man gleich bleibende Qualität und stets gleiche Portionsgrößen. Wechsel führten zu Enttäuschung und der enttäuschte Gast kehrt nicht wieder. Zwar nennt die Fachliteratur z. T. Rohstoffmengen, doch sind diese allgemein gehalten und können nicht auf die besonderen Gegebenheiten des einzelnen Betriebes abgestellt sein.

Durchschnittliche Verluste

1

> **Beispiel**
>
> Um den durchschnittlichen Vorbereitungsverlust bei einer Gemüseart zu ermitteln, werden an mehreren Tagen die Werte notiert.
>
> | Datum | Rohware | Abfall | Lösungshinweise |
> |-------|---------|--------|-----------------|
> | 4. 10. | 4,200 | 1,050 | ❶ Summe der Rohware ermitteln |
> | 18. 10 | 6,750 | 0,945 | ❷ Summe Abfall ermitteln |
> | 26. 10. | 3,100 | 0,558 | ❸ Rohware ≙ 100 % |
> | | | ❷ | Abfall ≙ x % |
>
> **Antwort:** Der durchschnittliche Verlust beträgt 18 Prozent.

2
(3) Um den Putzverlust bei Karotten zu ermitteln, wurde jeweils an einem Tag der Woche genau gewogen und die Ergebnisse notiert:

14. 3. Rohware 15,400 (20,000) kg, Abfälle 2,820 (3,850) kg
22. 3. Rohware 14,600 (15,300) kg, Abfälle 2,860 (3,370) kg
26. 3. Rohware 22,100 (19,600) kg, Abfälle 2,420 (3,540) kg

Berechnen Sie den durchschnittlichen Putzverlust in Prozent.

4
(5) Im Frühjahr ist der Schälverlust bei Kartoffeln besonders hoch. Um genaue Werte zu erfahren, wurde drei Wochen nacheinander je eine Maschinenfüllung genau abgewogen, ebenso die daraus erhaltenen fertig geschälten Kartoffeln.

 2. 4. Kartoffeln 8,500 (12,000) kg, geschälte Ware 6,120 (8,760) kg
10. 4. Kartoffeln 8,000 (11,000) kg, geschälte Ware 5,920 (8,140) kg
15. 4. Kartoffeln 9,000 (12,000) kg, geschälte Ware 6,210 (8,500) kg

Berechnen Sie den Schälverlust bei Kartoffeln im Monat April in Prozent.

6
(7) Um die Saftausbeute bei Orangen zu erfahren, wurden zwei Kontrollwägungen durchgeführt.

1. Orangen 2,800 (3,600) kg, Saft 0,910 (1,510) kg
2. Orangen 1,900 (2,500) kg, Saft 0,730 (1,030) kg

Berechnen Sie die durchschnittliche Saftausbeute in Prozent.

8
(9) Wenn man frische Ananas vorbereitet, ist der Abfall an Außenschicht und Mittelteil sehr hoch. Um einen Richtwert zu erhalten, wurden eine große und eine kleine Frucht genau ausgewogen: große Ananas 1,850 (1,980) kg, davon Fruchtfleisch 920 (940) Gramm, kleine Ananas 1,180 (1,240) kg, davon Fruchtfleisch 540 (610) Gramm.

Berechnen Sie den durchschnittlichen Fruchtfleischanteil.

10
(11) Eine Honigmelone ist für kalte Vorspeisen in Kugeln ausgestochen worden. Die ganze Frucht wog 2,350 (1,900) kg. Die vorbereiteten Melonenkugeln haben ein Gewicht von 940 (860) Gramm.

Berechnen Sie den verwertbaren Fruchtfleischanteil in Prozent.

15.3 Umgang mit Richtwerten

Wenn Sie Probleme mit dieser Art von Textaufgaben haben, zeichnen Sie die Situation.

Wie viel ist der Verlust?	Wie viel muss ich dazurechnen?
Wie hoch ist die Ausbeute?	Wie viel ist erforderlich?

Einkauf	Verlust	Ausbeute
100 %	40 %	60 %

Bedarf	Verlust	Einkauf
60 %	40 %	100 %

1 Ein Tabellenwerk nennt durchschnittliche Verluste und die Einkaufsmenge für jeweils 100 Gramm vorbereitete Ware.

a) Ergänzen Sie die Lücken.

b) Für gebackenen Blumenkohl rechnet man je Portion 180 g vorbereitete Ware.
Wie viel Gramm Rohware sind erforderlich?

c) Bei Rotkohl rechnet man je Portion mit 150 g vorbereiteter Ware. Einkaufsmenge?

	Verlust durchschn. %	Rohware für 100 g essbarer Anteil in g
Blumenkohl	38	?
Kartoffeln	20	?
Kohlrabi	?	159
Möhren	?	125
Porree	42	?
Rotkohl	22	?
Wirsing	?	130

2 „Wenn ich 20 Prozent Verlust habe, muss ich 25 Prozent Ware mehr einkaufen."

a) Dumme Feststellung oder wahre Aussage?

b) Wie ist der Prozentwert für die erforderliche Einkaufsmenge, wenn der Verlust 25 Prozent beträgt?

c) „So viel Verlust! Da muss ich ja die Hälfte mehr einkaufen, als mir bleibt."

Mit wie viel Prozent Verlust wird gerechnet?

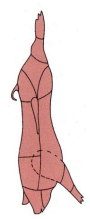

3 Eine Schweinehälfte hat 20 Prozent Knochenanteil.

Wie hoch ist der Knochenanteil eines ganzen Schweines?

94

15.4 Von der Rohstoffmenge zum Gericht

1
(2) Ein Schweinenacken mit 2,350 (2,730) kg wird entbeint. Man rechnet mit 20 (22) Prozent Knochenanteil.

Berechnen Sie die zu erwartende Fleischmenge.

3
(4) Schmorbraten verliert beim Garen 32 (38) % seines Gewichtes. Es werden Stücke mit folgenden Gewichten geschmort: a) 2,640 kg, b) 1,860 kg, c) 2,170 kg.

Berechnen Sie das Gewicht der einzelnen Stücke nach dem Garen.

5
(6) Bei Kalbsnierenbraten rechnet man mit einem Bratverlust von 25 (27) Prozent. Das Fleisch wiegt 2,730 (2,380) kg. Für eine Portion rechnet man 140 g Braten.

Wie viele ganze Portionen können geschnitten werden?

7

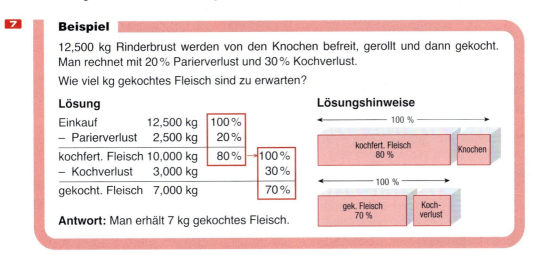

Beispiel		

12,500 kg Rinderbrust werden von den Knochen befreit, gerollt und dann gekocht. Man rechnet mit 20 % Parierverlust und 30 % Kochverlust.

Wie viel kg gekochtes Fleisch sind zu erwarten?

Lösung

Einkauf	12,500 kg	100 %
– Parierverlust	2,500 kg	20 %
kochfert. Fleisch	10,000 kg	80 % → 100 %
– Kochverlust	3,000 kg	30 %
gekocht. Fleisch	7,000 kg	70 %

Antwort: Man erhält 7 kg gekochtes Fleisch.

Lösungshinweise

8
(9) Eine Lammkeule mit 5,700 (6,850) kg wird zum Braten vorbereitet. Der Parierverlust wird mit 22 Prozent angesetzt, für den Bratverlust werden 34 Prozent gerechnet.

Wie viel kg Braten erhält man?

10
(11) 8,440 (4,300) kg Schweinenacken sollen zu kaltem Braten verarbeitet werden. Man rechnet mit 24 Prozent Knochenanteil und 28 Prozent Bratverlust.

Wie viel kg Braten erhält man?

12
(13) Ein Kalbsfrikandeau im Gewicht von 2,560 (2,230) kg wird zu kaltem Bratenaufschnitt vorbereitet. Der Parierverlust wird mit 12 %, der Braten- und Aufschnittverlust mit 24 % angesetzt. Je Person sollen 120 g gebratenes Fleisch gereicht werden.

Wie viele ganze Portionen erhält man?

14
(15) 4 Rehkeulen wiegen 29,4 (34,560) kg und werden gebraten. Dabei entsteht ein Auslöseverlust von 18 %, beim Braten verliert das Fleisch weitere 22 % an Gewicht.

Wie viele Portionen mit 140 g erhält man?

16
(17) Zur Bereitung von Hühnerfrikassee verwendet man Hähnchen. Sie verlieren beim Kochen 25 % ihres Gewichtes. Beim Ausbrechen verbleiben 80 % Fleisch.

Wie viel Gramm wiegt das Fleisch pro Portion, wenn Hähnchen im Gewicht von 8,000 (9,600) kg für 50 Personen verwendet werden?

15.5 Vom Gericht zur Rohstoffmenge

In der Restaurationsküche werden die an einem Tag verkaufbaren Portionen abgeschätzt und entsprechend gibt die Küchenleitung die Mengen bekannt. Das kann nicht anders sein, weil niemandem bekannt ist, wie viele Gäste erscheinen und welche Gerichte diese wählen. Sind von einem Gericht alle Portionen verkauft, ist es „AUS".

Eine **genaue Berechnung** der Rohstoffmengen ist erforderlich
● bei Sonderessen in der Restaurationsküche,
● bei gemeldeten Essensteilnehmern in der Gemeinschaftsverpflegung.

1 Für Sonderessen sind 12,000 kg Hirschbraten erforderlich. Man rechnet mit einem Bratverlust von 25 Prozent.

Wie viel kg Hirschfleisch müssen gebraten werden?

Lösungshinweis

| Fleisch 100 % |
| Braten 75 % |

2 Man benötigt 4,150 (4,400) kg Roastbeef, englisch gebraten. Der Bratverlust wird mit 18 Prozent
(3) angenommen. Wie viel kg Roastbeef sind zu braten?

4 Es sollen 20 (45) Portionen Kalbsrückensteaks mit einem Fleischgewicht von je 180 (170) g vor-
(5) bereitet werden. Die Abgänge werden mit 30 Prozent angesetzt.

Wie viel kg Kalbsrücken müssen angefordert werden?

6 Man benötigt 35 (55) Schnitzel mit einem Portionsgewicht von 160 (170) g. Der Vorbereitungsver-
(7) lust wird mit 14 Prozent angenommen.

Wie viel kg Oberschale müssen angefordert werden?

8 Für ein kaltes Büfett sollen 65-mal Roastbeef englisch je 65 (85) g vorbereitet werden. Man rech-
(9) net beim Braten und Aufschneiden mit einem Verlust von 28 Prozent.

Wie viel kg Roastbeef sind zu braten?

10

Beispiel

In der Restaurationsküche wird Rinderbrust vor dem Kochen von den Knochen befreit, gerollt und erst dann gegart. Man rechnet beim Auslösen mit 20 Prozent Knochenanteil und beim Kochen mit 30 Prozent Verlust. Im Rahmen eines geschlossenen Essens sollen insgesamt 7,000 kg Rinderbrust mit Sahnemeerrettich und Preiselbeeren gereicht werden.

Wie viel kg Rinderbrust sind anzufordern?

Lösung

Einkauf	12,500 kg	100 %	
– Parierverlust	2,500 kg	20 %	
kochfert. Fleisch	10,000 kg	80 %	100 %
– Kochverlust	3,000 kg		30 %
gekocht. Fleisch	7,000 kg		70 %

Lösungshinweise

Antwort:
Es sind 12,5 kg Rinderbrust anzufordern.

11 Zu einem Essen mit 56 Personen sollen je Portion 150 (170) g Braten gereicht werden.
(12) Wie viel Fleisch ist einzukaufen, wenn mit 20 % Bratverlust und 15 % Auslöseverlust gerechnet wird?

13
(14) Eine Gesellschaft mit 35 (54) Personen wünscht Wildschweinbraten. Man rechnet je Portion 140 g Braten. Nach Erfahrungswerten entsteht bei tiefgekühlter Ware ein Tauverlust von 8 Prozent, der Bratverlust muss mit 28 Prozent berücksichtigt werden.

Wie viel kg gefrostetes Wildschweinfleisch müssen aufgetaut werden?

15
(16) Bei Seelachs mit Kopf ist mit einem Putzverlust von 45 % zu rechnen; beim Dünsten gehen weitere 22 % verloren. Es sind 55 Portionen zu je 180 (140) g tischfertigem Gewicht zuzubereiten.

Wie viel kg Seelachs mit Kopf sind einzukaufen?

17
(18) Bei einem Essen für eine geschlossene Gesellschaft soll als Vorspeise hausgebeizter Lachs angeboten werden. Man rechnet je Portion mit 70 g. Der Betrieb bezieht gefrostete kanadische Lachse und rechnet mit einem Tau- und Auslöseverlust von 45 Prozent. Beim Beizen und Räuchern gehen 8 (12) Prozent verloren.

Wie viel Gramm gefrosteter Lachs muss je Portion gerechnet werden?

19
(20) In einer hoteleigenen Boucherie werden Kotelettstücke mit einem Einkaufsgewicht von 12,800 (11,250) kg zu Kasseler Rippenspeer verarbeitet. Nach Erfahrungswerten beträgt der Knochenanteil 15 %, die Gewichtszunahme durch Muskelspritzung 8 %, der Räucherverlust 12 %. Beim Zubereiten in der Küche gehen weitere 14 % verloren.

a) Wie viel kg wiegen die entbeinten Kotelettstücke?
b) Wie viel kg gepökelten und geräucherten Rippenspeer erhält die Küche?
c) Wie viele Portionen erhält man, wenn dem Gast 120 Gramm Fleisch gereicht werden?
d) Wie viel € beträgt der Fleischwert einer Portion, wenn 1 kg Kotelettgrat im Einkauf 3,80 € kostet?
e) Wie viel Prozent beträgt der Gesamtverlust bezogen auf das Einkaufsgewicht?

15.6 Prüfungsaufgaben

Bei Prüfungen ist die Zeit zur Lösung der Aufgaben sehr reichlich bemessen.
- Rechnen Sie darum grundsätzlich vom Ergebnis zu den Werten der Aufgabe zurück. Sollten Sie falsch gedacht haben, kommen Sie nicht zu den in der Aufgabe genannten Werten.
- Das sogenannte Nachrechnen ist nicht zu empfehlen, weil man den Denkfehler wiederholt.

1

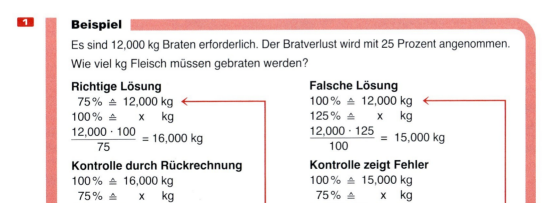

Beispiel

Es sind 12,000 kg Braten erforderlich. Der Bratverlust wird mit 25 Prozent angenommen.

Wie viel kg Fleisch müssen gebraten werden?

Richtige Lösung

75 % ≙ 12,000 kg
100 % ≙   x   kg

$$\frac{12,000 \cdot 100}{75} = 16,000 \text{ kg}$$

Kontrolle durch Rückrechnung

100 % ≙ 16,000 kg
 75 % ≙   x   kg

$$\frac{16,000 \cdot 75}{100} = \textbf{12,000 kg}$$

Falsche Lösung

100 % ≙ 12,000 kg
125 % ≙   x   kg

$$\frac{12,000 \cdot 125}{100} = 15,000 \text{ kg}$$

Kontrolle zeigt Fehler

100 % ≙ 15,000 kg
 75 % ≙   x   kg

$$\frac{15,000 \cdot 75}{100} = \textbf{11,250 kg}$$

2
(3) Man benötigt 13,600 (8,400) kg bratfertige Schnitzel. Beim Zuschneiden der Schnitzel muss man mit einem Verlust von 15 Prozent rechnen.

Wie viel kg Fleisch müssen für die Vorbereitung der Schnitzel angefordert werden?

4
(5) Für ein Sonderessen werden 12,600 (7,200) kg Hirschbraten benötigt. Man rechnet mit einem Bratverlust von 28 Prozent.

Wie viel kg Fleisch müssen gebraten werden?

6
(7) Es sollen 20 (37) Portionen Kalbsrücken mit einem Fleischgewicht von je 180 Gramm vorbereitet werden. Die Abgänge werden mit 30 (27) Prozent angenommen.

Wie viel kg Kalbsrücken müssen angefordert werden?

8
(9) Um den Garverlust zu ermitteln, wurden Fleischstücke zum Schmoren gewogen. Die Waage zeigte 8,200 (11,700) kg. Man erhielt daraus 4,750 (7,130) kg Schmorbraten.

Berechnen Sie den Schmorverlust in Prozent.

10
(11) Ein Schweinekamm mit 4,250 (3,900) kg wird zu Braten verarbeitet. Man rechnet mit einem Auslöseverlust von 18 Prozent und einem Bratverlust von 26 Prozent.

Wie viele ganze Portionen zu je 150 (130) g können erwartet werden?

12
(13) Von einer Kalbskeule mit 16,400 (18,150) kg erhält man 12,790 (14,700) kg Fleisch.
Berechnen Sie den Knochenanteil in Prozent.

14
(15) Eine gebratene Rehkeule wiegt 2,520 (2,810) kg. Der Knochenanteil wird mit 24 Prozent veranschlagt. Die Keule wird einer Gesellschaft mit 16 Personen serviert.

Wie viel Gramm Braten entfallen auf eine Portion?

16
(17) Ein Karton enthielt 19,300 (22,800) kg Poularden. Die gekochten Tiere wogen 13,250 (16,200) kg. Nach dem Ausbrechen konnte man 9,250 (11,650) kg Geflügelfleisch für Salate weiterverwenden.

a) Wie viel Prozent beträgt der Kochverlust?
b) Wie viel Prozent beträgt der Ausbeinverlust?
c) Wie viel Prozent beträgt der Gesamtverlust?
d) Wie viel Prozent beträgt die Ausbeute?

18
(19) Beim Auslassen von Schweineflomen rechnet man mit einer Ausbeute von 69 (72) Prozent.
Wie viel kg Schweineflomen wurden ausgelassen, wenn man 4 kg Schweinefett erhielt?

20
(21) Aus 4,840 (7,280) kg Rindfleisch wurden 21 Portionen zu je 160 g Bratengewicht erzielt.
Berechnen Sie den Bratverlust in Prozent.

22
(23) Für ein Sonderessen sollen 35 (48) Portionen Heilbuttschnitten mit je 180 g vorbereitet werden. Man rechnet beim Filetieren mit einem Verlust von 45 (48) Prozent.

Wie viel kg Heilbutt sind erforderlich?

98

16 Berechnen der Materialkosten

16.1 Einkauf nach bfn

Gemüse und Obst sind druckempfindlich. Damit sie beim Verkauf keinen Schaden erleiden, dürfen sie mit der Verpackung abgewogen werden.

> bfn = **b**rutto **f**ür **n**etto – das Bruttogewicht wird für das Nettogewicht gerechnet. Der Preis für 1 kg bfn bezieht sich auf Ware **und** Verpackung.

1

Beispiel

Kirschen werden für 6,00 €/kg angeboten. Ein Körbchen mit Kirschen wiegt 3,000 kg. Der leere Korb wiegt 500 Gramm.

Berechnen Sie die tatsächlichen Kosten für 1 kg Kirschen.

Kirschen 1 kg 6,00 €

Einkaufspreis = 18,00 €

3,000 kg

18,00 € für 2,500 kg Kirschen

wertlos

Lösung		❷
Einkauf	3,000 kg	18,00 €
Korb	0,500 kg	0,00 €
Kirschen	2,500 kg	18,00 €
	1,000 kg	7,20 €

Lösungshinweise
Unterscheiden Sie:
  Gewichtsberechnung – Preisberechnung
  Gewicht der Ware ermitteln
❷ Einkaufspreis berechnen
← Auf kg-Preis schließen

Antwort: 1 kg Kirschen kostet 7,20 €.

2
(3) Am Markt werden Äpfel angeboten zu 1,20 (1,55) €/kg bfn. Man kauft eine Kiste mit 23,500 (27,200) kg. Die leere Kiste wiegt 1,400 (1,800) kg.

Berechnen Sie den tatsächlichen Preis für 1 kg Äpfel.

4
(5) Eine Steige mit Blumenkohl wiegt insgesamt 18,300 (19,600) kg und wird mit 1,15 (1,45) €/kg bfn bezahlt. Die leere Steige wiegt 1,300 (1,600) kg.

Wie viel kostet 1 kg Blumenkohl?

6
(7) Zuchtchampignons werden je Körbchen mit einem Gesamtgewicht von 2,500 kg geliefert und kosten je Körbchen 6,70 (6,90) €. Das leere Körbchen wiegt 250 g.

Wie viel € kostet 1 kg Champignons?

8
(9) Steinpilze kosten 21,50 €/kg bfn. Ein Körbchen mit Pilzen wiegt 2,400 (2,800) kg. Das Leergewicht wird mit 10 Prozent angenommen.

Berechnen Sie den tatsächlichen Preis für 1 kg Steinpilze.

10
(11) Eine Steige Äpfel bringt 12,600 (10,800) kg auf die Waage. Das Leergewicht wird mit 10 (12) Prozent angenommen. Einkaufspreis 1,35 €/kg bfn.

Wie viel € kostet 1 kg Äpfel?

16.2 Veränderungen durch Vorbereitungs- und Garverluste

1 **Beispiel**

Kalbfleisch zum Braten kostet im Einkauf 11,50 €/kg. Man brät ein Stück mit 2 kg und rechnet mit einem Bratverlust von 25 Prozent.

Wie viel € kostet 1 kg Kalbsbraten?

Lösung	Gewicht		Preis	Lösungshinweise
				Gewicht und Preis trennen.
Einkauf	2,000 kg	(100 %)	23,00 €	
– Bratverlust	0,500 kg	(25 %)	0,00 €	Bratverlust ist wertlos.
Braten	1,500 kg	(75 %)	23,00 €	Gewicht ist verändert, nicht der Preis.
	1,000 kg		15,33 €	Erst beim Schluss auf die Einheit wird die Preisveränderung deutlich.

Antwort: 1 kg Kalbsbraten kostet 15,33 €.

2
(3) Es werden 2,760 (3,450) kg Rinderbraten zu 8,50 (8,90) €/kg bezogen. Man muss mit einem Schmorverlust von 38 Prozent rechnen.

Wie viel kostet 1 kg Rinderschmorbraten?

4
(5) Schweinefleisch zum Braten kostet 6,10 (6,55) €/kg. Man rechnet mit einem Bratverlust von 32 (36) Prozent.

a) Wie viel € kostet 1 kg Schweinebraten?
b) Ermitteln Sie die Materialkosten für eine Portion Schweinebraten mit 140 g.

6
(7) Blumenkohl kostet beim Einkauf 1,35 (1,80) €/kg. Man rechnet mit einem Putzverlust von 24 Prozent.

Wie viel € kostet 1 kg vorbereiteter Blumenkohl?

8
(9) Kartoffeln werden zu 53,00 (57,00) € je 100 kg angeboten. Den Schälverlust veranschlagt man mit 26 (28) Prozent.

Wie viel kostet 1 kg geschälte Kartoffeln?

Hinweis für die Überschlagsrechnung:
● Der **Preis je kg** ist bei der vorbereiteten Ware **immer höher** als der kg-Preis beim Einkauf, denn die Ware ist höherwertig geworden.
● Das **Gewicht der vorbereiteten Ware** ist **immer geringer,** denn man entfernt Geringerwertiges.

10
(11) Spargel kostet im Einkauf 7,40 (8,60) €/kg. Beim Vorbereiten entsteht ein Verlust von 30 (26) Prozent. Je Portion werden 250 g vorbereiteter Spargel gerechnet. Der Wert der Schalen bleibt unberücksichtigt.

Berechnen Sie die Materialkosten für eine Portion.

12
(13) Von Pfirsichen wurden 12,500 (8,100) kg zu 2,40 (2,90) €/kg bezogen. Nach dem Abziehen und Entsteinen erhielt man 9,850 (6,400) kg Fruchtfleisch.

Wie viel € kosten 125 (90) g Pfirsichscheiben?

14
(15) Wenn Orangen filetiert werden, rechnet man mit einem Verlust von 55 Prozent. 1 kg Orangen wird zu 1,30 (1,75) € angeboten.

Wie viel € sind für 1 kg vorbereitete Orangenfilets zu berechnen?

handwerk-technik.de

16.2.1 Verluste

16

Beispiel

Ein Korb mit Zwetschgen wiegt 12,300 kg und wird mit 2,50 €/kg bfn bezahlt. Das Gewicht des Korbes wird mit 10 Prozent veranschlagt, beim Entsteinen rechnet man mit einem Verlust von 8 Prozent.

Wie viel € sind für 1 kg entsteinter Zwetschgen zu rechnen?

Lösungshinweise

Lösung

Einkauf	12,300 kg	100 %	30,75 €
Korb	1,230 kg	10 %	0,00 €
Zwetschgen	11,070 kg	90 % 100 %	30,75 €
Steine	0,886 kg	8 %	0,00 €
entst. Zwetschgen	10,184 kg	92 %	30,75 €
	1,000 kg		3,02 €

Antwort: 1 kg entsteinter Zwetschgen kostet 3,02 €.

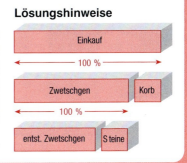

17
(18) Bei Champignons gelten als Richtwerte: Körbchen 8 Prozent vom Bruttogewicht, Putzverlust 12 Prozent. Das Angebot lautet derzeit 1,70 (1,90) €/kg bfn.

Berechnen Sie den Preis für 1 kg vorbereitete Champignons.

Spargel hat je nach Jahreszeit und Qualität einen sehr unterschiedlichen Preis. Ein Küchenchef hat zu den letzten Einkäufen notiert:

		19	**20**	**21**	**22**	**23**
Einkaufspreis €/kg	bfn	6,60	8,20	6,10	9,10	7,40
Einkaufsmenge	kg	4,300	12,700	19,700	16,900	6,700
Körbchen	kg	0,350	0,890	1,700	1,520	0,850
Schalen, Abschnitte	kg	1,270	4,150	5,100	5,230	1,610

Berechnen Sie jeweils den Preis für 1 kg vorbereiteten Spargel.

24
(25) Austernpilze wiegen mit Körbchen 3,850 (4,720) kg und kosten 7,40 (8,10) €/kg. Das leere Körbchen wiegt 460 (420) g, man rechnet mit 8 (14) Prozent Vorbereitungsverlust.

Wie viel €/kg kosten die vorbereiteten Pilze?

26
(27) Eine Kiste mit Orangen wiegt 12,300 (14,100) kg zu 1,80 (1,65) €/kg bfn. Man rechnet mit einer Tara von 4 (7) Prozent und einer Saftausbeute von 35 (38) Prozent.

a) Berechnen Sie die Materialkosten für 1 l Saft.
b) Wie viel € Materialkosten sind für ein Glas mit 0,2 l zu veranschlagen?

16.2.2 Verwertbare Abgänge

Küchen beziehen Fleisch in unterschiedlichen Vorbereitungsstufen, z. B.

● ausgeschlachtete Tiere ────────→ Kalbshälften, Schweinehälften,
● Teilstücke ────────→ Kalbskeule, Schweinerücken, Rinderhinterviertel,
● Fleischteile ────────→ Oberschale, Roastbeef, Filet.

Bei der Vorbereitung zum Garen

● werden die geringerwertigen Teile wie Knochen, Fettauflage abgetrennt und z. B. zum Ansetzen von Soßen verwendet,
● die Kosten anteilig auf die jeweilige Verwendung verteilt.

28

Beispiel

Ein Kalbsrücken wiegt 18,500 kg und kostet im Einkauf 12,00 €/kg. Der ausgelöste Knochen wiegt 3,500 kg und wird an den Saucier weitergegeben. Kalbsknochen kosten je kg 1,00 €.

Wie viel € kostet 1 kg vorbereiteter Kalbsrücken?

Lösung

	Gewicht	Preis
Einkauf	18,500 kg	222,00 €
– Knochen	3,500 kg	3,50 € ←
Fleisch	15,000 kg	218,50 €
	1,000 kg	14,57 €

Lösungshinweise

Bei der Soßenherstellung werden verwendet: 3,500 kg Knochen zu je 1,00 € = 3,50 €.

Dieser Betrag wird vom Einkaufspreis abgezogen.

Antwort: 1 kg vorbereiteter Kalbsrücken kostet 14,57 €.

29
(30)
Es wurden 16,100 (9,700) kg Rinderhochrippe zu 8,50 (8,35) €/kg bezogen und zur Weiterverarbeitung entbeint. Die Knochen wiegen 3,200 (1,900) kg und werden zu 0,90 €/kg verrechnet.

Wie viel € kostet 1 kg des ausgelösten Fleisches?

31
(32)
Schweinehals wie gewachsen wird zu 4,80 (5,15) €/kg angeboten. Man entbeint 8,200 (12,400) kg und rechnet mit einem Knochenanteil von 26 (28) Prozent. 1 kg Schweineknochen wird mit 0,80 € bewertet.

Wie viel kostet 1 kg des ausgelösten Fleisches?

102

33
(34) Eine Kalbskeule wiegt im Einkauf 12,330 kg und wird mit 9,25 (9,80) € je kg bezahlt. Beim Zerlegen fallen an:
Fleisch für Ragout, Hachse: 4,170 (3,950) kg, die mit 4,60 € je kg bewertet werden, Fett, Knochen, Sehnen: 2,070 (2,240) kg, die mit 1,00 € je kg bewertet werden.

Wie viel kostet 1 kg des parierten Fleisches?

35
(36) Ein Kalbsrücken wiegt 4,240 (3,960) kg. Bei der Zerlegung werden abgetrennt: 860 (920) g Knochen und Sehnen, die je kg mit 0,90 € bewertet werden, 320 (340) g Fleischabschnitte, die je kg mit 2,20 € bewertet werden.

a) Wie viel € kostet der Kalbsrücken im Einkauf, wenn 1 kg mit 10,80 € bezahlt wird?
b) Wie viele ganze Kalbskoteletts zu je 170 g erhält man aus dem parierten Kalbsrücken?
c) Berechnen Sie den Fleischwert für ein Kalbskotelett.

37
(38) Ein Roastbeef wiegt 12,600 (12,850) kg und kostet beim Händler je kg 9,80 €. Nach dem Parieren werden an Abgängen festgestellt:

Ragoutfleisch   1,240 (1,520) kg je 4,30 €
Hackfleisch   0,780 (0,740) kg je 3,60 €
Fett, Sehnen, Knochen 3,100 (3,220) kg je 1,00 €

Wie viel € sind für 1 kg pariertes Roastbeef anzusetzen?

39
(40) Eine Kalbsschulter wiegt 4,200 (4,450) kg und kostet je kg 6,10 (6,80) €. Sie soll zu glasiertem Kalbsrollbraten verarbeitet werden. Darum wird der Knochen ausgelöst, sein Gewicht wird mit 18 (20) % angesetzt; 1 kg ist mit 1,00 € zu veranschlagen.

Wie viel kostet 1 kg bratfertige Kalbsschulter?

41
(42) Schnitzelfleisch vom Kalb kostet je kg 14,40 (15,10) €. Man rechnet beim Portionieren mit einem Verlust von 12 Prozent. Die Abgänge werden mit 3,20 €/kg bewertet und zu Frikassee weiterverwendet. Es sollen 35 (55) Kalbsschnitzel vorbereitet werden, die ein Fleischgewicht von 160 g aufweisen.

a) Wie viel kg Schnitzelfleisch sind einzukaufen?
b) Wie viel Portionen Frikassee mit einem Fleischgewicht von 180 g fallen bei der Vorbereitung der Schnitzel an?
c) Wie viel € betragen die Materialkosten für ein Kalbsschnitzel?
d) Wie viel € sind für das Fleisch einer Portion Frikassee zu veranschlagen?

43
(44) Ein Roastbeef mit 12,500 (13,100) kg kostet im Einkauf 10,30 (11,20) €/kg. Beim Parieren entsteht ein Verlust von 30 (26) Prozent. Die Parüren sind verwendbar und werden mit 2,80 €/kg bewertet.

Wie viel € beträgt der Materialwert für 1 kg pariertes Roastbeef?

45
(46) Man kauft 5,000 (6,300) kg Schweinehals zu 5,20 (5,60) €/kg. Der Knochenanteil von 20 Prozent wird mit 1,00 €/kg angesetzt. Bratverlust 20 Prozent.

a) Wie viel ganze Portionen je 150 g erhält man?
b) Wie viel € betragen die Materialkosten je Portion?

16.3 Prüfungsaufgaben

1 Schweinefleisch zum Braten kostet je kg 4,90 (5,15) €. Es ist mit einem Bratverlust von 28 Pro-
(**2**) zent zu rechnen.

Wie viel € kostet 1 kg des gebratenen Fleisches?

3 Eine Lammschulter mit 1,700 (1,900) kg wird zu 6,90 (7,60) €/kg eingekauft. Beim Vorbereiten
(**4**) zum Braten wird der Knochen ausgelöst. Er wiegt 350 (410) g und bleibt unverwertet.

Wie viel € kostet 1 kg des vorbereiteten Fleisches?

5 Roastbeef wiegt vor dem Braten 5,300 (5,850) kg; der kg-Preis beträgt 18,20 (15,60) €. Beim
(**6**) Braten entsteht ein Gewichtsverlust von 18 Prozent.

Wie viel € kostet 1 kg des gebratenen Fleisches?

7 Eine Küche kauft 8,800 (9,100) kg Petersfisch zu 11,20 (11,90) €/kg. Man erhält 24 Portionen zu
(**8**) je 200 g.

a) Wie viel Prozent beträgt der Verlust beim Filetieren?
b) Wie viel € kostet eine Portion?

9 Gefrostete Oberschalen mit 16,300 (18,700) kg wurden im Einkauf mit 117,40 (140,25) € be-
(**10**) zahlt. Das rasch aufgetaute Fleisch wog noch 15,100 (17,100) kg.

Berechnen Sie den Materialwert für 1 kg dieses Fleisches.

11 Es wurden insgesamt 22,800 (16,700) kg Rinderfilets zu 23,20 (24,80) €/kg eingekauft. Nach
(**12**) dem Abhängen wiegt man zur Kontrolle und stellt 21,600 (15,700) kg fest.

a) Wie viel € beträgt der Einkaufspreis?
b) Wie viel € kostet 1 kg des abgehangenen Fleisches?
c) Wie viel Prozent beträgt der Verlust durch das Abhängen?

13 Ein zum Braten vorbereitetes Rinderfilet wiegt 1,800 (1,950) kg und wird mit insgesamt 36,00
(**14**) (38,00) € berechnet. Man erhält 1,400 (1,550) kg Braten.

a) Wie viel Prozent beträgt der Bratverlust?
b) Wie viel Portionen zu je 140 g erhält man?
c) Wie viel € sind für eine Portion zu veranschlagen?

Gehobener Schwierigkeitsgrad

1 Gefrostete Hähnchen werden für 2,60 (2,85) €/kg angeboten. Beim Auftauen gehen durch Tau-
(**2**) wasser 8 (10) Prozent verloren, der Kochverlust beträgt 38 (36) Prozent; vom gekochten Tier
sind 8 (10) Prozent nicht verwertbare Teile wie Knochen und Haut.

Berechnen Sie unter diesen Voraussetzungen den Preis für 1 kg gegartes Geflügelfleisch.

3 Es wird erwogen, hausgebeizten Lachs herzustellen. Dabei sind zu beachten: 4 (6) % Tauver-
(**4**) lust, 62 (68) % Ausbeute beim Filetieren und 8 (12) % Beizverlust. Gebeizter Lachs wird zu 20,00
(23,50) €/kg angeboten.

Wie viel €/kg darf gefrosteter Atlantiklachs im Einkauf höchstens kosten, wenn die Selbsther-
stellung nicht teurer sein soll?

Fast alle Lebensmittel müssen nach dem Kauf erst vorbereitet werden. Von der **Rohware** sind ungenießbare und wertlose Teile (Abfall) zu entfernen.

Wer **küchenfertige Ware kauft,** bezieht nur den wertvolleren Anteil. Den Abfall sieht man nicht mehr, auch nicht die eingesetze Arbeit für die Bearbeitung.

Garfertige Ware muss nur noch in den Topf oder in die Pfanne. Bis es so weit ist, sind weitere Arbeiten, meist auch ergänzende Zutaten erforderlich. Auch das ist zu bezahlen.

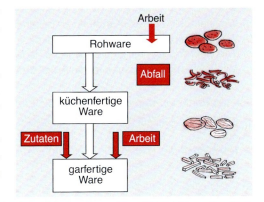

Bei vorgefertigten Lebensmitteln
- bezieht man nur die wertvolleren Teile mit einem höheren Preis je kg,
- benötigt man im Vergleich zur Rohware geringere Mengen,
- wird Arbeitszeit eingespart,
- ist abzuwägen, ob die Mehrausgaben im sinnvollen Verhältnis zur eingesparten Arbeitszeit liegen.

17.1 Vergleich: Mehrkosten – Einsparung von Arbeitszeit

1 Küchenmeister Hahn will für Kartoffelpüree eine Vergleichsrechnung erstellen. Er überlegt: „Die Zugabe von Milch, Fett und Gewürzen ist bei jeder Herstellungsart gleich. Also vergleiche ich nur die Kosten für die Kartoffeln und die Zeit. Dann rechne ich das auf eine Stunde Arbeit (Stundenlohn) um."

Beispiel

Für 100 Portionen sind erforderlich 20 kg Kartoffeln zu 0,45 €/kg und 60 Minuten für Schälen und Zubereiten oder 2,600 kg Fertigprodukt zu 4,10 €/kg und 15 Minuten Arbeitsaufwand. a) Wie viel € sind die Kosten bei vorgefertigter Ware höher?
  b) Wie viel Minuten beträgt der Zeitunterschied bei der Zubereitung?
  c) Rechnen Sie die Kosten auf eine Stunde um ≙ Stundenlohn.

Lösung			Lösungshinweise
Kosten:	Kartoffeln 0,45 € · 20 =	9,00 € ←	Preis für Kartoffeln ausrechnen.
	Vorgefertige Ware	10,66 € ←	Preis für vorgefertigte Ware einsetzen.
	Mehrkosten	1,66 €	
Zeit:	Kartoffeln	60 Min.	
	Vorgefertigte Ware	15 Min.	
	Zeitersparnis	45 Min. ←	Zeitersparnis ausrechnen.
Vergleich:	45 Min. kosten	1,66 € ←	Auf 60 Minuten ≙ eine Stunde schließen.
	60 Min. kosten	**2,21 €**	

Antwort: Wenn Kartoffelpüree selbst gefertigt wird, arbeitet man zu einem Stundenlohn von 2,11 €.

2
(3) Zu zehn Portionen Kartoffelklöße halb und halb benötigt man insgesamt 2,250 kg Kartoffeln, je kg zu 0,45 (1,05) €. Die entsprechende Menge aus der Packung kostet 2,80 (4,40) €. Die reine Arbeitszeit beträgt bei Selbstfertigung 40 Minuten, bei Verwendung vorgefertigter Ware 10 Minuten. (Die Einlage aus gerösteten Weißbrotwürfeln wird hier nicht berücksichtigt. Warum?)

a) Wie viel € sind für die Kartoffeln zu bezahlen?
b) Wie viel € kostet die vorgefertigte Ware?
c) Wie viel Minuten beträgt die mögliche Zeitersparnis?
d) Mit welchem Stundenlohn ist die Arbeit zu veranschlagen?

4
(5) Für 100 Portionen werden 12 kg geputzte Karotten benötigt. Man kann wählen:

1. Frischware: Einkauf 0,60 (0,70) €/kg, 25 Prozent Putzverlust, Arbeitszeit je kg Rohware 15 Minuten.
2. Nasskonserve: 1/1-Dose enthält 600 g, Preis je Dose 0,90 (0,95) €. Zeit für Öffnen und Abgießen insgesamt 15 Minuten.

a) Wie viel kg Rohware sind erforderlich?
b) Wie viel € sind für die Rohware zu bezahlen?
c) Wie viel € kosten die Karotten aus der Dose?
d) Wie viel Minuten beträgt der Zeitunterschied?
e) Wie viel € sind für eine Stunde „zugekaufter Arbeit" anzusetzen?

6
(7) Es sollen 9 kg vorbereitete Brechbohnen bereitgestellt werden.
Alternativen:

1. Frischware: Einkauf 1,80 €/kg, 10 % Putzverlust, Arbeitszeit je kg 8 Minuten für Abspitzen und Schneiden;
2. Tiefkühlware: Beutel mit 1,000 (2,500) kg zu 2,30 (5,70) €, Arbeitszeit insgesamt 10 Minuten.

a) Wie viel kg Frischware sind erforderlich?
b) Wie viel € sind für die Rohware zu bezahlen?
c) Wie viel € kostet die Tiefkühlware?
d) Wie viel Minuten beträgt der Zeitunterschied?
e) Wie viel € sind für eine Stunde zugekaufter Arbeit anzusetzen?

8
(9) Rosenkohl wird als Tiefkühlware angeboten: Beutel mit 1 (2,5) kg zu 1,80 (4,20) €. Arbeitszeit gesamt 5 (10) Minuten.
Frischware kostet 1,50 (1,60) €/kg; Putzverlust 18 (22) %; Arbeitszeit 9 Min./kg. Es sind für 80 (130) Personen je 120 (140) g vorzubereiten.

a) Berechnen Sie die jeweils anzufordernden Mengen.
b) Zu welchem Stundenlohn wird die Arbeit der Industrie zugekauft?

10 Berichten Sie zu nebenstehender Grafik:

Weniger Knollen, mehr Fritten.

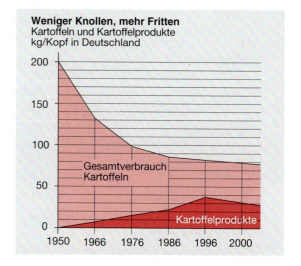

Weniger Knollen, mehr Fritten
Kartoffeln und Kartoffelprodukte
kg/Kopf in Deutschland

Gesamtverbrauch Kartoffeln

Kartoffelprodukte

106

17.2 Beispiel eines Kosten- und Aufwandvergleichs

FERTIGPRODUKTZUBEREITUNG: KARTOFFELSUPPE 100 Portionen

Menge	Zutaten	kg-Preis	Gesamt-preis €	Zubereitung	Arbeitszeit Hilfskraft	Fachkraft
1,9 kg 24,7 ℓ	Kartoffelpulver Wasser	2,70 –	–	Wasser erhitzen und abmessen, Kartoffelpulver einrühren	5 Min.	
	Materialkosten					
	Personalkosten			Geräte reinigen	5 Min.	
	Energiekosten		0,05	Personalbindung	10 Min.	
	Gesamtkosten			Kosten		
	Kosten in € pro Portion			Stundenkosten[1]	20,00	30,00

HERKÖMMLICHE ZUBEREITUNG

Menge	Zutaten	kg-Preis	Gesamt-preis €	Zubereitung	Arbeitszeit Hilfskraft	Fachkraft
12 kg 0,5 ℓ 0,2 kg 0,5 kg 0,5 kg 0,5 kg	geschälte Kartoffeln Wasser Salz, Peffer Muskat Speckparüren Zwiebeln Sahne Margarine Lauch Karotten Sellerie	0,65 – 2,00 1,60 1,50 1,05 0,75	–	Speck und Zwiebeln anschwitzen, Kartoffeln würfeln, Gemüse putzen und schneiden, aufgießen, kochen, abschmecken	20 Min.	10 Min.
	Materialkosten gesamt					
	Personalkosten			Geräte reinigen	10 Min.	
	Energiekosten		0,50	Personalbindung	30 Min.	10 Min.
	Gesamtkosten			Kosten		
	Kosten in € pro Portion			Stundenkosten[1]	20,00	30,00

1) Stundenkosten sind mehr als Stundenlohn, vgl. S. 159

1 Ermitteln Sie aus den auf Seite 107 gegebenen Daten die fehlenden Werte und notieren Sie diese in Ihr Heft.

a) Wie viel € kostet eine Portion Suppe aus vorgefertigten Produkten?
b) Wie viel € kostet eine Portion Suppe aus Frischware?

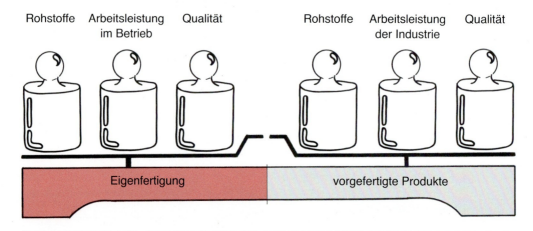

Rohstoffe   Arbeitsleistung   Qualität   Rohstoffe   Arbeitsleistung   Qualität
             im Betrieb   der Industrie

Eigenfertigung   vorgefertigte Produkte

Entscheidungskriterien:
Was ist vorteilhafter? Was ist besser? Sind genügend Arbeitskräfte vorhanden?

Mögliche Rechenwege

Kosten für die eingesparte Zeit
in **Stundenlohn** umrechnen.

Kosten für **Portionen** ermitteln,
dazu müssen die Stundenlöhne
bekannt sein.

● Beurteilen Sie Musterberechnungen in der Werbung kritisch. Wer etwas verkaufen will,
stellt sich im besten Licht dar.
● Verbindliche Werte erhält man nur durch eigene Zeit- und Kostenermittlung.

2 Stellen Sie zusammen: vorgefertigte Produkte

a) Kartoffeln   b) Fisch   c) von Fleisch   d) zum Aufbacken   e) als Hilfsmittel   f) zum Dessert

3 Berichten Sie sachlich über vorgefertigte Produkte, die in Ihrem Betrieb verwendet werden. Es sind mehr, als Sie zunächst denken, z. B. alle Konserven, Tiefkühlwaren, Teigwaren.

4 Spinat kostet am Markt 2,10 € je kg. Man kauft 12,000 kg. Zum Auslesen, Blanchieren und Zerkleinern benötigt man 60 Minuten und erhält 9,600 kg vorbereiteten Spinat. Gefrostete, pürierte Ware wird in der 600-g-Packung zu 0,75 € angeboten, Gesamtarbeitszeit 10 Minuten.

a) Wie viel ist für die Frischware zu bezahlen?
b) Wie viel € kostet die gleiche Menge Tiefkühlkost?
c) Mit welchen Stundenkosten ist die Arbeit zu veranschlagen?
d) Wenn Sie zunächst zu keinem Ergebnis kommen, vergleichen Sie die Einkaufspreise
je kg.

108

18 Preisvergleiche beim Einkauf

18.1 Unterschiedliche Angebotseinheiten

Viele Produkte werden in unterschiedlichen Gebindegrößen angeboten.
● Die Auswahl der Gebindegröße hängt zunächst vom Verbrauch ab.
● Kostenvergleiche müssen auf gleiche Einheiten bezogen werden, z. B. kg, Stück.

1
(2) Junge Brechbohnen kosten je 1/1-Dose 0,90 (1,05) €, die 5/1-Dose 4,10 (4,80) €. Nach dem Abtropfen der Ware wiegt man 580 Gramm für die kleine und 3100 Gramm für die große Dose.
Wie viel € kostet jeweils 1 kg Brechbohnen?

3
(4) Eierteigwaren kosten bei 250 g 0,60 (0,70) €, bei 500 g 1,20 (1,30) €; die Großpackung mit 2500 g 4,90 (6,20) € und die 5-kg-Einheit 9,25 (10,80) €.
a) Nennen Sie jeweils den Preis für 1 kg Teigwaren.
b) Für eine Portion Teigwaren als Beilage rechnet man 60 g. Wie viel € sind dafür bei den verschiedenen Angeboten zu veranschlagen?

5
(6) Formosa-Champignons werden wie folgt angeboten:

Angebot A | **Angebot B**
425-ml-Dose zu 1,38 (1,65) € | 850-ml-Dose zu 2,18 (3,25) €

Um wie viel Prozent ist das Angebot B bei gleicher Menge Pilze billiger?

7
(8) Hähnchenkeulen werden wie folgt angeboten:

Lieferer A | **Lieferer B**
3-kg-Packung zu 10,20 (9,45) € | 2,5-kg-Packung zu 8,90 (8,15) €

Um wie viel Prozent ist das höhere Angebot teurer als das günstigere?

9 Hinweis zum Ausschnitt aus einer Preisliste:
Die erste Zahl nennt die Anzahl der Einheiten je Gebinde, das, „was abgenommen werden muss", die zweite Zahl das Gewicht des einzelnen Gebindes.

a) Berechnen Sie jeweils den Preis für 1 kg Mehl.
b) Erstellen Sie ein Säulendiagramm (0,05 € ≙ 1 cm).

Mehl		€
1/50 kg	Mehl, 405	24,90
40/500 g	Mehl, 405	0,29
20/1 kg	Mehl, 405	0,55
8/2,5 kg	Mehl, 405	1,35

Nebenstehend finden Sie einen Ausschnitt aus einem Ordersatz.

10 Hummersuppe wird in Spezialtassen mit 125 ml serviert.
Berechnen Sie die Materialkosten bei jeder Angebotsform.

11 Bei Ochsenschwanzsuppe reicht man 200 ml je Portion.
Berechnen Sie die Materialkosten je Portion.

12 Vergleichen Sie die Preise bei Ketchup, indem Sie bei jeder Angebotsgröße auf 1000 g umrechnen.

Best.- Menge	Verp.- Einheit	Artikelbezeichnung	Preis p.Stück in €
	20/125 ml Ds.	Hummersuppe, klar	1,39
	6/400 ml Ds.	Hummersuppe, klar	4,19
	6/800 ml Ds.	Hummersuppe, klar	7,79
	6/800 ml Ds.	Ochsenschwanzsuppe, klar	4,99
	6/400 ml Ds.	Ochsenschwanzsuppe, klar	2,69
	12/200 ml Ds.	Ochsenschwanzsuppe, klar	1,49
	12/340 g Fl.	Tomatenketchup	0,69
	6/1000 g Fl.	Tomatenketchup	1,86
	6/1,4 kg Gl.	Tomatenketchup	2,52
	1/12 kg Ei.	Tomatenketchup	17,49

18.2 Vergleich: Frischware – Tiefkühlware

Der Anteil von Tiefkühlware am Gesamtumsatz steigt laufend. Das muss Gründe haben. Zwei Aussagen sollen das Für und Wider deutlich machen.

A sagt: „20 Brathähnchen im Kühlraum können mir Sorgen machen, bei 150 Stück im Tiefkühler kann ich ruhig schlafen."

B meint: „Bei Frischware weiß ich, was ich in die Kalkulation einsetze. Beim Auftauen habe ich so große Verluste, dass ich nicht mehr weiß, wie viel mich die Ware wirklich kostet."

1 Sammeln Sie Argumente für die Verwendung von Frischware und Punkte für Vorteile von Tiefkühlware. Ist es wirklich so, dass ein rechnerischer Vergleich nicht oder kaum möglich ist?

2

Beispiel

Frischfleisch zum Braten kostet 9,00 €/kg. Bei gefrostetem Fleisch muss man mit einem Tauverlust von 5 Prozent rechnen.

Wie viel €/kg darf unter diesen Bedingungen Frostware höchstens kosten?

Die Überlegung ist eigentlich einfach: Man bezahlt nur, was man nutzen kann. Daraus leiten wir zwei Rechenschritte ab:

1. Wie viel bleibt von 1 kg Frostware

Einkauf	1,000 kg ≙ 100 %
Tauverlust	0,050 kg ≙ 5 %
aufget. Fleisch	0,950 kg ≙ 95 %

2. Wie viel kostet diese Menge Frischware?

$$9,00 \text{ €/kg} \cdot 0,950 \text{ kg} = 8,55 \text{ €}$$

Antwort: Tiefkühlware darf höchstens 8,55 €/kg kosten.

3
(4) Rindfleisch zum Braten kostet im Einkauf 7,80 (8,20) €/kg. Tiefkühlware wird meist preisgünstiger angeboten, doch muss auch bei sachgerechtem Auftauen mit einem Tauverlust von 4 (6) Prozent gerechnet werden.

Zu welchem Preis je kg darf tiefgekühltes Fleisch höchstens bezogen werden?

5
(6) Geflügel verliert beim Auftauen 7 (9) Prozent des Gewichtes.

a) Welche Angebotsform ist bei Grillern günstiger?

b) Welche Angebotsform ist bei Hähnchenbrustfleisch günstiger?

c) Warum bevorzugen viele Betriebe tiefgekühlte Ware?

Unser Angebot für die Woche	
Griller, HKL A, frisch	3,55 €/kg
Griller, tiefgekühlt	2,40 €/kg
Hähnchenbrustfleisch, frisch	6,90 €/kg
Hähnchenbrustfleisch, tiefgekühlt	5,20 €/kg

7
(8) Seelachsfilet gefrostet kostet 4,60 (4,90) €/kg. Man rechnet mit einem Tauverlust von 8 Prozent.

Wie viel € darf 1 kg Filet vom Frischfisch höchstens kosten?

110

9
(10) Berechnen Sie nach den Angaben des nebenstehenden Etiketts:

a) Wie viel € kostet 1 kg Fisch in gefrostetem
Zustand?

b) Zu welchem Preis je kg kann 1 kg Frischfisch eingekauft werden, wenn mit 8 (12)
Prozent Auftauverlust gerechnet wird und
die Betriebsleitung grundsätzlich auf dem
günstigeren Preis besteht?

c) Wie viel Prozent des Füllgewichtes betragen die gesamten Verluste?

Atlantik-Zungen

Füllgewicht 1000 g, Fischeinwaage 900 g
Preis: 8,80 €

11
(12) Der Einkaufspreis für die Packung beträgt
10,40 (9,60) €. Berechnen Sie:

a) Preis für 1 kg Garnelen, wenn außer der
Glasur 10 Prozent Tauverlust zu berücksichtigen sind.

b) In der Küche gibt es eine Meinungsver-
schiedenheit. Der Küchenchef meint, der
Wasseranteil bei der Garnelenpackung sei
25 Prozent, der Lieferant behauptet, der
Wasseranteil sei nur 20 Prozent. Was mei-
nen Sie?

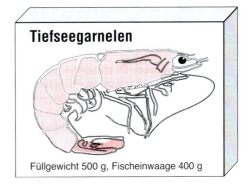

Tiefseegarnelen

Füllgewicht 500 g, Fischeinwaage 400 g

18.3 Unterschiedliche Angebotsformen

1
(2) Frischer Hummer wird neben anderen Größenklassen wie folgt angeboten:
330 g Stückgröße, das kg zu 20,90 (22,10) €
400 g Stückgröße, das kg zu 22,90 (23,40) €

a) Wie viel € kostet ein halber Hummer bei jeder Angebotsgröße?

b) Um wie viel Prozent günstiger ist ein halber Hummer der billigeren Sorte gegenüber der teu-
reren?

3 Ein Küchenleiter entnimmt einer Fachzeitschrift die Übersicht:

Vergleich Tiefkühlkost (TKK) und Nasskonserve				
Produkt	Gewicht/Portion (ungebundenes Gemüse)	TKK Karton €/10 x 1 kg	Nasskonserve 5/1-Dose durchschnittlicher Nettoinhalt	€/ 5/1-Dose
Erbsen	125 g	10,50	2 875 g	3,05
Karotten, gewürfelt	140 g	8,35	2 925 g	2,15
Brechbohnen	125 g	9,10	2 650 g	2,80

a) Berechnen Sie jeweils den Wert einer Portion und vergleichen Sie.

b) Welche Gründe sprechen für die Verwendung von TKK?

Preisliste		ganz, mit Kopf €/kg	ganz, ohne Kopf €/kg	Filet €/kg
	Kabeljau	5,70	8,60	10,50
	Rotbarsch	3,40	5,30	7,10
		Einheit		**€/Port.**
	Kabeljaufilet, Portion 150 g,	4 x 20		0,80

4
(5) Für Personalessen sind 57 Portionen Rotbarsch, je 200 (180) g Filetgewicht, vorzubereiten. Berechnen Sie die Einkaufsmenge und den Materialpreis, wenn

a) Rotbarsch, ganz (Vorbereitungsverlust 55 %),
b) Rotbarsch, ohne Kopf (Vorbereitungsverlust 35 %), bezogen werden soll.

6 Ein Großküchenbetrieb hat für 280 Personen Kabeljau vorzubereiten. Pro Portion rechnet man mit 150 g Filet.
Man entnimmt der Preisliste
Kabeljau, ganz, Vorbereitungsverlust 45 %,
Kabeljaufilet und
Kaubeljaufilet, portioniert.

a) Welches Angebot ist das günstigste?
b) Berechnen Sie die Ersparnis gegenüber dem teuersten Angebot in Prozent.
c) Welche Überlegungen sind neben dem Preis für eine Entscheidung von

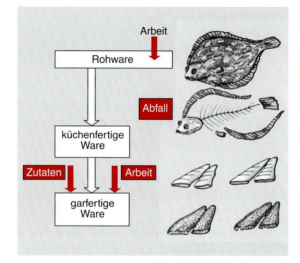

7

Diese Flasche enhält

1 Liter

ORANGENSAFT

Das sind alle Wert- und Inhaltsstoffe aus ca. 2,500 kg Orangen.

1,20 €

a) Berechnen Sie die Saftausbeute in Prozent.
b) 1 kg Orangen kostet 0,90 €. Wie viel € betragen dann die Materialkosten für 1 *l* frisch gepressten Orangensaft eigener Herstellung?
c) Bei frisch gepresstem Orangensaft rechnet man mit einer Ausbeute von 35 Prozent. Wie viel €/kg dürfen die Orangen kosten, wenn der selbst gepresste Saft nicht teurer sein soll als der gekaufte?

8

Blattspinat

blanchiert und tiefgefroren.

2,500 kg

Dieser 2,5-kg-Beutel entspricht 4,250 kg Frischware.

a) Berechnen Sie den Verlust beim Vorbereiten von Blattspinat in Prozent.
b) Wie viel kg Spinat müssen eingekauft werden, um 1 kg vorbereiteten Blattspinat zu erhalten?
c) Für eine Portion Kalbsschnitzel nach Florentiner Art rechnet man 120 g blanchierte Spinatblätter. Wie viel Gramm Rohware sind erforderlich?

handwerk-technik.de

18.4 Unterschiedliche Ergiebigkeit

1
(2) Bis zu 20 Prozent ergiebiger als üblicher Langkornreis ist der Parboiled Reis. So die Werbe-
aussage einer Firma. Und sie zeigt dazu nebenstehende Abbildung. Außerdem sei Parboiled
Reis leichter warm zu halten, weil er sehr koch-
fest ist.

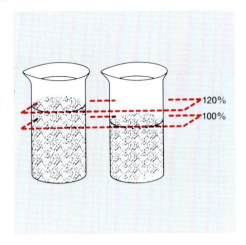

a) Wer mehr bietet, verlangt meistens mehr.
1 kg üblicher Reis kostet 2,25 (2,45) €.
Wie viel €/kg darf dann Parboiled Reis höchstens kosten, wenn die Materialkosten nicht
steigen sollen?
b) Wenn für Parboiled Reis 2,45 (2,65) €/kg verlangt werden, wie viel €/kg darf dann üblicher
Langkornreis höchstens kosten, um ver-
gleichbar zu sein?

3
(4) Zu gemischtem Obstkuchen verwendet man
vielfach Dunstfrüchte (Aprikosen, Kirschen) aus
der Dose. Wer den Preis unterschiedlicher Angebote vergleichen will, muss den Inhalt auf ein
Sieb geben und das **Abtropfgewicht** feststel-
len. Dann wird auf den kg-Preis geschlossen.
Dose A   1,70 (1,95) €,
           Abtropfgewicht 1,200 (1,370) kg
Dose B   2,00 (2,15) €,
           Abtropfgewicht 1,700 (1,820) kg

Welches Angebot ist preisgünstiger?

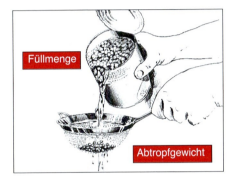

5
(6) Wenn im Lebensmittelrecht Vorschriften zum Buttergehalt gemacht werden, wird von Butterreinfett gesprochen. Dieses kann beigegeben sein als Butterschmalz mit 100 Prozent Fettgehalt,
Butter mit 82 Prozent Fettgehalt oder Sahne mit 30 Prozent Fettgehalt.

a) Butter kostet 3,90 (4,10) €/kg. Wie viel €/kg darf dann Butterschmalz höchstens kosten, wenn
die Materialkosten nicht erhöht werden dürfen?
b) Wenn Butterreinfett 4,85 (4,95) €/kg kostet, wie viel € darf dann Butter je kg kosten, um ver-
gleichbar zu sein?
c) Ein Rezept verlangt 2,000 (4,250) kg Butter. Welche Menge Butterschmalz ist abzuwiegen?
d) Einer Samtsuppe sollen nach Rezept 800 (650) g Sahne beigegeben werden. Sahne steht
nicht zur Verfügung. Welche Menge Butter muss zugesetzt werden?

7
(8) Kondensmilch wird in unterschiedlichen Eindickungsgraden angeboten. Die Dose mit 410 g
kostet bei einem Eindickungsverhältnis von 2:1 0,75 (0,82) €; bei einem Eindickungsverhältnis
von 3:1 kostet die Dose 0,87 (0,91) €.
Durch Wasserbeigabe (Rückverdünnung) kann man aus Kondensmilch wieder „Milch" her-
stellen.

a) Berechnen Sie die erforderlichen Mengen Kondensmilch und Wasser für 1 Liter rückverdünn-
te Milch.
b) Welche Angebotsform ist günstiger? Wählen Sie als Bezugsgröße 1 l „Milch".

18.5 Preislisten lesen

Der Ausschnitt aus einer Preisliste für Großverbraucher enthält eine Reihe von fachlichen Informationen, die wir auswerten wollen.

Gekochte Eier und Flüssigei-Produkte

Artikel Bezeichnung	Stück- gewicht Größe	Inhalt pro Gebinde	Ab- rechn. Einheit	Großverbraucherpreis pro Abrechnungseinheit in €		
				bis 5 St.	6–10 St.	ab 11 St.
Eier, gekocht und geschält	145–155 St. 6,5 kg	10/1 Eimer	Eimer	21,10	20,95	20,15
Vollei, pasteurisiert	1 kg ≙ ca. 20 fr. Eier	12 Tetra-Packs pro Karton	Stück 1 kg	2,49	2,45	2,39
Eigelb, pasteurisiert	1 kg ≙ ca. 60 fr. Eier	12 Tetra-Packs pro Karton	Stück 1 kg	5,25	5,15	4,95
Eiweiß, pasteurisiert	1 kg ≙ ca. 40 fr. Eier	12 Tetra-Packs pro Karton	Stück 1 kg	2,49	2,39	2,29

1

a) „Bei der Art von Angebot hat man keinen Überblick wie viel ein gekochtes und geschältes Ei kostet." Wirklich? Rechnen Sie mit dem Mittelwert bei der Stückzahl.

b) „Eier gibt es in ganz verschiedenen Größen. Wie viel Gramm wiegen diese Eier im Durchschnitt überhaupt?"

c) Wie viel Gramm werden für ein Eigelb und ein Eiklar gerechnet?

d) „Bei der Firma kostet das Eiweiß fast so viel wie das Vollei und für das Eigelb verlangen sie das Doppelte. Da kann doch etwas nicht stimmen." Wie sind diese Preisunterschiede zu rechtfertigen?

e) Die pasteurisierten Eiprodukte gibt es als Einzelpackung und im ganzen Karton mit 12 Einheiten. Berechnen Sie bei Vollei jeweils den Mengenrabatt bei den unterschiedlichen Abnahmemengen.

Riesengarnelen, mit Kopf, tiefgefroren

Artikel Bezeichnung	Größe	Inhalt pro Gebinde	Ab- rechn. Einheit	Großverbraucherpreis pro Abrechnungseinheit in €		
				bis 5 kg	6–10 kg	ab 11 kg
Riesengarnelen (King Prawns) 2/4p.lbs (Freshwater-Qualität) 4/6p.lbs ganze Garnelen, mit Kopf, roh	ca.151 g/St.[1] ca. 91 g/St.[1]	6 x 1,5 kg	kg kg	18,20 17,15	17,50 16,42	16,80 15,72
Riesengarnelen (Gambas) p.kg (Seawater-Qualität), m.Kopf, roh 10/20 (Seawater-Qualität), m.Kopf, roh 20/30 (Seawater-Qualität), m.Kopf, roh 40/60 (Seawater-Qualität), m.Kopf, gek. 40/60	ca. 70 g/St.[1] ca. 40 g/St.[1] ca. 20 g/St.[1] ca. 20 g/St.[1]	12 x 1kg 12 x 1kg 12 x 1kg 12 x 1kg	kg kg kg kg	23,80 20,95 15,10 18,55	23,10 19,95 14,35 17,85	22,40 18,95 13,65 17,15

[1] Die genannten Gewichte sind **Nettogewichte** ohne Glasur und entsprechen dem **Abtropfgewicht**.

2 a) Neben der Produktbezeichnung finden Sie die Angaben „p. lbs" und „p. kg". Erklären Sie (Lexikon, Englischbuch).

b) Vergleichen Sie die Preisangaben je kg und ergänzen Sie die Aussage zu den Preisen: „Süßwassergarnelen sind … als Garnelen aus dem Meer, größere Garnelen sind je kg … als kleinere Exemplare."

c) Sie wollen Riesengarnelen (King Prawns) bestellen. Welche Mindestmenge muss abgenommen werden?

d) Wie viel Prozent ist die Ware billiger, wenn statt 1,500 kg eine Menge von 15,000 kg abgenommen wird?

e) Betrachten Sie die beiden letzten Zeilen im Angebot. Worin liegt der Unterschied? Wie viel Prozent ist die gekochte Ware teurer?

f) Nennen Sie zwei Gründe, die zu einem höheren Kilopreis bei gekochter Ware führen.

18.6 Firmeninformationen interpretieren

Hier ein Ausschnitt aus einem sehr ausführlichen Prospekt einer Firma, die Tiefkühlware vertreibt.

Präsentation

Kalibrierungen:	Grüne Bohnen extra fein:	Durchmesser bis 6,5 mm
	Grüne Bohnen sehr fein:	Durchmesser von 6,5 bis 8,0 mm
	Grüne Bohnen fein:	Durchmesser bis 9 mm

Sofort nach der Ernte werden die Bohnen abgespitzt, kalibriert, blanchiert und lose rollend schockgefrostet.

Verpackung

Sorte	Grüne Bohnen extra fein	Grüne Bohnen sehr fein	Grüne Bohnen fein
Karton- / Beutelinhalt	10 x 1000 g	4 x 2500 g 10 x 1000 g	4 x 2500 g 10 x 1000 g

Menükalkulationshilfe
Ca.-Preise je 100 g

Sorte	Grüne Bohnen extra fein	Grüne Bohnen sehr fein	Grüne Bohnen fein
Beutelinhalt / € je 100 g	1000 g / 0,29	2500 g / 0,22 1000 g / 0,21	2500 g / 0,18 1000 g / 0,19

1 a) Erklären Sie die Fachausdrücke „kalibrieren", „blanchieren" und „lose rollend schockgefrostet".

b) Nach welchem Merkmal werden die Bohnen unterschieden?

c) Sie wollen „Grüne Bohnen, extra fein" kaufen. Welche Mindestmenge müssen Sie abnehmen?

d) Für eine Portion grüne Bohnen soll das Portionsgewicht 160 g betragen. Wie hoch sind dann die Materialkosten je Portion bei jeder Angebotsform?

1
(2) Zu gekochtem Schinken liegen zwei Angebote vor:

Angebot A
1 Dose, brutto, 5,000 (6,500) kg
Taragewicht 500 (680) g
Listenpreis je kg bfn. 13,00 (13,90) €
Sonderrabatt 15 (17) Prozent
Bei Zahlung innerhalb von 10 Tagen 2 % Skonto

Angebot B
Gekochter Schinken am Stück
12,10 (13,10) €/kg
Aufschnittverlust 2 Prozent

a) Wie viel € kostet 1 kg Schinken beim Angebot A unter Ausnutzung von Skonto?
b) Wie viel € kostet 1 kg Schinken beim Angebot B bei sofortiger Zahlung?

3 Die Großhandels GmbH erhält ein Angebot, worin auf eine Rabattstaffelung hingewiesen wird:
„… Preis je Stück 2,80 €; bei Abnahme von 500 Stück ermäßigt sich der Preis auf 2,60 € …"
Ab welcher Stückzahl wird die Großhandels GmbH sich zur Bestellung von 500 Stück entschließen, weil sonst der bis zur Abnahmemenge von 499 Stück geltende Preis einen höheren Gesamtpreis ergeben würde?

4 Ein Hotel bezieht folgende Waren:
Wildfleisch für Ragout 35 kg zu 8,40 € je kg
Rehrücken 40 kg zu 24,10 € je kg
Fracht und Rollgeld kosten zusammen 21,00 € und werden nach Gewicht verteilt. Die Versicherungskosten betragen je Warenposten 2,5 Promille vom Warenwert.
Wie viel € beträgt der Bezugspreis für 1 kg Wildfleisch?

5 Eine Sendung Wein, bestehend aus 45 Kisten, wird gegen Bruch versichert. Die Versicherung berechnet 6 Promille von dem Gesamtwert als Versicherungsprämie.
Welcher €-Betrag ist an die Versicherung zu bezahlen, wenn sich in jeder Kiste 12 Flaschen Chablis mit einem Einkaufswert von 8,00 € je Flasche befinden?

6 Ein Großhändler bezog mit gleicher Lieferung zwei Warenposten:

	Ware I	Ware II
Gewicht brutto	5 000 kg	3 000 kg
Gewicht netto	4 000 kg	2 500 kg
Rechnungspreis	3 500,00 €	2 250,00 €

Für die gesamte Sendung sind 288,00 € Fracht und 115,00 € Transportversicherung angefallen.
Berechnen Sie die Gestehungskosten für jeweils 1 kg der Ware.

7 Tomatenmark wird angeboten:
Tomatenmark mit 15 % Trockensubstanzgehalt, 5 kg zu 10,15 €
Tomatenmark mit 20 % Trockensubstanzgehalt, 5 kg zu 13,10 €
Vergleichen Sie die Preise unter Berücksichtigung der Ergiebigkeit. Welche Art ist günstiger?

8 Lieferant A gewährt bei Abnahme eines ganzen Kartons 20 Prozent Rabatt auf den Listenpreis für das Einzelglas. Lieferant B bietet das Glas für 1,38 € an.
Welchen Preis je Glas darf Lieferant A höchstens verlangen, wenn er nicht teurer sein will?

116

18.8 Rabatt und Skonto

> **Rabatt** ist ein Preisnachlass, der aus unterschiedlichen Gründen gewährt werden kann.

- **Mengenrabatt** erhält man bei Abnahme größerer Mengen.
- **Sonderrabatt** wird z.B. bei Werbeaktionen gewährt oder dann, wenn wegen der neuen Ernte die Lager an Gemüse- und Obstkonserven geräumt werden.
- **Treuerabatt** kann man erhalten, wenn man sich z.B. auf eine bestimmte Marke (Kaffee) festlegt.

Der Kaufmann verwendet Fachausdrücke:

Listenpreis ————→	Preis, der in der Liste (des Vertreters) steht
Rabatt ————→	Preisnachlass
Rabattierter Betrag ———→	Betrag nach Abzug des Rabatts
Zieleinkaufspreis ———→	Betrag nach Abzug von Skonto

1 **Beispiel**

Auf einer Fachausstellung wird eine Küchenzeile gezeigt, die nach der Preisliste 8 000,00 € kostet. Auf das Ausstellungsstück wird ein Rabatt von 25 % gewährt.

Berechnen Sie den Preis nach Abzug des Rabatts.

Lösung

Listenpreis	8 000,00 €	≙	100 %
− Rabatt	2 000,00 €	≙	25 %
= Rabatt. Betrag	6 000,00 €	≙	75 %

Antwort:
Der rabattierte Betrag ist 6 000,00 €.

Lösungshinweis

2
(3) Auf einer Ausstellung wird ein Fettbackgerät (Fritteuse) für 932,00 (1 359,10) € angeboten. Auf das Ausstellungsstück wird ein Rabatt von 27 (32) Prozent gewährt.

Berechnen Sie den Preis nach Abzug des Rabatts.

4 „Die neue Ernte steht vor der Tür! Wir räumen unsere Lager. Die Einkaufsgelegenheit für Sie: gleiche Qualität zum günstigeren Preis."

Berechnen Sie jeweils den Nachlass in Prozent.

Nur solange Vorrat reicht!	statt €	jetzt €
450 ml Gl. Oliven mit Stein	3,85	2,69
850 ml Ds. Maronenpüree	2,32	1,95
720 g Gl. Artischockenherzen	5,95	5,15
210 g Gl. Estragonblätter	2,49	1,99
850 ml Ds. Grüne Feigen	2,45	1,99

Berechnen Sie die fehlenden Werte in Ihrem Heft.

	5	**6**	**7**	**8**	**9**	**10**
	Küchenmaschine		Tafelgeschirr		Bettwäsche	
Listenpreis €	2 140,00	3 105,00	1 497,00	3 256,50	?	?
Rabatt in %	18	12	?	?	6	?
Rabatt in €	?	?	119,76	?	363,00	725,00
Rabattierter Betrag	?	?	?	2 865,72	?	6 230,00

11
(12) Ein Vertreter bietet Küchengeschirr an und sagt: „Nach Abzug von 5 (7) Prozent Rabatt kostet Sie die Anschaffung dann 2 400,00 (2 185,50) €."

Berechnen Sie den Listenpreis.

13
(14) Ein Hotelier konnte bei einer größeren Bestellung 8 (12) Prozent aushandeln und hat dadurch 228,00 (436,80) € gespart.

Berechnen Sie den Preis vor Abzug des Rabatts.

> **Skonto** – ist ein Preisnachlass für Bezahlung innerhalb einer bestimmten Frist,
> – soll zur baldigen Zahlung ermuntern,
> – ist kein Geschenk des Lieferanten, denn er rechnet den nachgelassenen Betrag in die Preise ein.

15

Beispiel

Auf einer Rechnung vom 5. 6. über 500,00 € ist vermerkt: Zahlungsziel 30 Tage, bei Bezahlung innerhalb von 10 Tagen 3 Prozent Skonto. Verzugszinsen 9 Prozent.

Erläuterung

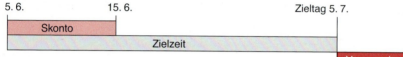

Die Rechnung ist innerhalb von 30 Tagen, also spätestens am 5. 7., zu bezahlen. Bis dahin lässt die Lieferfirma Zeit ≙ Ziel. Wird jedoch bis zum 15. 6. bezahlt, können 3 % Skonto abgezogen werden.
Wird dagegen das Zahlungsziel überschritten, können ab diesem Zeitpunkt Verzugszinsen berechnet werden.

16
(17) Für den „Kleinen Salon" wird eine neue Bestuhlung angeschafft. Die Rechnung lautet auf 9 450,00 (8 735,00) €. Der Lieferant gewährt 3 Prozent Skonto.

Mit welcher Ausgabe ist zu rechnen, wenn Skonto ausgenutzt wird?

18
(19) Die Rechnung eines Lebensmittelgroßhändlers beläuft sich auf 2 476,00 (1 845,00) €. Er gewährt bei Bezahlung innerhalb von 10 Tagen 3 (2) Prozent Skonto.

a) Ermitteln Sie die Überweisung, wenn Skonto genutzt wird.
b) Wie viel € konnten durch Skonto gespart werden?

20
(21) Ein Hotel bezieht am 2. 4. Waren im Werte von 1 440,00 (2 520,00) €. Auf der Rechnung ist vermerkt: „Ziel 30 Tage, bei Bezahlung innerhalb von 10 Tagen 3 Prozent Skonto. Sollten Sie in Zahlungsverzug kommen, müssen wir 9 Prozent Verzugszinsen berechnen."

Berechnen Sie die jeweilige Zahlung, wenn der Hotelier die Rechnung begleicht
a) am 10. 4.;   b) am 30. 4.;   c) am 2. 11.
Fertigen Sie zur besseren Übersicht eine Skizze wie bei Beispiel 15.

22
(23) In diesem Jahr wurde bei den Gästezimmern ein Teil des Mobiliars erneuert. Die Rechnung vom 2. 8. für die Neuanschaffungen lautet auf 24 360,00 (21 600,00) €. Es sind folgende Konditionen vereinbart: bei Bezahlung innerhalb von 14 Tagen 3 Prozent Skonto, Ziel 30 Tage, Verzugszinsen 9 Prozent.

Berechnen Sie die Überweisung, wenn bezahlt wird   a) am 12. 8.; b) am 30. 8.; c) am 20. 12.

118

18.9 Umrechnen des Skontosatzes in Jahreszins

Wenn Lieferanten ein Zahlungsziel einräumen, gewähren sie dem Kunden (Hotelier) einen Kredit. Dies kann nicht unentgeltlich geschehen; die Kosten (Zinsen) werden vom Lieferanten in den Preis eingerechnet und sind meist hoch.

Der Käufer kann nun entscheiden:
Nehme ich den Lieferantenkredit in Anspruch? Wenn ja, dann zahlt er erst nach 30 Tagen und verzichtet auf den Abzug von Skonto.
Nehme ich den Lieferantenkredit nicht in Anspruch? Dann zahlt er z. B. innerhalb von 10 Tagen und zieht Skonto (den Gegenwert für Kreditkosten) ab.

Zu welchem Jahreszins (Zinsfuß) wird Skonto berechnet?

1 **Beispiel**

Bei einer Rechnung über 1 000,00 € lauten die Zahlungsbedingungen: bei Bezahlung innerhalb von 10 Tagen 3 % Skonto, Ziel 30 Tage.

Welcher Jahreszins wird für den Lieferantenkredit berechnet?

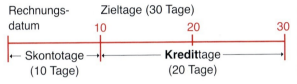

Zieltage	30
– Skontotage	10
= Kredittage	20

Für den im Kaufpreis eingerechneten Skonto werden 30 Zieltage gewährt. Zahlt man innerhalb der Skontozeit, so verzichtet man auf 20 Tage Lieferantenkredit. Man kann aber 30,00 € (3 % von 1 000,00 €) Skonto abziehen.
Das bedeutet: für 20 Tage Kredit 30,00 € Zins bei einem Kapital von 1 000,00 €.

Lösung

Jahreszins

20 Tage ≙ 30,00 €
360 Tage ≙ x
$$\frac{360 \cdot 30}{20} = 540,00 €$$

Zinfuß

1 000,00 € ≙ 100 %
540,00 € ≙ x
$$\frac{540 \cdot 100}{1\,000} = 54 \%$$

Lösungshinweis

Man schließt vom Zins für die (20) Kredittage auf den Jahreszins, denn dieser ist die neutrale Grundlage für die Berechnung des Zinsfußes.

oder: 20 Tage ≙ 3 %
360 Tage ≙ x
$$\frac{3 \cdot 360}{20} = 54 \%$$

Antwort: Die Zahlungsbedingungen entsprechen einem Jahreszins von 54 Prozent.

2 Berechnen sie die Kredittage bei folgenden Zahlungsbedingungen:

a) bei Bezahlung innerhalb von 10 Tagen 3 % Skonto, Ziel 30 Tage;
b) Ziel 30 Tage, innerhalb von 7 Tagen 2 % Skonto;
c) zahlbar innerhalb von 30 Tagen netto, innerhalb von 14 Tagen 3 % Skonto;
d) Zahlungsziel 40 Tage; begleichen Sie die Rechnung innerhalb von 10 Tagen, können Sie 3 % Skonto abziehen.

3 Berechnen Sie bei folgenden Aufgaben den tatsächlichen (effektiven) Jahreszins:

a) Rechnungsbetrag 1 000,00 €, 30 Tage Ziel, bei Bezahlung innerhalb von 10 Tagen 3 % Skonto.
b) Rechnungsbetrag 4 200,00 €; zahlbar innerhalb von 30 Tagen netto, innerhalb von 14 Tagen 3 % Skonto.

18.10 Bezugskalkulation

Beim Vergleich von Angeboten sind alle Liefer- und Zahlungsbedingungen im Zusammenhang zu sehen. Das erfolgt durch die **Bezugskalkulation.**

Beispiel

Listenpreis	100 %		⟵ Listenpreis ist abgeleitet von Preisliste.
– Rabatt des Lieferes	10 %		⟵ Rabatt kann, muss aber nicht gewährt werden.
Zieleinkaufspreis	90 %	100 %	⟵ Ist der Betrag, der bezahlt werden muss wenn das Zahlungsziel ausgenutzt wird.
– Skonto des Lieferers		3 %	⟵ Nachlass für frühzeitige Zahlung.
Bareinkaufspreis		97 %	
+ Bezugskosten (in EURO)			⟵ Das sind z. B. Fracht oder Zustellgebühren.
Bezugspreis/Einstandspreis			⟵ Erst jetzt sind alle Möglichkeiten erfasst.

1 Es liegen zwei Angebote über gleichwertige Waren vor, nur die Liefer- und Zahlungsbedingun-
(2) gen sind unterschiedlich.

Angebot A: 100 (120) kg zu 4,00 (4,20) €/kg, frei Haus mit eigenem Lastwagen.
            Zahlungsbedingungen: bei Sofortbezahlung 3 % Skonto, 60 Tage netto Kasse.
Angebot B: 100 (120) kg zu 3,90 (4,00) €/kg.
            Zahlungsbedingungen: netto Kasse nach Erhalt der Ware.
Vergleichen Sie die Angebote, wenn Skonto ausgenützt wird. Welches ist günstiger?

3 Für Wein liegt ein Angebot für 100 Flaschen vor.
(4) Angebot A: Preis je Flasche 5,40 (6,20) €, 10 % Rabatt, bei Zahlung innerhalb von 10 Tagen
            2 % Skonto, Lieferung frei Haus.
Angebot B: Preis je Flasche 4,90 (5,70) €, 5 % Rabatt, Zahlung rein netto, Lieferung unfrei,
            Fracht und Rollgeld 20,00 (22,50) €.
Berechnen Sie den Preis je Flasche bei jedem Angebot.

5 Flaschenkühlschränke werden zu folgenden Bedingungen angeboten:
(6) Angebot A: Listenpreis 1 100,00 (1 190,00) €   Angebot B: Listenpreis 1 090,00 (1 205,00) €
           Rabatt 10 (12) %   Rabatt 10 (12) %
           Skonto 2 (3) %   Kein Skonto
           Frei Bestimmungsbahnhof   Lieferung frei Haus
           Rollgeld 6,50 €
Wie viel € beträgt der Preisunterschied zwischen den Angeboten A und B?

7 Ihnen liegen für ein Produkt die folgenden Angebote vor:
Angebot I: 700,00 € unfrei, Ziel 2 Monate netto oder 2 % Skonto innerhalb von 10 Tagen
Angebot II: 710,00 € frei Haus, Ziel 2 Monate netto oder 1 % innerhalb von 10 Tagen
An Kosten fallen an: für Fracht 14,00 € und für die An- und Abfuhr je 5,00 €.
Wie viel € kostet das Produkt bei sofortiger Zahlung, wenn das günstigere Angebot gewählt wird?

8 Vor Abzug von 15 (10) % Rabatt und 3 (2) % Skonto werden je Flasche Wein 6,76 (6,35) € ver-
(9) langt.
Welchen Preis je Flasche darf ein Winzer, der „ohne Nachlass" verkauft, höchstens verlangen?

10 Auf einem Angebot steht: „Wir gewähren 20 % Rabatt und 3 % Skonto." „Dann spart man je insgesamt 23 %", folgert daraus Jens.
a) Stimmt das? Begründen Sie.
b) Ist die tatsächliche Ersparnis höher oder geringer als 23 %?

18.11 Zusammenhänge erkennen

Was alle wünschen: Groß soll die Portion sein, vom Besten und ganz billig. Doch da gibt es Grenzen, denn zwischen Einkaufspreis je kg, der Portionsmenge und den Kosten für eine Portion bestehen Zusammenhänge.

Einkaufspreis €/kg ⟷ Kosten der Portion €/Portion

1 Es sind Schweineschnitzel mit einem garfertigen Gewicht von 150 (180) g vorzubereiten. Die
(2) Kosten sollen 1,40 € je Portion nicht überschreiten.

Zu welchem Einkaufpreis je kg darf das Fleisch höchstens bezogen werden?

3 Schnitzelfleisch wird zu 9,00 (9,70) €/kg angeboten. Der Materialwert je Portion soll 1,40 € nicht
(4) überschreiten.

Wie viel Gramm je Portion können gereicht werden?

5 Im Rahmen einer Diät sind 180 (160) g Forellenfilet je Portion zu reichen. Beim Filetieren rechnet
(6) man mit 30 Prozent Verlust. Forellen kosten 6,40 (6,80) €/kg.

Berechnen Sie die Materialkosten je Portion.

7 Situation: Betriebsräte dürfen mitreden, wenn es um das Essen im Betrieb geht. Die Leitung eines Betriebsrestaurants denkt sich: „Nicht nur mitreden, mitentscheiden sollen sie!", legt die Preisliste für Fleisch vor und argumentiert: „Bestimmen Sie selbst, was Sie wollen. Wählen Sie aus."

Mögliche Überlegungen:
a) Wie viel € kosten 160 g Portionsgewicht von jeder Sorte?
b) Da ist manches zu teuer, denn die Portion soll nicht mehr als 1,50 € kosten. Welche Portionsgewichte sind dann bei jedem Angebot möglich?
c) Nun merken die Betriebsräte, dass die Entscheidungen für das Essensangebot nicht immer leicht sind. Sie einigen sich: „Eine Portion darf nicht mehr als 1,80 € kosten und muss mindestens 140 g wiegen."

Welche Kombinationen sind möglich?

Menge g	Preis €/kg Braten					
	10,00	11,00	12,00	13,00	14,00	15,00
140						
150						
160						
170						
180						

Menge ↓

Qualität →

Übertragen Sie diese Tabelle in Ihr Heft

18.12 Ein Gericht, drei Betrachtungsweisen

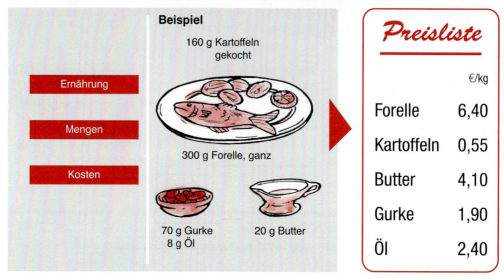

Beispiel

Ernährung

Mengen

Kosten

160 g Kartoffeln gekocht

300 g Forelle, ganz

70 g Gurke
8 g Öl

20 g Butter

Preisliste

	€/kg
Forelle	6,40
Kartoffeln	0,55
Butter	4,10
Gurke	1,90
Öl	2,40

1 Das Gericht *Forelle blau mit Salzkartoffeln und Gurkensalat* wollen wir aus drei unterschiedlichen Sichtweisen berechnen. Fehlende Angaben finden Sie in der Nährwerttabelle Seite 46.

a) Welche Mengen der einzelnen Rohstoffe sind für 45 Portionen erforderlich?
b) Wie hoch sind die Materialkosten für eine Portion?
c) Berechnen Sie den Gehalt der einzelnen Nährstoffe in Gramm und den Energiegehalt.

2
(3) Für *Spaghetti mit Parmesan* sollen 175 (150) g gekochte Teigwaren und 20 (15) g Parmesan gereicht werden. Teigwaren nehmen beim Kochen 150 Prozent Wasser auf und kosten 1,40 €/kg. Parmesan ist ein Hartkäse und kostet 17,50 €/kg.

a) Erstellen Sie eine Materialanforderung für 35 Portionen.
b) Mit welchen Materialkosten je Portion ist zu rechnen?
c) Machen Nudeln dick? Berechnen Sie den Energiegehalt des Gerichtes nach der Nährwerttabelle Seite 46.

4 Als vegetarisches Gericht bieten wir *Milchreis mit Kompott von Reinette-Äpfeln.*

Das Grundrezept (10 Pers.)				Die Preisliste	
2,5 ℓ	Milch	1 kg	Äpfel	Milch	0,75 €/ℓ
50 g	Zucker	150 g	Zucker	Zucker	0,90 €/kg
300 g	Rundkornreis			Reis	2,50 €/kg
	Zitronenschale von 1 Zitrone			Zitrone	0,20 €/Stück
	Salz			Äpfel	1,60 €/kg

a) Wir rechnen mit 35 Bestellungen. Erstellen Sie die Materialanforderung.
b) Welche Materialkosten müssen der Kalkulation zugrunde gelegt werden?
c) „Nun, fettarm ist das Gericht schon. Aber wie steht es mit der Eiweißversorgung?", so die Frage eines Gastes. Berechnen Sie Nährstoffanteile und Energiegehalt für eine Portion.

Bei Fleisch kann der Einkaufspreis nur dann direkt als Materialkosten übernommen werden, wenn fertig portionierte Ware gekauft wird. In allen anderen Fällen entsprechen die tatsächlichen Materialkosten nicht dem Einkaufspreis, weil geringer zu bewertende oder wertlose Teile anfallen.

Bei der Bewertung von Fleischteilen unterscheidet man

Verwertungsberechnung	**Zerlegungsberechnung**
Grundlage: verarbeitungsfähiges Fleisch	Grundlage: Teilstücke „wie gewachsen"

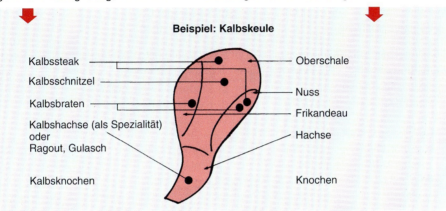

Beispiel: Kalbskeule

Kalbssteak — Oberschale
Kalbsschnitzel — Nuss
Kalbsbraten — Frikandeau
Kalbshachse (als Spezialität) oder Ragout, Gulasch — Hachse
Kalbsknochen — Knochen

Die Gastronomie bevorzugt die Verwertungsberechnung, denn sie hat die Preise für das verarbeitungsfähige Fleisch in die Materialberechnung einzusetzen.

Preisliste für Kalbfleisch

Keule, ganz	8,00 €/kg
Kalbssteaks	16,00 €/kg
Kalbsschnitzel	14,00 €/kg
Kalbsbratenstücke	13,00 €/kg
Kalbsragout	10,00 €/kg
Kalbsknochen	1,50 €/kg

Den unterschiedlichen Marktwert der verarbeitungsfähigen Teile macht die Grafik deutlicher.

Fleischereien bevorzugen die Zerlegungsberechnung, denn die einzelnen Teile werden je nach Bedarf als Frischfleisch verkauft, bearbeitet (z. B. Schinken) oder verarbeitet (z. B. Wurst).

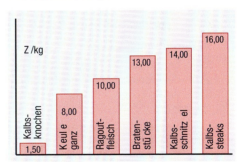

1 Beispiel

Eine Kalbskeule wird für 8,00 €/kg eingekauft. Kalbsbraten kostet zur gleichen Zeit 13,00 €/kg. Welcher Bewertungssatz ist anzusetzen?

Lösung

$$8,00 € \triangleq 100\,\%$$
$$13,00 € \triangleq x$$

$$\frac{13 \cdot 100}{8} = 163\,\%$$

Antwort: Der Bewertungssatz für Kalbsbraten ist 163 Prozent.

Der Bewertungssatz (BWS)
- ist ein Prozentsatz, der aussagt, in welchem prozentualen Verhältnis die zu verwertenden Stücke zum eingekauften Fleischteil stehen,
- bietet eine Möglichkeit, bei Eigenzerlegung rasch einen Überblick über die Kosten der zu verwertenden Stücke zu erhalten,
- ist von betrieblichen Gegebenheiten (Wünsche der Gäste) und der Saison (z. B. im Sommer geringere Nachfrage nach Schmorgerichten) abhängig.

2 Berechnen Sie auf der Grundlage der Preistabelle auf S. 123 die Bewertungssätze für

a) Kalbssteaks,
b) Kalbsbratenstücke,

c) Kalbsragout,
d) Kalbsknochen.

3 Roastbeef mit Filet wie gewachsen wird für 9,00 (10,50) €/kg angeboten. Ermitteln Sie den BWS,
(4) wenn für die küchenfertig zugeschnittenen Teile verlangt werden:

a) Filet, schier 24,00 €/kg,
b) Roastbeef, schier 16,00 €/kg,

c) Rinderknochen 1,00 €/kg,
d) Klärfleisch 7,50 €/kg.

Der Bewertungsfaktor (BWF)
- nennt Vielfaches oder Teil des Preises des küchenfertigen Stückes im Vergleich zum eingekauften Fleischteil,
- ist ein Multiplikator (der auch kleiner als 1 sein kann).

19.1 Gegenüberstellung: Bewertungssatz – Bewertungsfaktor

1 **Beispiel**

Kalbskeule wird je kg zu 8,00 € angeboten. Für 1 kg Oberschale werden 16,00 € verlangt. Berechnen Sie

a) Bewertungssatz

Preis der Keule   8,00 €/kg ≙ 100 %
Preis der Oberschale   16,00 €/kg ≙   x

$$\frac{100 \cdot 16}{8} = 200\,\%$$

b) Bewertungsfaktor

Preis der Oberschale ÷ Preis der Keule = Bewertungsfaktor.

16,00 € : 8,00 € = 2

2 Roastbeef mit Filet wie gewachsen wird für 19,00 (21,50) €/kg angeboten. Für küchenfertig zu-
(3) geschnittene Teile werden verlangt: Filet, schier, 23,00 €/kg, Roastbeef, schier, 22,80 €/kg, Parüren 4,00 €/kg und Knochen 1,00 €/kg.

a) Berechnen Sie den Bewertungssatz der einzelnen Teile.
b) Ermitteln Sie den Bewertungsfaktor für die Einzelteile.

Im Wildhandel werden angeboten:

4 Berechnen Sie die Bewertungssätze für die einzelnen Fleischteile.

5 Ermitteln Sie die Bewertungsfaktoren für die einzelnen Fleischteile.

Reh, ganz, mit Kopf und Fell	9,50 €/kg
Rehrücken	23,00 €/kg
Rehkeulen	17,00 €/kg
Rehschulter	11,00 €/kg
Ragoutfleisch, ohne Knochen	8,00 €/kg

124

19.2 Anwendung von BWS und BWF

1
(2) Rostbeef wie gewachsen kostet im Einkauf 11,00 (10,50) €/kg. Der Betrieb rechnet für pariertes Filet mit einem BWS von 235 % (mit einem BWF 2,4).

Mit wie viel €/kg ist das Filet anzusetzen?

3
(4) Rinderhinterviertel kosten im Einkauf 9,40 (9,80) €/kg.

a) Welcher kg-Preis ist für Roastbeef, schier, zu veranschlagen, wenn der BWS auf 185 (195) festgesetzt ist?

b) Wie viel € sind für 1 kg Tatarfleisch zu rechnen, wenn der BWS mit 95 (110) ermittelt worden ist?

c) Ermitteln Sie den Preis für 1 kg Gulaschfleisch bei einem Bewertungssatz von 85 (80) Prozent.

5
(6) Im Großhandel werden für Rehkeulen 16,80 (17,40) €/kg verlangt. Ein Jäger bietet dem Hotel Rehe mit Kopf und Fell für 7,80 (7,20) €/kg an. Dem Küchenchef ist derzeit der Preis dafür nicht bekannt; er weiß aber, dass bei Rehkeulen mit einem BWF von 2,2 (2,4) gerechnet wird.

a) Kann er aufgrund seines Kenntnisstandes das Angebot des Jägers beurteilen?

b) Wenn ja, welcher Preis je kg ist angemessen?

Preisstaffel für unterschiedliche Einkaufspreise

Fleisch unterliegt ständigen Preisschwankungen. Um nicht bei jeder Preisänderung die Werte für verarbeitungsfähiges Fleisch neu ermitteln zu müssen, fertigt man in der betrieblichen Praxis eine **Preisstaffel.** Dort legt man im Voraus den Wert der einzelnen Teilstücke bei wechselnden Einkaufspreisen fest.

7 Berechnen Sie die fehlenden Werte und notieren Sie diese in Ihrem Heft. Nicht in die Tabelle eintragen.

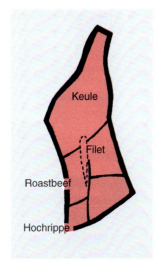

FRISCHFLEISCH -Preisstaffel-	Tierart: *Jungbullen* Teil: *Hinterviertel*							
Teilstück/Verwendung	BWF	Einkauf €/kg						
		8,60	8,80	9,00	9,20	9,40	9,60	9,80
Tatar / Rouladen	1,5	12,90	13,20	13,50	13,80			
Braten, mager	1,3	11,18	11,44					
Roastbeef, schier	1,8	15,48	15,84					
Filet, schier	2,6	22,36						
Durchw. Fleisch	1,1	9,46						
Gulasch	0,7	6,02						

8
(9) Legen Sie in ähnlicher Form wie oben eine Tabelle an. Ermitteln Sie eine Preisstaffel für Kalbfleisch. Einkaufspreis für Kalbskeule, ganz, 7,50 (8,20) €/kg, jeweils 0,20 €/kg steigend. Die Bewertungssätze sind aus den Ergebnissen bei den Aufgaben **1** und **2** S. 123 und 124 zu übernehmen.

19.3 Zusammenschau: Bezugsart – Kosten

Am Beispiel Roastbeef werden die unterschiedlichen Kosten bei den verschiedenen Bezugsarten dargestellt.

A: Das Roastbeef wird wie gewachsen, also mit Knochen und Fettauflage, bezogen.
B: Das Roastbeef wird bratfertig bezogen.
C: Das Roastbeef wird gebraten mit entsprechendem Preis angesetzt.

Richtwerte für Verluste (jeweils vom neuen Grundwert)
● Auslösen, Knochen und Parüren 20 %
● Bratverlust 20 %

	A	B	C
Bezugsart	wie gewachsen	bratfertig	gebraten
Bezugspreis	13,50 €/kg	21,00 €/kg	28,30 €/kg
Verluste	Bratverlust	Bratverlust	
	Parierverlust		
Ausbeute	640 g	800 g	1000 g
Tatsächlicher Preis	? €/kg	? €/kg	? €/kg

1 Berechnen Sie die in der Tabelle fehlenden Werte und vergleichen Sie.

Je weniger bearbeitet die Ware ist,
● desto geringer ist der Preis je kg im Einkauf,
● desto mehr Verluste sind zu berücksichtigen,
● desto mehr Arbeitsaufwand ist erforderlich.

Zum Vergleich ein Ausschnitt aus einer Preisliste für Kalbfleisch:

Kalbshälfte	5,80 €/kg	Kalbskeule o. Kn.	11,20 €/kg
Kalbshinterviertel	6,90 €/kg	Oberschale	15,10 €/kg
Kalbskeule	7,80 €/kg	Kalbsschnitzel, port.	16,80 €/kg

2 Berechnen Sie für jede Position die Mehrkosten in Prozent gegenüber dem Bezug einer Kalbshälfte.

3 Wie viel Prozent sind portionierte Kalbsschnitzel teurer als die Oberschale? Nennen Sie Gründe.

4 Die Oberschale wird gebraten und als Kalbsbraten, kalt, angeboten; Bratverlust 26 Prozent.
Wie viel € sind für 1 kg kalten Braten zu veranschlagen?

5
(6) Roastbeef kostet bratfertig zugerichtet 21,60 (21,40) €/kg. Die Materialkosten für Roastbeef, kalt, werden mit 27,70 (28,10) €/kg veranschlagt.
Wie viel Prozent Bratverlust wurden berücksichtigt?

126

20 Rezepturen

Wenn man Speisen herstellt, sind
● die erforderlichen Mengen zu berechnen und
● die Materialkosten zu ermitteln, denn diese sind Grundlage für die spätere Kalkulation.

Bei der Mengenberechnung bedient man sich der Umrechnungszahl.

20.1 Umrechnen von Rezepturen mit der Umrechnungszahl

1

Beispiel

Die Küche hat ein Rezept, das 50 Portionen Markklößchen ergibt.
Berechnen Sie die Umrechnungszahl   a) für 100 Portionen,   b) für 30 Portionen.

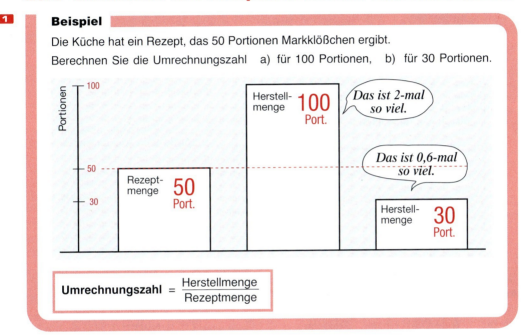

$$\text{Umrechnungszahl} = \frac{\text{Herstellmenge}}{\text{Rezeptmenge}}$$

2
(3) Nach einem Grundrezept für 120 Grießklößchen sollen 180 (50) Stück hergestellt werden. Berechnen Sie die Umrechnungszahl.

4

Ein Rezept ergibt 40 Portionen	a)	b)	c)	d)	e)	f)	g)	h)
Herzustellen sind:	80	20	50	60	150	70	120	90

5 Ein Rezept für 50 Grießklößchen lautet: 200 g Butter, 200 g Ei, 400 g Grieß, 4 EL Wasser, Salz, Muskat.

a) Ermitteln Sie die Umrechnungszahl für 150 Portionen und rechnen Sie das Rezept um.
b) Ermitteln Sie die Umrechnungszahl für 40 Portionen und rechnen Sie das Rezept um.

6
(7) Eine geschlossene Gesellschaft mit 20 (35) Personen wünscht kalte Ente. Je Person wird mit drei Gläsern von 0,2 ℓ Inhalt gerechnet. Das Grundrezept nennt: 2 Flaschen (0,75 ℓ) leichter Mosel, 1 Flasche (0,75 ℓ) Sekt, Zitronenschale, mit Eis auf 2,4 ℓ auffüllen.

a) Wie viele ganze Gläser ergibt das Grundrezept?
b) Ermitteln Sie die Umrechnungszahl.
c) Wie viele ganze Flaschen sind von jedem Grundstoff bereitzustellen?

20.2 Kostenberechnung bei Rezepturen

Die Kosten für eine Rezeptur bezeichnet man auch als **Materialkosten** oder **Wareneinsatz**.

1 **Beispiel**

Zu einem Mürbeteig verwendet man 2 kg Zucker zu 0,90 €/kg, 4 kg Butter zu 4,10 €/kg, 6 kg Mehl zu 0,60 €/kg und Gewürz für 0,60 €.
Berechnen Sie die Kosten für 1 kg Mürbeteig.

Lösung

Menge	Ware	Einzel-preis	Preis der Ware
2,000 kg	Zucker	0,90 €	1,80 €
4,000 kg	Butter	4,10 €	16,40 €
6,000 kg	Mehl	0,60 €	3,60 €
–	Gewürze		0,60 €
12,000 kg	Teig kosten		22,40 €
1,000 kg	Teig kostet		1,87 €

Antwort: 1 kg Mürbeteig kostet 1,87 €.

Lösungshinweis

Den Preis für jede einzelne Ware erhält man, wenn die Menge mit dem Einzelpreis mal-genommen wird.

← Hier direkt einsetzen.

Von Gesamt**menge** und Gesamt**preis** auf Preis für die Einheit schließen.

Gesamtwert ÷ Gesamtmenge = Preis der Einheit

oder

$$\frac{\text{Gesamtwert}}{\text{Gesamtmenge}} = \text{gewogener Durchschnitt}$$

Anwendung des TR mit M-Tasten

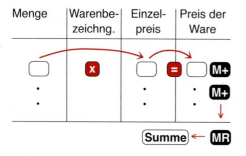

Menge	Warenbe-zeichng.	Einzel-preis	Preis der Ware

Summe ← MR

Achten Sie auf gleiche Größen, z. B. Gewicht in kg → Preis für 1 kg.

TR-HINWEISE

M -Tasten → **M** von **m**emory → **m**erken

TR mit M-Tasten haben einen Speicher; dieser speichert Werte unabhängig von den übrigen Rechenvorgängen. Man benutzt den Speicher immer dann, wenn Werte später wieder benötigt werden, z. B. beim Berechnen von Rezepten.

M+ -Wert wird im Speicher dazugezählt.

M– -Wert wird im Speicher abgezogen.

MR bedeutet **M**emory **R**ecall
↓ ↓
Speicher Abruf

Der Wert wird in der Anzeige sichtbar, bleibt aber im Speicher. „Man weiß, wie viel im Speicher ist."

MC **M**emory **C**lear – löscht den Speicher.

2 Für 15 Portionen Holländische Soße werden benötigt: 900 g Butter zu 4,10 €/kg, 12 Eigelb (¹/₂ Eipreis) je Ei 0,15 €, 100 g Schalotten zu 3,20 €/kg, 50 g Weinessig zu 1,80 €/ℓ und Gewürze für 0,30 €.
Berechnen Sie die Kosten für eine Portion.

20.3 Rezepte nach Menge und Preis berechnen

1 Für 7 Tassen Französische Zwiebelsuppe werden gerechnet:

1 ℓ Consommé	je ℓ 1,40 €	70 g Weißbrot	je kg 0,70 €
160 g Zwiebeln	je kg 0,80 €	150 g Käse	je kg 3,60 €
30 g Fett	je kg 1,80 €		

Berechnen Sie den Materialwert für eine Tasse.

2 Ein Restaurant setzt Selleriecremesuppe auf die Tageskarte und rechnet mit 80 Portionen im Tellerservice (200 ml je Teller).

Das Grundrezept für 10 ℓ lautet:

2 kg Sellerie	je kg 1,20 €	1 ℓ Sahne	je ℓ 2,20 €
350 g Butter	je kg 4,10 €	5 St. Eigelb (¹/₂ Eipreis)	je St. 0,12 €
350 g Mehl	je kg 0,60 €	Gewürze	0,40 €
7 ℓ Brühe	je ℓ 0,70 €		

a) Berechnen Sie die erforderlichen Zutaten.
b) Wie viel € beträgt der Materialwert für einen Teller Suppe mit je 200 ml?

3
(4) Es sollen 45 (50) grillierte Tomaten für ein geschlossenes Essen zubereitet werden. Auf 1 kg rechnet man 15 kleine Tomaten, 1 kg Tomaten kostet 2,40 €.

Für 15 Tomaten werden an Zutaten benötigt:

20 g Speiseöl	je kg 1,80 €,
30 g Butter	je kg 4,20 €,
Gewürze	0,15 €.

a) Berechnen Sie die Menge der Tomaten, die zu diesem Zweck erforderlich sind.
b) Berechnen Sie den Materialwert einer Portion.

5 Für Bouillonkartoffeln werden verarbeitet:

8 kg Kartoffeln	je kg 0,45 €	150 g Fett	kg 1,80 €
1 St. Sellerie	St. 0,30 €	3,5 ℓ Fleischbrühe	je ℓ 0,75 €
200 g Lauch	kg 1,10 €	Salz	0,05 €
200 g Karotten	kg 0,60 €	2 Bd. Petersilie	je 0,20 €
350 g Zwiebeln	kg 0,50 €		

Diese Menge ergibt 32 Portionen.

Berechnen Sie den Preis für eine Portion.

6 Für Aufschnitt verwendet man:

600 g Roastbeef	je 125 g 2,80 €
450 g Zungenwurst	je 125 g 1,10 €
750 g Bierschinken	je 125 g 1,30 €
400 g Salami	je kg 9,10 €
200 g Kalbsroulade	je 500 g 4,90 €

Berechnen Sie
a) den Preis für 100 g Aufschnitt,
b) den Materialpreis einer Aufschnittplatte, wenn 150 g Aufschnitt gereicht werden.

20.4 Veränderung der Materialkosten durch Austausch der Zutaten

1 Ein Betrieb verwendet zu Wiener Schnitzel und zu Schweineschnitzel Wiener Art jeweils 150 g Fleisch: Kalbfleisch 14,50 €/kg, Schweinefleisch 8,80 €/kg.

a) Berechnen Sie den Fleischpreis für ein Wiener Schnitzel.
b) Berechnen Sie den Fleischpreis für ein Schweineschnitzel Wiener Art.
c) Um wie viel Prozent liegt der Fleischpreis bei einem Wiener Schnitzel höher?

2 Obiger Betrieb bietet auch Kalbsschnitzel und Schweineschnitzel natur an und rechnet dann mit einem Fleischgewicht von 170 g.

Berechnen Sie jeweils im Vergleich zu Aufgabe **1** den Preisunterschied in € und die Mehrkosten in Prozent. Die Kosten für die Panierung werden mit 0,10 € angesetzt.

3 In einer holländischen Soße werden verwendet:
1 kg Butter zu 4,10 €/kg, 12 Eigelb je 0,12 €, Zwiebeln und Gewürze zu 0,60 €. Das Rezept ergibt 1,3 ℓ Soße.

Berechnen Sie die Materialkosten für eine Portion mit 150 Gramm.

4 Buttersoße wird ebenfalls mit Butter nach obigem Rezept hergestellt. Unter die fertige holländische Soße zieht man eine „colle" („Verlängerung"), die aus folgenden Zutaten hergestellt wird: 80 g Butter zu 4,10 €/kg, 100 g Mehl zu 0,55 €/kg und 1 Liter Kalbsbrühe für 0,90 €. Die fertige Soße hat ein Volumen von 2,1 Litern.

Berechnen Sie
a) den Preis für 150 ml der Buttersoße,
b) die Mehrkosten bei holländischer Soße in € und Prozent.

5 Zu einem Mürbeteig verwendet man 1,200 kg Zucker, 2,500 kg Fett, 3,500 kg Mehl, 3 Eier, Gewürze für 0,40 €. Preise: Zucker 0,90 €/kg, Butter 4,10 €/kg, Margarine 1,90 €/kg, Mehl 0,55 €/kg, Eier 0,12 €/Stück.

a) Berechnen Sie das Rezept für Buttermürbeteig.
b) Berechnen Sie das Rezept für Mürbeteig mit Margarine.
c) Wie viel kostet das Rezept mit Butter mehr?
d) Wie viel Prozent betragen die Mehrkosten?

6 Ein Betrieb der Gemeinschaftsverpflegung (Kantine, Mensa) bietet halbe Brathähnchen an. Bisher wurden Hähnchen der Gewichtsgruppe 1 000 / 1 100 g verwendet. Um Kosten aufzufangen, sollen künftig Tiere der Gewichtsgruppe 900 / 1 000 g verwendet werden.
Preise: 1 000 / 1 100 g 2,40 € je Stück, 900 / 1 000 g 2,20 € je Stück.

a) Berechnen Sie die bisherigen Materialkosten.
b) Auf wie viel € belaufen sich die Materialkosten nach der Umstellung?
c) Wie viel Prozent beträgt die Einsparung?

7 Ein Spezialrestaurant hat als Vorspeise Cantalupemelone mit Scheibe von frischem Hummer auf der Karte.
Lebender Hummer kostet im Einkauf 24,40 €/kg. Die Ausbeute an gekochtem Fleisch beträgt 22 Prozent. Für eine Scheibe werden 30 g gerechnet.

Berechnen Sie die Kosten für eine Portion Hummerfleisch.

8 Gefrostetes Hummerschwanzfleisch wird für 16,80 € je 200 g angeboten.

a) Wie viel € sind für eine Portionsscheibe mit 30 g zu rechnen?
b) Wie viel Prozent ist das Fleisch von frischem Hummer teurer (Aufgabe **7**)?

130

20.5 Überprüfen von Rezepten auf Mindestanforderungen

In verschiedenen Richtlinien und in den Leitsätzen des Deutschen Lebensmittelbuches sind für bestimmte Lebensmittel Mindestanforderungen festgelegt. Werden diese unterschritten, kommt es zu Beanstandungen.

1 Eine „Rahmsuppe" oder „Sahnesuppe" muss in 1 ℓ Suppe mindestens 10 g Milchfett enthalten.
Für Spargelrahmsuppe werden zu 1 ℓ Spargelbrühe 100 Gramm Sahne mit 30 Prozent Fettanteil gegeben.
Werden die Mindestanforderungen erfüllt?

2 „Hausmacher-Eierteigwaren" müssen mindestens 4 Eier je 45 g auf 1 000 g Getreidemahlerzeugnisse (Mehl, Grieß) enthalten.
a) Man verarbeitet 2 500 g Mehl. Wie viel Gramm Vollei müssen mindestens zugegeben werden?
b) Das bisherige Rezept lautet: 1 500 g Mehl, 250 g Vollei, Salz und etwas Wasser. Dürfen diese Teigwaren als „Hausmachernudeln" bezeichnet werden?
c) Wie viel Mehl darf höchstens auf 50 g Vollei verwendet werden?

3 Markklößchen müssen mindestens 15 Prozent Rindermark enthalten. Der Betrieb arbeitet nach folgendem Rezept: 250 g Rindermark, 250 g Weizenbrotkrume, 250 g Eier, Petersilie, Salz, Pfeffer, Muskat.
a) Ermitteln Sie den Markanteil in Prozent.
b) Wie viel Gramm Rindermark müssen den übrigen Zutaten beigegeben werden, wenn man Markklößchen anbieten will?

> Die geforderten Mengen sind Mindestgehalte.
> Die gute Küche übertrifft die Anforderungen.

4
(5) Wird eine Spinatzubereitung als „Rahmspinat" bezeichnet, müssen mindestens 1,5 Prozent Milchfett enthalten sein. Man hat eine Gesamtmenge von 1 (7,3) Liter(n).
a) Wie viel Gramm reines Milchfett (Butterreinfett, Butterschmalz) müssen enthalten sein?
b) Das Milchfett darf auch in Form von Butter beigegeben werden. Wie viel Gramm Butter sind erforderlich, wenn von einem Fettgehalt von 80 Prozent ausgegangen wird?
c) Wie viel Gramm Sahne mit 30 Prozent Fettgehalt müssen zugefügt worden sein?

6 Wird „Fürst-Pückler-Eis" angeboten, so muss das in der Qualitätsstufe „Rahmeis (Sahneeis)" erfolgen, denn die SpeiseeisVO sagt: Rahmeis (Sahneeis) muss mindestens 60 Prozent Schlagsahne enthalten; Fürst-Pückler-Eis ist ein Rahmeis besonderer Art.
Überprüfen Sie folgendes Rezept:
0,2 ℓ Läuterzucker, 6 Eier (je 50 g), 160 g Zucker, 1 ℓ Sahne.
Wie viel Prozent Sahne sind im Rezept enthalten?

21 Ausschank von Getränken

Während bei der Zubereitung von Speisen die Verluste wesentlich von der Qualität der Rohstoffe und der Zubereitungsart beeinflusst werden, entstehen bei Getränken Verluste hauptsächlich beim Ausschank.

21.1 Schankverlust bei Fassbier

1
(2) Aus einem Fass mit 0,38 (0,42) hl wurden 92 (102) Gläser mit 0,4 Liter ausgeschenkt.
Berechnen Sie den Schankverlust in Prozent.

3
(4) Ein Familienbetrieb führt bei einem Fass mit 82 (79) Litern eine Stichprobe über den Schankverlust durch. Es sind ausgeschenkt worden 248 (212) Gläser mit 0,25 *l* und 44 (59) Gläser mit 0,4 *l*.
Wie viel Prozent beträgt der Schankverlust?

5
(6) Bei „Pils" rechnet der Büfetter für die vergangene Woche ab: gezapfte Fässer mit 54 *l*, 48 *l*, 52 *l* und 36 *l*. Auch das letzte Fass leer. Bei der Bon-Kontrolle wurden 612 (607) Gläser mit 0,3 Liter gezählt.
Berechnen Sie den Schankverlust in Prozent.

7 Betriebsprüfer des Finanzamtes sammeln bei ihrer Tätigkeit Erfahrungen aus vielen Betrieben und bilden daraus Durchschnittswerte. Diese werden in der **Betriebsprüferkartei** festgehalten.
Wir wollen aus den Vorgaben die angenommenen Schankverluste ermitteln.

Ausbeute aus 1 hl bei normalen Ausschankbedingungen:			
Glasinhalt	0,2	0,25	0,4	0,5
Anzahl Gläser	485	388	243	194

Berechnen Sie jeweils den angenommenen Schankverlust.

8 Ein Gastronomiebetrieb überprüft den Ausschank.

Bezug: 270 *l* Hell   Abrechnung: 657 Gläser mit 0,4 *l*
           140 *l* Pils   453 Gläser mit 0,3 *l*
             60 *l* Alt   290 Gläser mit 0,2 *l*

a) Berechnen Sie jeweils den Schankverlust in Prozent mit einer Kommastelle.
b) Formulieren Sie eine Aussage zum Zusammenhang Glasgröße ↔ Schankverlust.

9
(10) Eine Brauerei liefert Bier in 35 (50)-Liter-Fässern. Es wird ein Schankverlust von 2,5 % angenommen.

a) Wie viel Gläser mit 0,25 *l* sind zu erwarten?
b) Wie viel Gläser mit 0,4 *l* sind aus dem Fass zu erwarten?

11
(12) Ein Fass ist mit 32,4 (37,2) *l* geeicht. Bisher wurden ausgeschenkt 72 (83) Gläser mit 0,4 *l*; der Schankverlust wird mit 3 % angenommen.

Wie viel Liter Bier müssen sich rechnerisch noch im Fass befinden?

21.2 Schankverlust bei offenem Wein

Für Sonderessen muss Tischwein getrennt vom Restaurantfachmann angefordert werden.

1 Zu einer Veranstaltung sind 65 (84) Personen gemeldet. Es
(2) sind vereinbart je Gast 2 Gläser mit je 0,1 ℓ Wein. Der
Schankverlust wird mit 4 Prozent angenommen.

Wie viel ganze Literflaschen sind anzufordern?

3 Zu einer Geburtstagsfeier sind 35 (42) Personen gemeldet.
(4) Es werden Gläser mit 0,15 ℓ eingesetzt, die jedoch nur zu
zwei Drittel gefüllt werden. Je Person rechnet man drei Gläser; Schankverlust 6 %.

Wie viel ganze Literflaschen sind anzufordern?

Meldung: Sonderveranstaltungen für 18. 4.

	5 Hochzeit Schulze	**6** Geburtstag Müller	**7** Firma ABC		**8** Bus Darmstadt	
Wein Nr.	28	16	43	12	23	16
Personen	52	34	22	28	20	25
Glas je Person	2	2,5	2	2	2,5	2,5

Der Betrieb setzt Gläser mit 0,15 Liter Inhalt ein und schenkt das Glas zwei Drittel voll. Schankverlust 6 %.

Wie viel ganze Literflaschen sind für jede Veranstaltung anzufordern?

21.3 Schankverlust bei Spirituosen

Bei Spirituosen wird der Schankverlust hauptsächlich be-
stimmt von
- Glasform: Je größer die Oberfläche der Flüssigkeit, desto
  größer der Schankverlust;
- Anzahl der Gläser: Wird in „Doppelten" ausgeschenkt, ist
  der Schankverlust geringer;
- Art des Ausschenkens: „Großzügigkeit" führt zu großen
  Schankverlusten.

1 Ein Gastwirt schenkt aus 5 Flaschen Korn (1 Fl. ≙ 0,7 ℓ)
166 Gläser zu 2 cl aus.

Berechnen Sie den Schankverlust in Prozent.

2 Ein Flasche Gin enthält 0,7 (0,74) Liter. Es wurden 14 (10)
(3) Einfache und 9 (12) Doppelte ausgeschenkt.

Berechnen Sie den Schankverlust in Prozent.

einmal   zweimal
Überschank bei gleicher
Ausschankmenge

4
(5)
Für einen Empfang sind 240 (170) Glas Aperitif mit je 5 cl vorgesehen. Schankverlust 6 Prozent. Eine Flasche enthält 0,74 Liter.

Wie viel ganze Flaschen (aufrunden) sind bereitzustellen?

Aus der Betriebsprüferkartei:

> Bei Spirituosen kann von folgenden Ausbeuten ausgegangen werden:
>
> Flaschen mit   1 l Inhalt: 42 bis 45 Gläser je 2 cl,
> Flaschen mit 0,7 l Inhalt: 30 bis 33 Gläser je 2 cl.
>
> Während bei einfachen Spirituosensorten durch großzügiges Einschenken im Durchschnitt nur 42 bzw. 30 Gläser erzielt werden, liegt bei hochwertigen Waren die Ausbeute mit 45 bzw. 33 Gläsern an der oberen Grenze.

6
Berechnen Sie nach den Angaben aus der Betriebsprüferkartei oben:

a) für Flaschen mit 1 l den geringsten und den höchsten Schankverlust in Prozent,
b) für 0,7-l-Flaschen den geringsten und den höchsten Schankverlust in Prozent.

7
Ermitteln Sie aus den Ergebnissen bei obiger Aufgabe einen durchschnittlichen Schankverlust in Prozent für

a) Literflaschen,
b) 0,7-l-Flaschen.

8
(9)
Bei einer Veranstaltung sollen 340 (165) Gläser Weinbrand mit 2 cl serviert werden. Man rechnet mit einem Schankverlust von 8 (4) Prozent.

Wie viel ganze Flaschen mit je 0,7 l sind bereitzustellen?

10
(11)
Aus einer Flasche Korn mit 0,7 l wurden 5 (9) Gläser je 4 cl und 13 (6) Gläser je 2 cl ausgeschenkt. Es wird von einem Schankverlust von 8 % ausgegangen.

Wie viel Liter sind noch in der Flasche?

12
Die Abrechnung oder Ausschankkontrolle bei Spirituosen lässt sich durch sogenannte Dosierer vereinfachen. Der Schankverlust wird verringert.
Ein Betrieb schenkt Weinbrand über einen Dosierer aus und erzielt dadurch je 0,7-l-Flasche zwei Einfache mehr als bei Ausschank von Hand. Ein einfacher Weinbrand (2 cl) kostet 4,90 €.

Nach wie viel Flaschen macht sich die Anschaffung bezahlt, wenn
a) das Gerät nur mit Metallhalter gekauft wird,
b) das Gerät mit Metallhalter und Zählwerk gekauft wird?

21.4 Materialkosten bei Getränken

1 Ein Hotel bietet Bananenmilch an.
Das Grundrezept für ein 0,2-l-Glas lautet:

15 cl	Milch	1 l 0,70 €
$^1/_2$	Banane	je Stück 0,30 €
15 g	Zucker	je kg 0,90 €

Ermitteln Sie den Materialwert.

2 Zu 1 l Kakao verwendet man 1 l Milch, 1 l zu
0,70 €, 55 g Kakao, 1 kg zu 2,70 €, und 120 g
Zucker, 1 kg zu 0,90 €.

Wie viel beträgt der Materialwert für eine Tasse
mit $^1/_5$ l Inhalt?

3 Zu einer Aprikosenbowle verwendet man:

1,500 kg	Aprikosen		je kg	2,20 €
250 g	Zucker		je kg	0,90 €
50 g	Rum	Flasche mit 750 g		8,20 €
100 g	Madeira	Flasche mit 750 g		5,10 €
2 Fl.	Weißwein mit je 0,75 l		je Fl.	3,50 €
1 Fl.	Sekt mit je 0,75 l		je Fl.	4,30 €
1 St.	Zitrone		je St.	0,15 €

Berechnen Sie den Materialwert für ein Glas mit 0,2 l Inhalt.

4 Zu Sekt mit Orangensaft werden Schaumwein und Orangensaft im Verhältnis 1:1 gemischt.

a) Berechnen Sie die Materialkosten für ein 0,1-l-Glas, wenn die 0,75-l-Flasche Sekt im Einkauf
4,30 € kostet und 1 l Orangensaft mit 1,10 € berechnet wird.

b) Wie viel 0,75-l-Flaschen Sekt sind bereitzustellen und wie viel Kilogramm Orangen sind bei
einer Saftausbeute von 35 % auszupressen, wenn für einen Empfang mit 65 Personen je Glas
0,1 l gereicht werden?

5 Zur Bereitung einer kalten Ente mischt man zu je einer 1-l-Flasche Riesling, die Flasche zu
4,20 €, eine 0,75-l-Flasche Sekt, die Flasche zu 4,90 €. Auf 1 l Wein rechnet man die Schale von
2 Zitronen, Gesamtwert 0,30 €.

a) Wie viel € beträgt der Materialwert für ein Glas mit 20 cl Inhalt?

b) Welche Mengen sind für 75 Glas kalte Ente bereitzustellen?

6 Auf einer Barkarte ist zu lesen:

Wählen Sie nach Ihrem Geschmack		
Martini dry:	englische Art	$^3/_4$ Gin, $^1/_4$ Vermouth
50 ml	französische Art	$^1/_2$ Gin, $^1/_2$ Vermouth
	deutsche Art	$^2/_3$ Gin, $^1/_3$ Vermouth

Berechnen Sie die jeweiligen Materialkosten, wenn eine Flasche Gin mit 750 g 11,20 € und eine
Flasche Vermouth mit 750 g Inhalt 4,40 € kostet.

7
(8) Zur Herstellung von frischem Orangensaft wird eine Kiste Orangen, bfn 35 kg, für 17,80 (18,10) € gekauft. Die leere Kiste wiegt 2,7 (3,150) kg. Beim Auspressen von Orangen mit der Saftzentrifuge rechnet man mit einer Ausbeute von 35 (33)%.

Berechnen Sie die Materialkosten für ein Glas Orangensaft mit 0,2 ℓ.

9
(10) Es wird Grapefruitsaft aus frischen Früchten hergestellt. Eine Kiste wiegt brutto 35,500 kg, die leere Kiste 2,700 kg. Der Einkaufspreis beträgt 0,95 (1,10) €/kg bfn. Man rechnet mit einer Saftausbeute von 35 (42) Prozent.

Berechnen Sie die Materialkosten für ein Glas Grapefruitsaft mit 0,2 ℓ Inhalt.

21.5 Alkoholgehalt bei Getränken

Mischgetränke: Der Alkoholgehalt wird nach der Durchschnittsrechnung ermittelt.

Der Alkoholgehalt wird entsprechend der LMKVO in „% vol" angegeben (sprich: „Prozent des Volumens"). Wir werden das genauer auf Seite 137 kennenlernen.

1

Beispiel

Für Weinschorle verwendet man 5 ℓ leichten Weißwein mit 6 % vol und die gleiche Menge Mineralwasser.

Berechnen Sie den Alkoholgehalt in % vol.

Lösung		Lösungshinweis
Wein:	6 % von 5 ℓ ≙ 0,3 ℓ Alkohol	← Alkoholmenge berechnen.
Mineralw.:	0 % von 5 ℓ ≙ 0,0 ℓ Alkohol	
Schorle	10 ℓ ≙ 0,3 ℓ Alkohol	← Gesamtflüssigkeit und Alkoholmenge addieren.
	10 ℓ ≙ 100 %	← Gesamtflüssigkeit
	0,3 ℓ ≙ x %	ist das Ganze = 100 %.

$$\frac{100 \cdot 0,3}{10} = 3\%$$

Antwort: Der Alkoholgehalt beträgt 3 % vol.

2 Bei Cola mit Schuss reicht man 0,33 ℓ Cola und 2 cl Weinbrand mit 38 % vol.
Berechnen Sie den Alkoholgehalt des Getränks in Prozent.

3 Eine Pfirsichbowle wird aus folgenden Zutaten hergestellt: 8 ℓ Moselwein mit 8 % vol, 2 Flaschen (0,75 ℓ) Sekt mit 10 % vol, 0,2 ℓ Weinbrand mit 38 % vol und 1,5 kg Pfirsichen.
Wie hoch ist der Alkoholgehalt der Bowle?

4
(5) 3 (8) Liter Überseearrak mit 60 (56) % vol werden mit 2 (4) Liter Wasser verdünnt.
Berechnen Sie den Alkoholgehalt in % vol.

6 Zu Whisky Sour verwendet man 40 Gramm Canadian Whisky mit 42 % vol und 20 Gramm Zitronensaft und 20 Gramm Orangensaft.
Berechnen Sie den Alkoholgehalt in % vol.

handwerk-technik.de

21.6 Maßangaben beim Alkoholgehalt

Stoffe haben unterschiedliche Dichte. Alkohol hat eine Dichte von 0,8, Fett hat eine Dichte von 0,9. Fett kann sich nicht mit Wasser mischen und schwimmt obenauf. Das sieht man und daher wissen wir alle: Fett ist leichter als Wasser. Alkohol ist dagegen mit Wasser mischbar, man kann die unterschiedliche Dichte nicht erkennen. Deshalb müssen wir uns bewusst machen:

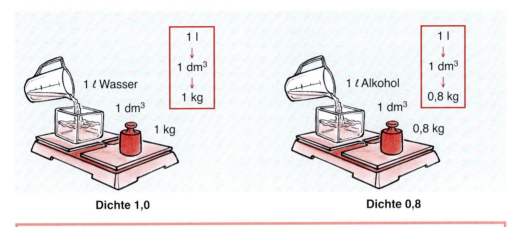

Dichte 1,0   Dichte 0,8

Dichte von Alkohol $1\ dm^3 \triangleq 0,8\ kg \rightarrow \varrho\ 0,8\ \dfrac{kg}{dm^3} = 0,8\ \dfrac{g}{cm^3} = 0,8\ \dfrac{g}{ml}$

Der Blutalkoholgehalt wird in ‰ des Gewichtes gemessen, Alkoholangaben bei Getränken in % vol (Volumen). Fachleute müssen umrechnen können.

1   **Beispiel**

Ein Glas Bier enthält 0,4 l mit 5 % vol Alkohol.

Wie viel Gramm sind enthalten, wenn Alkohol eine Dichte von 0,8 hat?

0,4 l $\triangleq$ 400 ml	In ml umwandeln
❷ 100 % $\triangleq$ 400 ml	❷ Prozentrechnung
5 % $\triangleq$ 20 ml	

❸ $20\ ml \cdot 0,8\ \dfrac{g}{ml} = 16\ g$ Alkohol   ❸ Gewicht berechnen; $cm^3 \triangleq ml$.

Antwort: Es sind 16 g Alkohol enthalten.

2   Der Mindestalkoholgehalt bei Weinbrand ist auf 38 % vol festgesetzt. Ein Gast trinkt zwei Doppelte mit je 4 cl.

a) Wie viel ml (Volumen) Alkohol nimmt er zu sich?

b) Wie viel Gramm Alkohol sind das, wenn 1 ml Alkohol etwa 0,8 Gramm wiegt?

3   Bei Wein liegt der Alkoholgehalt zwischen 6 und 14 % vol; Dichte 0,8.

a) Wie viel Gramm Alkohol sind bei einem leichten Weißwein in einem Glas mit 0,2 l enthalten?

b) Wie viel Gramm Alkohol sind bei einem schweren Wein in einem Glas mit 0,2 l enthalten?

21.7 Verschneiden von Getränken

Bisweilen werden Spirituosen mit unterschiedlichem Alkoholgehalt untereinander oder mit Wasser gemischt, um sie auf den verzehrüblichen Alkoholgehalt einzustellen.

1

Beispiel

2,5 l Original-Rum mit 76 % vol Alkohol sollen durch Verdünnung mit Wasser zu einer Trinkstärke von 40 % vol herabgesetzt werden.

Wie viel Wasser muss zugesetzt werden?

Lösung

Original-Rum 76 %	40 %	10 Teile ≙	2,5 l
Verschnitt	40 %		
Wasser	0 %	36 %	9 Teile ≙ ❷ 2,25 l

Lösungshinweis

Der Unterschied der % vol wird bei der Mischungsrechnung ermittelt.

Die angegebene Menge (2,5 l) wird eingesetzt; nun kann man auf die fehlende Menge ❷ schließen.

Antwort: Um Rum mit 40 % vol zu erhalten, müssen 2,25 l Wasser zugesetzt werden.

2
(3) Für eine Feuerzangenbowle werden 3 (2,5) l Rum mit einem Alkoholgehalt von 55 (50) % vol benötigt.

Wie viel Liter Import-Rum mit 75 % vol und wie viel Wasser sind erforderlich?

4
(5) Ein anderer Betrieb verwendet für die Feuerzangenbowle zwei 0,7-l-Flaschen Rumverschnitt mit einem Alkoholgehalt von 38 % vol. Um die gute Flammenbildung zu gewährleisten, setzt man diesem so viel 96 %igen Alkohol zu, dass ein Verschnitt mit 55 (50) % vol entsteht.

Wie viel Liter 96 %iger Alkohol sind notwendig?

> **Merke:** Sind die Mengen gegeben ⟶ Durchschnittsrechnung
> Wird die Menge gesucht ⟶ Mischungsrechnung

6 Eine Spirituosengroßhandlung bezieht 3 Fässer mit abgelagertem Weindestillat, um daraus einen Weindbrand-Verschnitt herzustellen.
Fass A: 185 l – 68 % vol;   Fass B: 205 l – 65 % vol;   Fass C: 158 l – 59 % vol,

a) Welchen durchschnittlichen Alkoholgehalt hat der Weinbrand aus den 3 Fässern?
b) Der Verschnitt wird auf 38 % vol eingestellt.
Wie viel Liter Wasser sind erforderlich?

7 Es muss nicht nur um Alkohol gehen. Nach den gesetzlichen Vorschriften hat Sahne mindestens 30 % Fett, Vollmilch 3,5 % Fett und Kaffeesahne 10 % Fett.
In einem Hotel wurde Kaffeesahne nicht rechtzeitig geliefert. Darum mischte man Sahne und Vollmilch.

Berechnen Sie die jeweils notwendigen Mengen für
a) 1 l Kaffeesahne,
b) 2,2 l Kaffeesahne,
c) 5,5 l Kaffeesahne.

138

21.8 Alkoholverzehr – Probleme durch Alkohol

1 Berechnen Sie bei jedem Getränk den Alkoholgehalt in Gramm.

Vergleichen Sie die Werte.

Bier	Korn	Sekt	Wein
0,33 ℓ	4 cl	0,1 ℓ	1/8 ℓ
(4 % vol)	(32 % vol)	(12 % vol)	(10 % vol)

2 Ermitteln Sie bei unten stehender Grafik, welcher Alkoholgehalt in % vol bei den einzelnen Getränken zugrunde gelegt worden ist.

Wie viel Gramm reiner Alkohol sind in einem Glas …

Alkohol ist gleich Alkohol …
… nur die Menge macht den Unterschied.

3 „Ich wiege 82 (67) kg; bis 0,3 ‰ darf
(4) man fahren."

Auf Ihrem Bier steht:

Vollbier
500 ml   5,2 % vol alc

a) „Darf ich nun ein zweites Bier trinken?"

b) Ist diese Denkweise richtig?

Die Toleranzgrenze des Alkoholkonsums haben Wissenschaftler weltweit bei 80 Gramm reinem Alkohol pro Tag festgesetzt. Das sind bis zu zweieinhalb Liter Bier oder ein Liter Wein oder 11 bis 17 Schnäpse – je nach Alkoholgehalt. Der berühmte Arzt und Philosoph Paracelsus sagte allerdings schon im sechzehnten Jahrhundert: „Die Menge macht das Gift." Beim Genießen alkoholhaltiger Getränke sollte man deshalb stets die persönliche Verträglichkeit berücksichtigen, damit der Alkohol bleibt, was er von jeher war – ein Genussmittel.

5 Sprechen Sie über die Blutalkoholkonzentration unten stehender Grafik.

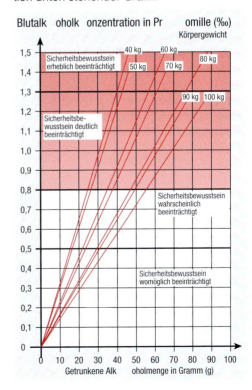

21.9 Prüfungsaufgaben

1 Aus einem Fass mit 0,38 hl wurden 123 Gläser mit 0,3 ℓ ausgeschenkt.

Berechnen Sie den Schankverlust in Prozent.

2 Zu 0,2 ℓ Cola mischt ein Gast 2 cl Weinbrand mit 38 % vol.

a) Wechen Alkoholgehalt in Prozent des Volumens hat das Getränk?

b) Wie viel Gramm Alkohol nimmt man zu sich, wenn Alkohol eine Dichte von 0,8 hat?

3 Es soll Jägertee mit 15 % vol Alkohol zubereitet werden. Man verwendet dazu Rum mit 40 (75) % vol Alkohol. Insgesamt sind 12 (20) ℓ des Getränks herzustellen.

Wie viel Liter Rum und wie viel Liter Tee sind erforderlich?

Gehobener Schwierigkeitsgrad

1
(2) Aus einer Flasche mit 0,7 (0,74) ℓ Branntwein wurden 5 (7) Gläser mit je 4 cl und 13 (11) Gläser mit je 2 cl ausgeschenkt. Man rechnet mit einem Schankverlust von 8 (6) Prozent.

Wie viel Zentiliter müssen noch in der Flasche sein?

3 Bei der Vergärung werden $^1/_4$ bis $^1/_3$ des Gehaltes der Stammwürze zu Alkohol. Da die Stammwürze nach Gewicht berechnet wird, sind in diesem Zusammenhang auch die Angaben zum Alkohol zunächst auf das Gewicht bezogen. Ein Vollbier hat 12 % Stammwürze.

a) Wie viel Gramm Alkohol sind in einem Glas mit 0,4 ℓ Bier mindestens enthalten?

b) Wie viel Gramm Alkohol sind in einem Glas mit 0,4 ℓ Bier höchstens enthalten?

c) Mit wie viel % vol wird das Bier aus Frage a) gekenzeichnet sein?

d) Mit wie viel % vol wird das Bier aus Frage b) gekennzeichnet sein?

4 Ein Bier ist wie nebenstehend gekennzeichnet.
12 % Stammwürze bedeuten 12 % des Gewichtes der Würze. Diese Angabe ist nicht vorgeschrieben, erlaubt uns aber eine Berechnung zum Alkoholgehalt. Alkohol hat die Dichte 0,8.

a) Berechnen Sie, wie viel Prozent der Stammwürze zu Alkohol vergoren worden sind (Gewichtsprozente).

b) Bier kann auch so vergoren werden, dass nur 25 % der Stammwürze zu Alkohol werden. Wie viel % vol hätte dann ein Bier mit 12 % Stammwürze?

5 Zu einem Sektcocktail verwendet man je Glas:

4 cl Spirituosen mit 40 % vol
2 cl Likör mit 20 % vol
4 cl Saft
10 cl Sekt mit 10 % vol

Wie viel Volumenprozent enthält der fertige Cocktail?

22.1 Erstellen der Rechnung für den Restaurantgast

Moderne Kassensysteme speichern die Angaben für jeden Gast bereits bei der Bestellung. Wird die Rechnung gewünscht, erstellt die Kasse diese in einem Arbeitsgang. Viele Systeme nennen neben den Beträgen auch die vollständige Bezeichnung der verzehrten Speisen und Getränke.

Daneben gibt es viele Situationen, wo die Rechnung noch „von Hand" erstellt wird. Dazu sind notwendig:
● Kenntnis der Kartenpreise,
● Sicherheit im Rechnen, denn Bedienungspersonal, das sich verrechnet, macht einen schlechten Eindruck.

```
          Rechnung  102
Tisch #32

2xAlsterwasser 0,3 à 2,00      4,00
1xSchafskäse à 3,80            3,80
1xEis & Heiß à 2,50            2,50
1xSpezi à 2,10                 2,10
1xBitter Lemon 0,2 à 1,50      1,50

Saldo                         13,90
Umsatz 19% inkl.      13,90
Umsatz 19%             2,22
Bar                           13,90
```

Lassen Sie sich nicht drängen!
● Wenn Sie sich zu Ihren Gunsten verrechnen, reklamiert der Gast – peinliche Situation!
● Wenn Sie sich zu Ihren Ungunsten verrechnen, geht die Differenz zu Ihren Lasten.
● Wenn Sie üben, erhöhen Sie Ihre Sicherheit, deshalb hier ohne Taschenrechner.

Sicherheit erhält man durch Selbstkontrolle.

Beim **Erstellen von Gastrechnungen** kommen nur vor die

Rechenverfahren ⟶ Malnehmen ⟶ Zusammenzählen
Kontrolle durch ⟶ Überschlagrechnung ⟶ Gegenrechnung

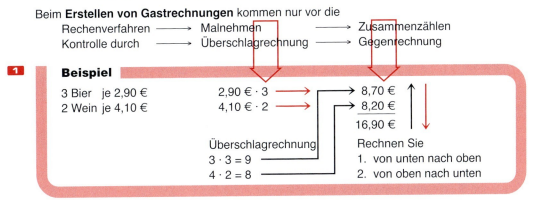

1 **Beispiel**

3 Bier je 2,90 €   2,90 € · 3 ⟶ 8,70 €
2 Wein je 4,10 €   4,10 € · 2 ⟶ 8,20 €
                                  ‾‾‾‾‾‾‾
                                  16,90 €

Überschlagrechnung   Rechnen Sie
3 · 3 = 9   1. von unten nach oben
4 · 2 = 8   2. von oben nach unten

2 Erstellen Sie die Rechnungen: 3 Aperitifs je 1,70 €, 3 Menüs je 12,80 €, eine Flasche Weißwein zu 19,20 €, zwei Tassen Kaffee je 1,90 €.

Berichten Sie mündlich über Kontrollmöglichkeiten beim Malnehmen.

3 Eine Gesellschaft verzehrt je fünfmal:

Königinsuppe	3,60 €		ferner:
Omelett mit Spargel	7,40 €	2 Flaschen Moselwein	je 14,60 €
Paprikahuhn-Risotto	9,80 €	2 Tassen Kaffee	je 2,40 €
Fruchtsalat, geeist	3,90 €	3 Weinbrand	je 4,90 €

4 Eine Gastrechnung beläuft sich auf 60,00 €. Der Gast will mit einem Hundert-Euro-Schein bezahlen. Die Hotelfachfrau kann nicht wechseln, geht zur Rezeption und erhält dort zehn Zehn-Euro-Scheine. Der Gast erhält 40,00 € zurück und geht.
Unmittelbar danach kommt die Rezeptionistin auf die Hotelfachfrau zu und zeigt ihr im Infrarotlicht, dass der Hundert-Euro-Schein gefälscht ist. Nun muss der Service einen neuen Hundert-Euro-Schein an die Rezeption geben.

Wie hoch ist der Gesamtschaden für die Hotelfachfrau?

22.2 Ausweisen der Mehrwertsteuer

Das Gastgewerbe gibt Leistungen an Endverbraucher ab und hat deshalb die Preise einschließlich (inklusive) der Mehrwertsteuer zu nennen. Man spricht daher auch vom **Inklusivpreis.**

Nach den gesetzlichen Bestimmungen
- ist auf jeder Rechnung die enthaltene **Mehrwertsteuer getrennt auszuweisen** und der entsprechende Steuersatz zu nennen (Regelfall).
- kann bei sogenannten **Kleinbetragsrechnungen** – bis 150,00 € – darauf verzichtet werden. Es genügt dann, den Steuersatz zu nennen. Dieser ist meist auf dem Rechnungsformular vorgedruckt.
- ist auf Wunsch des Gastes immer die Mehrwertsteuer herauszurechnen. Das kommt vor allem bei Rechnungen für Firmen vor.

Es gibt mehrere Wege, die im Inklusivpreis enthaltene MwSt. zu ermitteln.

1 Rückrechnung

Bei der Kalkulation werden auf den Nettoverkaufspreis $\triangleq$ 100 % 19 % Mehrwertsteuer aufgeschlagen. Über die Rückrechnung kann sie wieder ermittelt werden.

> **Beispiel**
>
> | Rechenweg Kalkulation | | | Rechenweg zur Mehrwertsteuer |
> |---|---|---|---|
> | Nettoverkaufspreis | 200,00 € | 100 % | 119 % = 238,00 € |
> | + MwSt. | 38,00 € | 19 % | 19 % =   x   € |
> | = Inklusivpreis | 238,00 € | 119 % | $\dfrac{238,00 \cdot 19}{119} = 38,00 €$ |

2 Berechnen Sie die enthaltene MwSt. von 19 %:

a) 79,10 €   b) 50,85 €   c) 28,25 €   d) 361,60 €

> **Der Faktor**
> - nennt den prozentualen Anteil der Mwst. im **Endpreis.**
> - führt über **eine** Multiplikation zu der im Inklusivpreis enthaltenen Mehrwertsteuer.

3

> **Beispiel**
>
> Im Rechnungsbetrag von 119,00 € sind 19,00 € MwSt. enthalten.
>
> Wie viel Prozent des Rechnungsbetrages sind das? = Faktor
>
> 119,00 € = 100 %
> 19,00 € =   x   %
>
> $\dfrac{19 \cdot 100}{119} = 15,97$
>
> z. B.
> 119,00 € · 15,97 % = 19,00 €
>
> **TR-HINWEISE**
>
> 119 ⊠ 15,97 %
> oder
> 119 ⊠ 0,1597 =

4 Bei einem Mehrwertsteuersatz von 19 Prozent ist mit dem Faktor 15,97 % zu rechnen. Ermitteln Sie mithilfe des Faktors die in den Rechnungsbeträgen enthaltene Mehrwertsteuer.

a) 234,50 €   c) 34,70 €   e) 89,10 €   g) 453,00 €
b) 814,60 €   d) 12,60 €   f) 28,30 €   h) 628,20 €

5 Nehmen wir an, der Prozentsatz für die Mehrwertsteuer ändert sich. Dann ist der Faktor neu zu ermitteln. Rechnen Sie nach dem Beispiel Seite 142 auf zwei Stellen nach dem Komma.

a) 13 %   b) 14 %   c) 15 %   d) 18 %

6 In bestimmten Fällen wird nur der ermäßigte Steuersatz angewendet, derzeit 7 %. Ermitteln Sie den Faktor.

7 Wie ist der Faktor bei

a) 6 %,   b) 7,5 %,   c) 8 %,   d) 8,5 %?

Arbeit mit der Mehrwertsteuertabelle

Weil im Inklusivpreis die Mehrwertsteuer bereits enthalten ist, wird er auch Bruttopreis genannt. Die Tabelle für Bruttoabrechnungen ordnet dem Inklusivpreis die enthaltene Mehrwertsteuer zu.

8

Beispiel

Wie viel € Mehrwertsteuer sind in einem Rechnungsbetrag von 31,00 € enthalten?

Grenze ab	MwSt.	Grenze ab	MwSt.	Grenze ab	MwSt.	Grenze ab	MwSt.	Grenze ab	MwSt.
0,04 =	0,01	**10**,06 =	1,61	**20**,02 =	3,20	**30**,04 =	4,80	**40**,00 =	6,39
0,10 =	0,02	10,12 =	1,62	20,08 =	3,21	30,10 =	4,81	40,06 =	6,40
0,16 =	0,03	10,18 =	1,63	20,14 =	3,22	30,16 =	4,82	40,12 =	6,41
0,22 =	0,04	10,25 =	1,64	20,20 =	3,23	30,22 =	4,83	40,18 =	6,42
0,29 =	0,05	10,31 =	1,65	20,27 =	3,24	30,29 =	4,84	40,25 =	6,43
0,35 =	0,06	10,37 =	1,66	20,33 =	3,25	30,35 =	4,85	40,31 =	6,44
0,41 =	0,07	10,43 =	1,67	20,39 =	3,26	30,41 =	4,86	40,37 =	6,45
0,47 =	0,08	10,50 =	1,68	20,45 =	3,27	30,48 =	4,87	40,43 =	6,46
0,54 =	0,09	10,56 =	1,69	20,52 =	3,28	30,54 =	4,88	40,50 =	6,47
0,60 =	0,10	10,62 =	1,70	20,58 =	3,29	30,60 =	4,89	40,56 =	6,48
0,66 =	0,11	10,68 =	1,71	20,64 =	3,30	30,66 =	4,90	40,62 =	6,49
0,73 =	0,12	10,75 =	1,72	20,70 =	3,31	30,73 =	4,91	40,68 =	6,50
0,79 =	0,13	10,81 =	1,73	20,77 =	3,32	30,79 =	4,92	40,75 =	6,51
0,85 =	0,14	10,87 =	1,74	20,83 =	3,33	30,85 =	4,93	40,81 =	6,52
0,91 =	0,15	10,93 =	1,75	20,89 =	3,34	30,91 =	4,94	40,87 =	6,53
0,98 =	0,16			20,96 =	3,35	30,98 =	4,95	40,93 =	6,54
1,04 =	0,17	**11**,00 =	1,76	**21**,02 =	3,36	**31**,04 =	4,96	**41**,00 =	6,55
1,10 =	0,18	11,06 =	1,77	21,08 =	3,37	31,10 =	4,97	41,06 =	6,56
1,16 =	0,19	11,12 =	1,78	21,14 =	3,38	31,16 =	4,98	41,12 =	6,57
1,23 =	0,20	11,18 =	1,79	21,21 =	3,39	31,23 =	4,99	41,19 =	6,58
1,29 =	0,21	11,25 =	1,80	21,27 =	3,40	31,29 =	5,00	41,25 =	6,59
1,35 =	0,22	11,31 =	1,81	21,33 =	3,41	31,35 =	5,01	41,31 =	6,60
1,41 =	0,23	11,37 =	1,82	21,39 =	3,42	31,41 =	5,02	41,37 =	6,61
		11,44 =	1,83	21,46 =	3,43	31,48 =	5,03	41,44 =	6,62

Hinweis für das Ablesen

1. **Zehnerspalte aufsuchen;**
   verläuft waagerecht:
   0 10 20 … 40

2. **Einer aufsuchen;**
   sind untereinander angeordnet.

3. **Ablesen**
   beim nächstgrößeren Wert;
   hier 31,04

9 Lesen Sie aus der Tabelle die Mehrwertsteuer bei folgenden Rechnungsbeträgen ab:

a) 21,30 €   b) 41,10 €   c) 30,20 €   d) 10,70 €

Für die folgenden Aufgaben verwenden Sie die Tabelle auf Seite 144.

Übersteigt der Rechnungsbetrag 50,00 €, gilt
1. **Rechnungsbetrag zerlegen,** z. B. 200,00 € + 23,00 €,
2. **Werte aufsuchen;** 200,00 € siehe unterer Tabellenrand, 23,00 € wie oben
3. **Werte zusammenzählen.**

10 Ermitteln Sie die Mehrwertsteuer von 19 % bei folgenden Rechnungsbeträgen:

a) 223,00 €   c) 411,80 €   e) 123,65 €   g) 312,90 €
b) 532,10 €   d) 132,65 €   f) 614,45 €   h) 912,35 €

19 % Mehrwertsteuertabelle für Bruttorechnungen 19 %

Im Rechnungsbetrag enthaltene Mehrwertsteuer in €

Grenze ab = MwSt.	Grenze ab = MwSt.	Grenze ab = MwSt.	Grenze ab = MwSt.	Grenze ab = MwSt.	Grenze ab = MwSt.	Grenze ab = MwSt.	Grenze ab = MwSt.	Grenze ab = MwSt.	Grenze ab = MwSt.
0,04 = 0,01	**5**,05 = 0,81	**10**,06 = 1,61	**15**,01 = 2,40	**20**,02 = 3,20	**25**,03 = 4,00	**30**,04 = 4,80	**35**,05 = 5,60	**40**,00 = 6,39	**45**,01 = 7,19
0,10 = 0,02	5,11 = 0,82	10,12 = 1,62	15,07 = 2,41	20,08 = 3,21	25,09 = 4,01	30,10 = 4,81	35,11 = 5,61	40,06 = 6,40	45,07 = 7,20
0,16 = 0,03	5,17 = 0,83	10,18 = 1,63	15,13 = 2,42	20,14 = 3,22	25,15 = 4,02	30,16 = 4,82	35,17 = 5,62	40,12 = 6,41	45,13 = 7,21
0,22 = 0,04	5,23 = 0,84	10,25 = 1,64	15,19 = 2,43	20,20 = 3,23	25,21 = 4,03	30,22 = 4,83	35,24 = 5,63	40,18 = 6,42	45,19 = 7,22
0,29 = 0,05	5,30 = 0,85	10,31 = 1,65	15,26 = 2,44	20,27 = 3,24	25,28 = 4,04	30,29 = 4,84	35,30 = 5,64	40,25 = 6,43	45,26 = 7,23
0,35 = 0,06	5,36 = 0,86	10,37 = 1,66	15,32 = 2,45	20,33 = 3,25	25,34 = 4,05	30,35 = 4,85	35,36 = 5,65	40,31 = 6,44	45,32 = 7,24
0,41 = 0,07	5,42 = 0,87	10,43 = 1,67	15,38 = 2,46	20,39 = 3,26	25,40 = 4,06	30,41 = 4,86	35,42 = 5,66	40,37 = 6,45	45,38 = 7,25
0,47 = 0,08	5,49 = 0,88	10,50 = 1,68	15,44 = 2,47	20,45 = 3,27	25,46 = 4,07	30,48 = 4,87	35,49 = 5,67	40,43 = 6,46	45,44 = 7,26
0,54 = 0,09	5,55 = 0,89	10,56 = 1,69	15,51 = 2,48	20,52 = 3,28	25,53 = 4,08	30,54 = 4,88	35,55 = 5,68	40,50 = 6,47	45,51 = 7,27
0,60 = 0,10	5,61 = 0,90	10,62 = 1,70	15,57 = 2,49	20,58 = 3,29	25,59 = 4,09	30,60 = 4,89	35,61 = 5,69	40,56 = 6,48	45,57 = 7,28
0,66 = 0,11	5,67 = 0,91	10,68 = 1,71	15,63 = 2,50	20,64 = 3,30	25,65 = 4,10	30,66 = 4,90	35,67 = 5,70	40,62 = 6,49	45,63 = 7,29
0,73 = 0,12	5,74 = 0,92	10,75 = 1,72	15,69 = 2,51	20,70 = 3,31	25,72 = 4,11	30,73 = 4,91	35,74 = 5,71	40,68 = 6,50	45,69 = 7,30
0,79 = 0,13	5,80 = 0,93	10,81 = 1,73	15,76 = 2,52	20,77 = 3,32	25,78 = 4,12	30,79 = 4,92	35,80 = 5,72	40,75 = 6,51	45,76 = 7,31
0,85 = 0,14	5,86 = 0,94	10,87 = 1,74	15,82 = 2,53	20,83 = 3,33	25,84 = 4,13	30,85 = 4,93	35,86 = 5,73	40,81 = 6,52	45,82 = 7,32
0,91 = 0,15	5,92 = 0,95	10,93 = 1,75	15,88 = 2,54	20,89 = 3,34	25,90 = 4,14	30,91 = 4,94	35,92 = 5,74	40,87 = 6,53	45,88 = 7,33
0,98 = 0,16	5,99 = 0,96		15,94 = 2,55	20,96 = 3,35	25,97 = 4,15	30,98 = 4,95	35,99 = 5,75	40,93 = 6,54	45,95 = 7,34
1,04 = 0,17	**6**,05 = 0,97	**11**,00 = 1,76	**16**,01 = 2,56	**21**,02 = 3,36	**26**,03 = 4,16	**31**,04 = 4,96	**36**,05 = 5,76	**41**,00 = 6,55	**46**,01 = 7,35
1,10 = 0,18	6,11 = 0,98	11,06 = 1,77	16,07 = 2,57	21,08 = 3,37	26,09 = 4,17	31,10 = 4,97	36,11 = 5,77	41,06 = 6,56	46,07 = 7,36
1,16 = 0,19	6,17 = 0,99	11,12 = 1,78	16,13 = 2,58	21,14 = 3,38	26,15 = 4,18	31,16 = 4,98	36,17 = 5,78	41,12 = 6,57	46,13 = 7,37
1,23 = 0,20	6,24 = 1,00	11,18 = 1,79	16,20 = 2,59	21,21 = 3,39	26,22 = 4,19	31,23 = 4,99	36,24 = 5,79	41,19 = 6,58	46,20 = 7,38
1,29 = 0,21	6,30 = 1,01	11,25 = 1,80	16,26 = 2,60	21,27 = 3,40	26,28 = 4,20	31,29 = 5,00	36,30 = 5,80	41,25 = 6,59	46,26 = 7,39
1,35 = 0,22	6,36 = 1,02	11,31 = 1,81	16,32 = 2,61	21,33 = 3,41	26,34 = 4,21	31,35 = 5,01	36,36 = 5,81	41,31 = 6,60	46,32 = 7,40
1,41 = 0,23	6,42 = 1,03	11,37 = 1,82	16,38 = 2,62	21,39 = 3,42	26,40 = 4,22	31,41 = 5,02	36,43 = 5,82	41,37 = 6,61	46,38 = 7,41
1,48 = 0,24	6,49 = 1,04	11,44 = 1,83	16,45 = 2,63	21,46 = 3,43	26,47 = 4,23	31,48 = 5,03	36,49 = 5,83	41,44 = 6,62	46,45 = 7,42
1,54 = 0,25	6,55 = 1,05	11,50 = 1,84	16,51 = 2,64	21,52 = 3,44	26,53 = 4,24	31,54 = 5,04	36,55 = 5,84	41,50 = 6,63	46,51 = 7,43
1,60 = 0,26	6,61 = 1,06	11,56 = 1,85	16,57 = 2,65	21,58 = 3,45	26,59 = 4,25	31,60 = 5,05	36,61 = 5,85	41,56 = 6,64	46,57 = 7,44
1,66 = 0,27	6,68 = 1,07	11,62 = 1,86	16,63 = 2,66	21,64 = 3,46	26,65 = 4,26	31,67 = 5,06	36,68 = 5,86	41,62 = 6,65	46,63 = 7,45
1,73 = 0,28	6,74 = 1,08	11,69 = 1,87	16,70 = 2,67	21,71 = 3,47	26,72 = 4,27	31,73 = 5,07	36,74 = 5,87	41,69 = 6,66	46,70 = 7,46
1,79 = 0,29	6,80 = 1,09	11,75 = 1,88	16,76 = 2,68	21,77 = 3,48	26,78 = 4,28	31,79 = 5,08	36,80 = 5,88	41,75 = 6,67	46,76 = 7,47
1,85 = 0,30	6,86 = 1,10	11,81 = 1,89	16,82 = 2,69	21,83 = 3,49	26,84 = 4,29	31,85 = 5,09	36,86 = 5,89	41,81 = 6,68	46,82 = 7,48
1,92 = 0,31	6,93 = 1,11	11,87 = 1,90	16,88 = 2,70	21,89 = 3,50	26,91 = 4,30	31,92 = 5,10	36,93 = 5,90	41,87 = 6,69	46,88 = 7,49
1,98 = 0,32	6,99 = 1,12	11,94 = 1,91	16,95 = 2,71	21,96 = 3,51	26,97 = 4,31	31,98 = 5,11	36,99 = 5,91	41,94 = 6,70	46,95 = 7,50
2,04 = 0,33	**7**,05 = 1,13	**12**,00 = 1,92	**17**,01 = 2,72	**22**,02 = 3,52	**27**,03 = 4,32	**32**,04 = 5,12	**37**,05 = 5,92	**42**,00 = 6,71	**47**,01 = 7,51
2,10 = 0,34	7,11 = 1,14	12,06 = 1,93	17,07 = 2,73	22,08 = 3,53	27,09 = 4,33	32,10 = 5,13	37,11 = 5,93	42,06 = 6,72	47,07 = 7,52
2,17 = 0,35	7,18 = 1,15	12,12 = 1,94	17,13 = 2,74	22,15 = 3,54	27,16 = 4,34	32,17 = 5,14	37,18 = 5,94	42,12 = 6,73	47,14 = 7,53
2,23 = 0,36	7,24 = 1,16	12,19 = 1,95	17,20 = 2,75	22,21 = 3,55	27,22 = 4,35	32,23 = 5,15	37,24 = 5,95	42,19 = 6,74	47,20 = 7,54
2,29 = 0,37	7,30 = 1,17	12,25 = 1,96	17,26 = 2,76	22,27 = 3,56	27,28 = 4,36	32,29 = 5,16	37,30 = 5,96	42,25 = 6,75	47,26 = 7,55
2,35 = 0,38	7,36 = 1,18	12,31 = 1,97	17,32 = 2,77	22,33 = 3,57	27,34 = 4,37	32,35 = 5,17	37,36 = 5,97	42,31 = 6,76	47,32 = 7,56
2,42 = 0,39	7,43 = 1,19	12,37 = 1,98	17,39 = 2,78	22,40 = 3,58	27,41 = 4,38	32,42 = 5,18	37,43 = 5,98	42,38 = 6,77	47,39 = 7,57
2,48 = 0,40	7,49 = 1,20	12,44 = 1,99	17,45 = 2,79	22,46 = 3,59	27,47 = 4,39	32,48 = 5,19	37,49 = 5,99	42,44 = 6,78	47,45 = 7,58
2,54 = 0,41	7,55 = 1,21	12,50 = 2,00	17,51 = 2,80	22,52 = 3,60	27,53 = 4,40	32,54 = 5,20	37,55 = 6,00	42,50 = 6,79	47,51 = 7,59
2,60 = 0,42	7,61 = 1,22	12,56 = 2,01	17,57 = 2,81	22,58 = 3,61	27,59 = 4,41	32,60 = 5,21	37,62 = 6,01	42,56 = 6,80	47,57 = 7,60
2,67 = 0,43	7,68 = 1,23	12,63 = 2,02	17,64 = 2,82	22,65 = 3,62	27,66 = 4,42	32,67 = 5,22	37,68 = 6,02	42,63 = 6,81	47,64 = 7,61
2,73 = 0,44	7,74 = 1,24	12,69 = 2,03	17,70 = 2,83	22,71 = 3,63	27,72 = 4,43	32,73 = 5,23	37,74 = 6,03	42,69 = 6,82	47,70 = 7,62
2,79 = 0,45	7,80 = 1,25	12,75 = 2,04	17,76 = 2,84	22,77 = 3,64	27,78 = 4,44	32,79 = 5,24	37,80 = 6,04	42,75 = 6,83	47,76 = 7,63
2,85 = 0,46	7,87 = 1,26	12,81 = 2,05	17,82 = 2,85	22,83 = 3,65	27,84 = 4,45	32,86 = 5,25	37,87 = 6,05	42,81 = 6,84	47,82 = 7,64
2,92 = 0,47	7,93 = 1,27	12,88 = 2,06	17,89 = 2,86	22,90 = 3,66	27,91 = 4,46	32,92 = 5,26	37,93 = 6,06	42,88 = 6,85	47,89 = 7,65
2,98 = 0,48	7,99 = 1,28	12,94 = 2,07	17,95 = 2,87	22,96 = 3,67	27,97 = 4,47	32,98 = 5,27	37,99 = 6,07	42,94 = 6,86	47,95 = 7,66
3,04 = 0,49	**8**,05 = 1,29	**13**,00 = 2,08	**18**,01 = 2,88	**23**,02 = 3,68	**28**,03 = 4,48	**33**,04 = 5,28	**38**,05 = 6,08	**43**,00 = 6,87	**48**,01 = 7,67
3,11 = 0,50	8,12 = 1,30	13,06 = 2,09	18,07 = 2,89	23,08 = 3,69	28,10 = 4,49	33,11 = 5,29	38,12 = 6,09	43,06 = 6,88	48,07 = 7,68
3,17 = 0,51	8,18 = 1,31	13,13 = 2,10	18,14 = 2,90	23,15 = 3,70	28,16 = 4,50	33,17 = 5,30	38,18 = 6,10	43,13 = 6,89	48,14 = 7,69
3,23 = 0,52	8,24 = 1,32	13,19 = 2,11	18,20 = 2,91	23,21 = 3,71	28,22 = 4,51	33,23 = 5,31	38,24 = 6,11	43,19 = 6,90	48,20 = 7,70
3,29 = 0,53	8,30 = 1,33	13,25 = 2,12	18,26 = 2,92	23,27 = 3,72	28,28 = 4,52	33,29 = 5,32	38,30 = 6,12	43,25 = 6,91	48,26 = 7,71
3,36 = 0,54	8,37 = 1,34	13,31 = 2,13	18,32 = 2,93	23,34 = 3,73	28,35 = 4,53	33,36 = 5,33	38,37 = 6,13	43,31 = 6,92	48,33 = 7,72
3,42 = 0,55	8,43 = 1,35	13,38 = 2,14	18,39 = 2,94	23,40 = 3,74	28,41 = 4,54	33,42 = 5,34	38,43 = 6,14	43,38 = 6,93	48,39 = 7,73
3,48 = 0,56	8,49 = 1,36	13,44 = 2,15	18,45 = 2,95	23,46 = 3,75	28,47 = 4,55	33,48 = 5,35	38,49 = 6,15	43,44 = 6,94	48,45 = 7,74
3,54 = 0,57	8,55 = 1,37	13,50 = 2,16	18,51 = 2,96	23,52 = 3,76	28,53 = 4,56	33,54 = 5,36	38,55 = 6,16	43,50 = 6,95	48,51 = 7,75
3,61 = 0,58	8,62 = 1,38	13,56 = 2,17	18,58 = 2,97	23,59 = 3,77	28,60 = 4,57	33,61 = 5,37	38,62 = 6,17	43,57 = 6,96	48,58 = 7,76
3,67 = 0,59	8,68 = 1,39	13,63 = 2,18	18,64 = 2,98	23,65 = 3,78	28,66 = 4,58	33,67 = 5,38	38,68 = 6,18	43,63 = 6,97	48,64 = 7,77
3,73 = 0,60	8,74 = 1,40	13,69 = 2,19	18,70 = 2,99	23,71 = 3,79	28,72 = 4,59	33,73 = 5,39	38,74 = 6,19	43,69 = 6,98	48,70 = 7,78
3,79 = 0,61	8,80 = 1,41	13,75 = 2,20	18,76 = 3,00	23,77 = 3,80	28,78 = 4,60	33,79 = 5,40	38,81 = 6,20	43,75 = 6,99	48,76 = 7,79
3,86 = 0,62	8,87 = 1,42	13,82 = 2,21	18,83 = 3,01	23,84 = 3,81	28,85 = 4,61	33,86 = 5,41	38,87 = 6,21	43,82 = 7,00	48,83 = 7,80
3,92 = 0,63	8,93 = 1,43	13,88 = 2,22	18,89 = 3,02	23,90 = 3,82	28,91 = 4,62	33,92 = 5,42	38,93 = 6,22	43,88 = 7,01	48,89 = 7,81
3,98 = 0,64	8,99 = 1,44	13,94 = 2,23	18,95 = 3,03	23,96 = 3,83	28,97 = 4,63	33,98 = 5,43	38,99 = 6,23	43,94 = 7,02	48,95 = 7,82
4,04 = 0,65	**9**,06 = 1,45	**14**,00 = 2,24	**19**,01 = 3,04	**24**,02 = 3,84	**29**,03 = 4,64	**34**,05 = 5,44	**39**,06 = 6,24	**44**,00 = 7,03	**49**,01 = 7,83
4,11 = 0,66	9,12 = 1,46	14,07 = 2,25	19,08 = 3,05	24,09 = 3,85	29,10 = 4,65	34,11 = 5,45	39,12 = 6,25	44,07 = 7,04	49,08 = 7,84
4,17 = 0,67	9,18 = 1,47	14,13 = 2,26	19,14 = 3,06	24,15 = 3,86	29,16 = 4,66	34,17 = 5,46	39,18 = 6,26	44,13 = 7,05	49,14 = 7,85
4,23 = 0,68	9,24 = 1,48	14,19 = 2,27	19,20 = 3,07	24,21 = 3,87	29,22 = 4,67	34,23 = 5,47	39,24 = 6,27	44,19 = 7,06	49,20 = 7,86
4,30 = 0,69	9,31 = 1,49	14,25 = 2,28	19,26 = 3,08	24,27 = 3,88	29,29 = 4,68	34,30 = 5,48	39,31 = 6,28	44,25 = 7,07	49,26 = 7,87
4,36 = 0,70	9,37 = 1,50	14,32 = 2,29	19,33 = 3,09	24,34 = 3,89	29,35 = 4,69	34,36 = 5,49	39,37 = 6,29	44,32 = 7,08	49,33 = 7,88
4,42 = 0,71	9,43 = 1,51	14,38 = 2,30	19,39 = 3,10	24,40 = 3,90	29,41 = 4,70	34,42 = 5,50	39,43 = 6,30	44,38 = 7,09	49,39 = 7,89
4,48 = 0,72	9,49 = 1,52	14,44 = 2,31	19,45 = 3,11	24,46 = 3,91	29,47 = 4,71	34,48 = 5,51	39,49 = 6,31	44,44 = 7,10	49,45 = 7,90
4,55 = 0,73	9,56 = 1,53	14,50 = 2,32	19,51 = 3,12	24,53 = 3,92	29,54 = 4,72	34,55 = 5,52	39,56 = 6,32	44,50 = 7,11	49,52 = 7,91
4,61 = 0,74	9,62 = 1,54	14,57 = 2,33	19,58 = 3,13	24,59 = 3,93	29,60 = 4,73	34,61 = 5,53	39,62 = 6,33	44,57 = 7,12	49,58 = 7,92
4,67 = 0,75	9,68 = 1,55	14,63 = 2,34	19,64 = 3,14	24,65 = 3,94	29,66 = 4,74	34,67 = 5,54	39,68 = 6,34	44,63 = 7,13	49,64 = 7,93
4,73 = 0,76	9,74 = 1,56	14,69 = 2,35	19,70 = 3,15	24,71 = 3,95	29,72 = 4,75	34,73 = 5,55	39,74 = 6,35	44,69 = 7,14	49,70 = 7,94
4,80 = 0,77	9,81 = 1,57	14,75 = 2,36	19,77 = 3,16	24,78 = 3,96	29,79 = 4,76	34,80 = 5,56	39,81 = 6,36	44,76 = 7,15	49,77 = 7,95
4,86 = 0,78	9,87 = 1,58	14,82 = 2,37	19,83 = 3,17	24,84 = 3,97	29,85 = 4,77	34,86 = 5,57	39,87 = 6,37	44,82 = 7,16	49,83 = 7,96
4,92 = 0,79	9,93 = 1,59	14,88 = 2,38	19,89 = 3,18	24,90 = 3,98	29,91 = 4,78	34,92 = 5,58	39,93 = 6,38	44,88 = 7,17	49,89 = 7,97
4,98 = 0,80	9,99 = 1,60	14,94 = 2,39	19,95 = 3,19	24,96 = 3,99	29,97 = 4,79	34,98 = 5,59		44,94 = 7,18	49,95 = 7,98

50,00 = 7,99	500,00 = 79,83	1 000,00 = 159,66	6 000,00 = 957,98	100 000,00 = 15 966,39
100,00 = 15,97	600,00 = 95,80	2 000,00 = 319,33	7 000,00 = 1 117,65	1 000 000,00 = 159 663,87
200,00 = 31,93	700,00 = 111,76	3 000,00 = 478,99	8 000,00 = 1 277,31	
300,00 = 47,90	800,00 = 127,73	4 000,00 = 638,66	9 000,00 = 1 436,97	
400,00 = 63,87	900,00 = 143,70	5 000,00 = 798,32	10 000,00 = 1 596,64	

Wenn eine Speise oder ein Getränk kalkuliert wird, ist in der letzten Stufe die Mehrwertsteuer (MwSt.) hinzuzurechnen. **Der Endverbraucher** (unser Gast) **ist der Steuerträger,** er zahlt letztlich die Mehrwertsteuer.

Der Betrieb ist Steuerschuldner, denn er hat die MwSt. an das Finanzamt weiterzuleiten. Den Anteil der MwSt., den er bereits mit der Lieferantenrechnung bezahlt hat, kann er abziehen. Den verbleibenden Rest nennt man **Zahllast.**

1

Beispiel

Eine Flasche Sekt wird für 10,00 € ohne MwSt. bezogen und soll für 30,00 € ohne MwSt. angeboten werden. Der Steuersatz ist jeweils 19 Pozent; siehe unten.

Berechnen Sie die Zahllast.

	Netto	MwSt.	Brutto	
Verkauf	30,00 €	5,70 €	35,70 €	→ Vom Gast erhalten.
– Einkauf	10,00 €	**1,90 €**	11,90 €	→ An den Lieferanten bezahlt. = **Vorsteuer**
= Mehrwert	20,00 €	**3,80 €**	23,80 €	→ **Zahllast,** bekommt das Finanzamt

Antwort: Die Zahllast beträgt 3,80 €.

Vereinnahmte MwSt. – Vorsteuer = Zahllast

Für die Mehrwertsteuer gelten unterschiedliche Steuersätze

ermäßigter Steuersatz Steuersatz 7 %	Regelsteuersatz Steuersatz 19 %
z. B. Lebensmittel Bücher Zeitungen Beherbergung	z. B. Getränke (außer Milch, Aufgussgetränke und Leitungswasser) Delikatessen wie Hummer, Langusten, Kaviar Energie „Verzehr an Ort und Stelle"[1]

2
(3)

Wir liefern ein rustikales Büfett für 465,80 (639,10) € einschließlich der gültigen MwSt.

a) Welcher Steuersatz musste berechnet werden?
b) Ermitteln Sie die im Rechnungsbetrag enthaltene MwSt.
c) Der Nettobetrag der Lieferantenrechnungen an das Hotel belief sich auf 132,70 (198,20) €. Wie hoch ist die für diese Lieferung entrichtete Vorsteuer ?
d) Ermitteln Sie die Zahllast für diese Außer-Haus-Lieferung.

---

[1] In der Gastronomie wird „an Ort und Stelle" verzehrt. Deshalb ist der **Regelsteuersatz** zu berechnen. Lebensmittelgeschäfte, Bäckereien und Fleischereien „bieten an, ohne Sitzgelegenheit bereitzustellen", und haben daher ebenso wie der Stehimbiss nur den **ermäßigten Steuersatz** zu berechnen.

4 Ein Betrieb hatte steuerpflichtige Umsätze mit 19 Prozent MwSt. in Höhe von 71 300,00
(5) (214 728,00) € und steuerpflichtige Umsätze mit 7 Prozent MwSt. in Höhe von 23 820,00
(1 667,00) €. Die abziehbaren Vorsteuerbeträge belaufen sich auf 4 075,40 (10 526,60) €.
Berechnen Sie die an das Finanzamt abzuführende Zahllast.

Bei **Außer-Haus-Lieferungen** muss unterschieden werden:
- Speisen → 7%
- Getränke → 19%
- Personal → 19%

6 Wir liefern für ein Firmenfest (ohne Service) und berechnen:
(7) Speisen, netto 1 680,00 (2 341,10) €
Getränke, netto 1 345,60 (1 984,30) €
Personal für Transport, netto 345,00 (795,00) €
Ermitteln Sie die MwSt. für diese Rechnung.

8 Ein Betrieb hatte steuerpflichtige Umsätze mit 19 Prozent MwSt. in Höhe von 46 371,00
(9) (186 764,00) € und steuerpflichtige Umsätze mit 7 Prozent MwSt. in Höhe von 14 628,00
(2 718,00) €. Die abziehbaren Vorsteuerbeträge belaufen sich auf 2 219,60 (6 881,40) €.
Berechnen Sie die an das Finanzamt abzuführende Zahllast.

10 In fast jedem Burger-Shop wird man gefragt. „Hier oder zum Mitnehmen?" Warum, wenn dann
doch die gleiche „Verpackung" gewählt wird und der gleiche Preis zu bezahlen ist?
Denken Sie darüber nach. „Zum Mitnehmen" könnte billiger sein.

11 Zum Nachdenken, nicht nur wegen der MwSt.
In einem Konditoreicafé wird Erdbeerkuchen angeboten. Im Laden kostet das Stück 2,40 €, im
Café 2,90 €.
Erläutern Sie. Drei Gründe sind anzuführen.

146

24 Entlohnung im Gastgewerbe

24.1 Entlohnungsarten

Lohn oder Gehalt sind Gegenleistungen für erbrachte Arbeit. Unterschiedlich ist die Bemessungsgrundlage. Dazu können die Arbeitszeit oder die -leistung dienen.

● Ist die **Arbeitszeit** Grundlage der Entlohnung, spricht man von **Zeitlohn.** Für die tariflich festgelegte Arbeitszeit erhält man den **Grundlohn;** ist über dieses Zeitmaß hinaus zu arbeiten, fallen getrennt zu verrechnende **Überstunden** an.

● Ist die **Leistung** Berechnungsgrundlage, spricht man von **Leistungslohn.** Dabei ist im Gastgewerbe der **Umsatz** die Bemessungsgrundlage. In anderen Gewerben wird z. B. nach Stückzahl, nach Quadratmetern usw. abgerechnet. Man nennt diese Art der Abrechnung Akkordlohn.

   – Um **Einzelleistungslohn** handelt es sich, wenn der Umsatz eines Angestellten Bemessungsgrundlage ist.

   – Vom **Gruppenleistungslohn** spricht man, wenn z. B. alle im Service Beschäftigten als Gruppe betrachtet werden und deren Gesamtumsatz Bemessungsgrundlage ist. Der Gruppenleistungslohn (Tronc, Stock) wird dann nach bestimmten Regeln an die einzelnen Mitarbeiter **verteilt.**

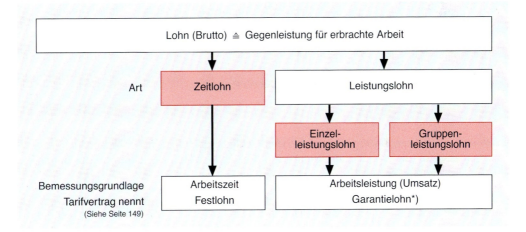

*) Erklärung Garantielohn
Durch besondere Umstände, wie z. B. Schlechtwetterperiode bei Saisonbetrieben, kann es vorkommen, dass die tatsächliche prozentuale Umsatzbeteiligung wegen des schlechten Geschäftsganges geringer ist als der Garantielohn. Dann hat der Arbeitnehmer Anspruch auf den Garantielohn. Den Unterschiedsbetrag zwischen erzielter Umsatzbeteiligung und dem Garantielohn hat der Betrieb zu tragen.

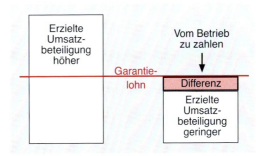

> Der **Garantielohn** ist ein unabhängig vom Umsatz garantierter Minimalverdienst.
> Der Garantielohn ist nicht ein Festbetrag (Fixum), auf den die prozentuale Umsatzbeteiligung aufgestockt wird.

24.2 Einzelleistungslohn

Bei Festangestellten ist die monatliche Abrechnung üblich. Mit Arbeitskräften, die aushilfsweise beschäftigt sind, wird am Ende der Arbeitszeit abgerechnet.

Der vereinbarte Prozentanteil basiert auf dem kalkulierten Preis. Der Umsatz des Einzelnen ist die Summe aller vereinnahmten Inklusivpreise. Darum

Rückrechnung vom Umsatz zur Umsatzbeteiligung.

1 | **Beispiel**

Eine Aushilfskraft erhält 12 % des kalkulierten Preises als Entgelt; MwSt. 19 %. Sie rechnet mit 533,12 € ab.

Wie viel € Umsatzbeteiligung sind auszuzahlen?

Lösung

Kalkulierter Preis		100 %
Umsatzbeteiligung	? €	12 %
Netto-Verkaufspreis	112 %	100 %
MwSt.		19 %
❷ Inklusivpreis	533,12 €	119 %

$$119\% \triangleq 533,12 \text{ €}$$
$$100\% \triangleq \quad x \quad \text{€}$$

$$x = \frac{533,12 \cdot 100}{119} = 448,00 \text{ €}$$

$$112\% \triangleq 448,00 \text{ €}$$
$$12\% \triangleq \quad x \quad \text{€}$$

$$x = \frac{448,00 \cdot 12}{112} = 48,00 \text{ €}$$

Antwort: Die Umsatzbeteiligung beträgt 48,00 €.

Lösungshinweise

Eine Übersicht gibt die Aufstellung der Stufen drei und vier der Kalkulation.

Der erste Schritt der Rückrechnung führt vom Inklusivpreis (119 %) zum Netto-Verkaufspreis (100 %).

❷ Beim zweiten Schritt der Rückrechnung ist der Netto-Verkaufspreis 100 + 12 = 112 %.

Hinweis: Beim Rechenweg besteht kein Unterschied zwischen täglicher Abrechnung (Aushilfe) und monatlicher Abrechnung (Festangestellte). Nur die Höhe der Beträge ist unterschiedlich.

2 Eine Aushilfskraft erhält 12 % des kalkulierten Preises als Lohn; MwSt. 19 %. Sie rechnet mit **(3)** 566,44 (472,70) € ab.

Wie viel € Umsatzbeteiligung sind auszuzahlen?

4 Eine Vertretung im Service erhält 15 % Umsatzbeteiligung. Sie rechnet mit 519,80 (467,82) € ab. **(5)** Berechnen Sie unter Berücksichtigung der 19-prozentigen Mehrwertsteuer die Auszahlung.

6 Mit einer Vertretung wurden „15 %" vereinbart. Die Registrierkasse druckt als Umsatz 411,50 **(7)** (309,20) € aus.

a) Worauf bezieht sich die Angabe „15 %"?

b) Welche Angabe fehlt in der Rechnung? Setzen Sie den gültigen Wert ein.

c) Auf wie viel € beläuft sich die Umsatzbeteiligung?

8 Im Lohnbüro ist die monatliche Abrechnung vorzunehmen. Vereinbart sind 12 % Umsatzbeteiligung, MwSt. 19 %. Berechnen Sie die Bruttolöhne bei folgenden Umsätzen.

a) 19 320,00   b) 18 188,40   c) 12 121,77   d) 22 119,00   e) 19 596,70

148

24.3 Gruppenleistungslohn – Tronc

Bei betrieblich erforderlichen Regelungen kann der Einzelleistungslohn zu ungerechten Verschiebungen führen, z. B. bei

- **Schichtdienst;** die Gästezahlen und die Verzehrgewohnheiten sind zu den einzelnen Tageszeiten unterschiedlich, damit auch der Umsatz.

- **gleichbleibendem Revier;** Stammgäste werden durch diese Regelung stets vom gleichen Personal bedient. Innerhalb des Personals gibt es aber keinen Ausgleich zwischen umsatzstarken und umsatzschwachen Revieren. Unterschiede können auch durch die Witterung bedingt sein.

Einen Ausgleich schafft der Gruppenleistungslohn oder Tronc. Dabei fließt die Umsatzbeteiligung des gesamten Bedienungspersonals in den Tronc (gemeinsame Prozentkasse) und wird nach einem festgelegten Verteilungssystem auf die einzelnen Mitglieder der Gruppe verteilt.

> Der Tronc enthält die Umsatzbeteiligung aus dem Gesamtumsatz.
> Die Aufteilung des Troncs ist eine Verteilungsrechnung.

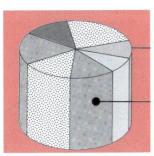

Die **Höhe des Troncs** wird vom Umsatz bestimmt.

Der **Anteil des Einzelnen** wird durch tarifliche Bestimmungen geregelt.

Hinweis: Wenn Sie die Verteilungsrechnung nicht sicher beherrschen, wiederholen Sie zunächst auf Seite 70 Beispiel 1 und Aufgabe 2.

Ausschnitt aus einem Tarifvertag

	Garantie-löhne €
Restaurantdirektor	freie Verein-barung
Serviermeister, Oberkellner	2 900,00
Chef de rang	2 400,00
Restaurantfachmann	2 100,00
Angelernte	1 800,00

Aus dem Tronc darf nur Personal entlohnt werden, das im Tarifvertrag unter den Prozentempfängern genannt ist. – Nicht aus dem Tronc dürfen entnommen werden Ausbildungsvergütungen, Urlaubsgelder und die Entlohnung für Personen, die geschäftsführend tätig sind.

Zunächst sind dem Tronc die Garantielöhne zu entnehmen. Ein Überschuss ist im Verhältnis der Garantielöhne zu verteilen. Rechnerisch kann die Verteilung des Garantielohnes und des Überschusses (Übertronc) zusammengefasst werden.

Mit Zustimmung des Betriebsrates oder, wo dieser nicht besteht, durch Mehrheitsbeschluss der Arbeitnehmer kann im Einvernehmen mit dem Arbeitgeber der Übertronc auch nach anderen Verhältnissen, z. B. Punktesystem, verteilt werden.

Verteilung des Troncs nach Garantielöhnen

1 **Beispiel**

Ein Betrieb beschäftigt einen Oberkellner mit 2 900,00 € Garantielohn und fünf Restaurantfachleute mit je 2 100,00 € Garantielohn. Tronc 17 420,00 €.

a) Berechnen Sie den Verteilungsschlüssel, wenn im Verhältnis der Garantielöhne verteilt wird.
b) Wie viel € Bruttolohn erhält jeder Angestellte?
c) Führen Sie eine Kontrollrechnung durch.

Lösung   **❶**

1 Oberkellner	2 900,00 € · 1 =	2 900,00 €
5 Restaurantfachl.	2 100,00 € · 5 =	10 500,00 €

Summe der Garantielöhne   **❶**   13 400,00 €

❷ $\dfrac{\text{Tronc}}{\text{Garantielöhne}}$ = Verteilungsschlüssel

❸ $\dfrac{17\,420,00\ €}{13\,400,00\ €}$ = 1,3

Es erhalten an Bruttolohn

1 Oberkellner	2 900,00 € · 1,3 = 3 770,00 € · 1 =	3 770,00 €
5 Restaurantfachl.	2 100,00 € · 1,3 = 2 730,00 € · 5 =	13 650,00 €

Kontrolle

Summe der auszuzahlenden Bruttolöhne   17 420,00 €

Lösungshinweise

❶ Beträge mit der Zahl der Empfänger vervielfachen und zusammenzählen.

❷ Den Verteilungsschlüssel erhält man, wenn der Tronc durch die Garantielöhne geteilt wird.

❸ Das Ergebnis 1,3 besagt, dass man für jede € Garantielohn das 1,3fache erhält.

Antwort a) Der Verteilungsschlüssel ist 1,3.
b) Der Oberkellner erhält 3 770,00 €,
jede Restaurantfachkraft 2 730,00 € Bruttolohn.

---

1. Summe der Garantielöhne berechnen
2. Tronc : Garantielöhne = Verteilungsschlüssel
3. Garantielohn · Verteilungsschlüssel = Bruttolohn

---

2 Zum Servicepersonal des Hotels „Vier Jahreszeiten" zählen 1 Oberkellner, 1 (2) Chef de rang,
(3) 4 (6) Restaurantfachleute. Der Tronc enthält 16 875,00 € (26 273,00 €). Garantielöhne siehe Tarifvertrag Seite 149.

a) Berechnen Sie den Bruttolohn jedes Angestellten.
b) Überprüfen Sie die Berechnung, indem Sie die Summe der auszuzahlenden Bruttolöhne ermitteln.

4 Das Hotel „Schwarzer Adler" hat im Service beschäftigt: 2 (3) Oberkellner, 4 (6) Chefs de rang,
(5) 8 (11) Restaurantfachleute. Der Tronc umfasst 29 140,00 (59 140,00) €.

a) Wie viel € Bruttolohn erhält jeder Angestellte?
b) Überprüfen Sie die Berechnung, indem Sie die Summe der auszuzahlenden Bruttolöhne ermitteln.

Bei der Berechnung des Verteilungsschlüssels wird nur auf zwei Stellen nach dem Komma gerechnet.
Der bei der Verteilung verbleibende Rest kommt als Vortrag zum Tronc des folgenden Monats.

150

Verteilung des Troncs nach Garantielöhnen und Punkten

Nach den Bestimmungen des Tarifvertrages kann der nach der Verteilung der Garantielöhne verbleibende Übertronc nach einem Punktesystem verteilt werden, wenn die Arbeitnehmer dem zustimmen. Mit dem Punktesystem können die besonderen Fähigkeiten Einzelner berücksichtigt werden. Es kann aber auch dazu führen, dass die „alten Hasen" gegenüber den Neuen in einer Brigade bevorzugt werden.

6

Beispiel

Im Restaurant „Sonne" wird der Tronc in Höhe von 12 650,00 € nach den tariflichen Garantielöhnen verteilt, der Übertronc nach dem Punktesystem. Es sind beschäftigt ein Oberkellner mit 2 100,00 € Garantielohn und 16 Punkten, fünf Restaurantfachleute mit je 1 500,00 € Garantielohn und 9 Punkten.

Berechnen Sie den Bruttolohn jedes Angestellten.

Lösung

1 Oberkellner	2 900,00 € · 1 = 2 900,00 €	16 P · 1 = 16 P
5 Restaurantfachl.	2 100,00 € · 5 = 10 500,00 €	9 P · 5 = 45 P
Summen	❶ 13 400,00 €	❶ 61 P

Tronc	16 450,00 €
Garantielöhne	13 400,00 €
❷ Übertronc	3 050,00 €

❸ 61 P ≙ 3 050,00 €
   1 P ≙ 50,00 €

Oberkellner

❹ Punktwert 50,00 € · 16	=	800,00 €
Garantielohn		2 900,00 €
❺ Bruttolohn		3 700,00 €

Lösungshinweise

Die Summe der Garantielöhne und Punkte errechnen.

❷ Übertronc ermitteln, indem man vom Tronc die Summe der Garantielöhne abzieht.

❸ Wert für einen Punkt berechnen.

❹ Punktwert mal Einzelpunkte ergibt Punktzuschlag.

❺ Garantielohn und Punktzuschlag entspricht Bruttolohn.

Tronc = gemeinsame Prozentkasse bei Gruppenleistungslohn
Übertronc = Teil des Troncs, der die Summe der Garantielöhne übersteigt
Resttronc = Rest, der bei der Verteilung des Troncs bleibt und zum folgenden Monat vorgetragen wird

---

7
(8) Im Hotel „Weißes Lamm" ist vereinbart: Nach Entnahme der tariflichen Garantielöhne (Seite 149) wird der Übertronc nach Punkten verteilt. Es erhalten 1 (2) Oberkellner 15 Punkte, 2 (3) Chefs de rang je 12 Punkte, 5 (7) Restaurantfachleute je 9 Punkte. Der Tronc enthält 23 075,00 (31 668,00) €.

Berechnen Sie den Bruttolohn jedes Angestellten.

9
(10) Das Personal des Saisonhotels „Strandbad" hat folgender Vereinbarung zugestimmt: Nach Abzug der tariflichen Garantielöhne erhalten Serviermeister 14 Punkte, Chefs de rang 12 Punkte, Restaurantfachleute 10 Punkte, Angelernte 8 Punkte. Der Servicebrigade gehören an: 1 (2) Serviermeister, 4 (5) Chefs de rang, 8 (9) Restaurantfachleute, 4 (6) Angelernte. Der Tronc enthält 41 207,00 (55 640,00) €.

Berechnen Sie den Bruttolohn jedes Angestellten.

24.4 Prüfungsaufgaben

Weil Aufgaben zur Verteilung des Troncs sehr umfassend sind, werden bei Prüfungen vielfach Teilberechnungen herausgegriffen. Dass diese dennoch Verständnis für das ganze Abrechnungssystem verlangen, zeigen die folgenden Beispiele:

1
(2) Der Tronc eines Restaurants enthält 18 400,00 (15 525,00) €. Es gelten folgende Garantielöhne: 1 Oberkellner 2 100,00 €, 2 Chefs de rang je 1 700,00 €, 4 Restaurantfachleute je 1 500,00 €

Berechnen Sie den Verteilungsschlüssel.

3
(4) Ein Hotel zahlt an Garantielöhnen 2 200,00 € an einen Serviermeister, je 1 780,00 € an drei Chefs de rang, je 1 560,00 € an neun Commis. Der Tronc von 26 759,20 (28 917,20) € soll entsprechend den Garantielöhnen verteilt werden.

Berechnen Sie den Verteilungsschlüssel.

5
(6) Die Summe der Garantielöhne eines Hauses beläuft sich auf 14 860,00 (28 730,00) €. Der Tronc enthält 21 101,20 (45 106,10) €.

a) Berechnen Sie den Verteilungsschlüssel.
b) Wie viel € Bruttolohn erhält ein Commis, wenn sein Garantielohn 1 580,00 (1 610,00) € beträgt?

7 Das Servicepersonal eines Betriebes wird nach folgenden Garantielöhnen abgerechnet:

1 Serviermeister   Garantielohn   2 150,00 €
2 Chefs de rang   Garantielohn je 1 710,00 €
5 Restaurantfachleute   Garantielohn je 1 530,00 €

a) Wie viel € beträgt die Summe der Garantielöhne?
b) Der Tronc enthält 17 450,00 €. Berechnen Sie den Verteilungsschlüssel.

8 Im Monat Februar enthält der Tronc eines Spezialitätenrestaurants 32 277,20 €. Er ist an folgendes Personal im Verhältnis der Garantielöhne zu verteilen:

1 Oberkellner   Garantielohn   2 120,00 €
3 Chefs de rang   Garantielohn je 1 730,00 €
12 Restaurantfachleute   Garantielohn je 1 560,00 €

Wie viel € erhält ein Restaurantfachmann?

9
(10) Das Lohnbüro hat einen Verteilungsschlüssel von 24,80 € je Punkt ermittelt. Eine Restaurantfachfrau dieses Betriebes erhält neben dem Garantielohn von 1 630,00 (1 670,00) € 9 (8) Punkte.

Berechnen Sie den Bruttolohn.

11
(12) Ein Commis erhält neben dem Garantielohn aus dem Übertronc 8 (9) Punkte; das waren in diesem Monat 369,20 (343,80) €. Ihm ist bekannt, dass einem Chef de rang 11 (13) Punkte verrechnet werden.

Nun will er wissen, wie viel € einem Chef de rang aus dem Übertronc ausbezahlt wird.

13
(14) Ein Restaurantfachmann möchte einen Monatsbruttolohn von 1 950,00 (2 200,00) € erzielen. Es sind 12 (13) Prozent Umsatzbeteiligung vereinbart, die MwSt. beläuft sich auf 19 Prozent.

Welcher Monatsumsatz muss erarbeitet werden?

handwerk-technik.de

Auf die Frage: „Wie viel verdienst du?" kann bei gleichem Lohn die Antwort sehr unterschiedlich ausfallen. Die einen nennen den Bruttolohn, andere den Nettolohn und ein Dritter den ausbezahlten Betrag.

- **Bruttolohn** wird fest vereinbart oder nach Leistung (Umsatz) berechnet.
- **Nettolohn:** nach Abzug von Steuern und Beiträgen zur Sozialversicherung.
- **Auszuzahlender Betrag:** Zulagen wie Fahrtkosten und Abzüge, z. B. für Kost und Wohnung, sind berücksichtigt.

25.1 Steuern

Bei der Berechnung der Lohn- und Kirchensteuer wird neben der Höhe des Verdienstes der Familienstand berücksichtigt. Damit wird ein sozialer Ausgleich angestrebt. Denn es macht einen großen Unterschied, ob z. B. ein Lediger nur für sich selbst zu sorgen hat oder ein Verheirateter bei gleichem Verdienst eine Familie zu unterhalten hat.

Steuerklassen (vereinfachte Erläuterung)

I Alleinlebende (ledig, geschieden, verwitwet) ohne Kinderfreibetrag; also Alleinversorger. Sie zahlen verhältnismäßig am meisten.

II Alleinerziehende mit Entlastungsbetrag.

III Verheiratete Allein- oder Hauptverdiener.

IV Verheiratete, wenn beide berufstätig und ungefähr gleich viel verdienen.

V Verheiratete, Ehegatte hat Steuerklasse III.

Die Abzüge an Lohnsteuer		
Lohn Gehalt bis €	Steuer- klasse	Lohn- steuer €
1 500,00	I	93,75
	III	0,00
	IV	93,75
2 000,00	I	209,41
	III	26,33
	IV	209,41

III/1 arabische Ziffer: Zahl der Freibeträge wegen Kind

Wer Steuerabzüge überprüfen will, muss
- seine Lohnsteuerklasse kennen (siehe Aufgaben 1 bis 8)
- die Lohnsteuertabelle ablesen können (siehe folgende Seite).

Welche Lohnsteuerklasse? (Mündliche Übung)

	1	**2**	**3**	**4**	**5**	**6**	**7**	**8**
Familienstand	ledig	verh.	verh.	verh.	verh.	verh.	verh.	ledig
Kinderfreibetrag	0	1	0	1	2	0	2	0,5
Ehepartner arbeitet	–	nein	ja	nein	nein	ja	ja	–

25.2 Sozialabgaben

Die Beiträge zu den Sozialversicherungen muss der Arbeitgeber vom Lohn einbehalten und an die Versicherungen abführen.

> Für die Sozialversicherungen betragen die Beitragssätze vom Bruttolohn:[1]
>
> | | | |
> |---|---|---|
> | Kranken- und Pflegeversicherung | ≈ 17 % | Es zahlen: |
> | Rentenversicherung | ≈ 20 % | je die Hälfte Arbeitgeber ≈ 20 % |
> | Arbeitslosenversicherung | ≈ 3 % | Arbeitnehmer ≈ 20 % |
> | Gesamt | ≈ 40 % | |
>
> Die Tabelle nennt den Anteil für jeden Partner.
>
> [1] Kurzfristige Änderungen der Beitragssätze bleiben unberücksichtigt.

25.2.1 Umgang mit Lohnsteuer- und Sozialversicherungstabellen

Hinweis: Im Kopf der Tabelle steht „**bis** …", also muss in der Tabelle die Summe gesucht werden, die dem Bruttolohn gleich oder etwas höher ist.

Die Abzüge an Lohnsteuer, Solidaritätszuschlag und Kirchensteuer betragen (Stand 1.10.2014)

Lohn/ Gehalt bis	Steuerklasse	Lohn-steuer	ohne Kinderfreibetrag			mit 0,5 Kinderfreibetrag			mit 1,0 Kinderfreibetrag			mit 2,0 Kinderfreibetr.			Arbeitnehmeranteil zur Sozialversicherung KV + RV + AV
			SolZ 5,5 %	Kirchensteuer 8%	9%	SolZ 5,5 %	Kirchensteuer 8%	9%	SolZ 5,5 %	Kirchensteuer 8%	9%	SolZ 5,5 %	Kirchensteuer 8%	9%	
1535,99	I	102,08	4,21	8,16	9,18	0,00	2,94	3,30	0,00	0,00	0,00	0,00	0,00	0,00	309,69
	II	75,75	0,00	6,06	6,81	0,00	1,38	1,55	0,00	0,00	0,00	0,00	0,00	0,00	
	III	0,00	0,00	0,00	0,00	0,00	0,00	0,00	0,00	0,00	0,00	0,00	0,00	0,00	
	IV	102,08	4,21	8,16	9,18	0,00	5,38	6,05	0,00	2,94	3,30	0,00	0,00	0,00	
	V	280,25	15,41	22,42	25,22										
	VI	316,50	17,40	25,32	28,48										
1541,99	I	103,41	4,48	8,27	9,30	0,00	3,02	3,40	0,00	0,00	0,00	0,00	0,00	0,00	310,89
	II	77,08	0,00	6,16	6,93	0,00	1,45	1,63	0,00	0,00	0,00	0,00	0,00	0,00	
	III	0,00	0,00	0,00	0,00	0,00	0,00	0,00	0,00	0,00	0,00	0,00	0,00	0,00	
	IV	103,41	4,48	8,27	9,30	0,00	5,48	6,17	0,00	3,02	3,40	0,00	0,00	0,00	
	V	282,66	15,54	22,61	25,43										
	VI	318,91	17,54	25,51	28,70										
1742,99	I	151,08	8,30	12,08	13,59	0,00	6,30	7,09	0,00	1,55	1,74	0,00	0,00	0,00	351,46
	II	123,58	6,79	9,88	11,12	0,00	4,34	4,88	0,00	0,18	0,20	0,00	0,00	0,00	
	III	0,00	0,00	0,00	0,00	0,00	0,00	0,00	0,00	0,00	0,00	0,00	0,00	0,00	
	IV	151,08	8,30	12,08	13,59	6,28	9,14	10,28	0,00	6,30	7,09	0,00	1,55	1,74	
	V	358,00	19,69	28,64	32,22										
	VI	388,16	21,34	31,05	34,93										
2075,99	I	227,00	12,48	18,16	20,43	8,25	12,01	13,51	0,00	6,24	7,02	0,00	0,00	0,00	418,83
	II	197,75	10,87	15,82	17,79	6,74	9,81	11,03	0,00	4,28	4,82	0,00	0,00	0,00	
	III	36,50	0,00	2,92	3,28	0,00	0,00	0,00	0,00	0,00	0,00	0,00	0,00	0,00	
	IV	227,00	12,48	18,16	20,43	10,34	15,04	16,92	8,25	12,01	13,51	0,00	6,24	7,02	
	V	459,33	25,26	36,74	41,33										
	VI	491,16	27,01	39,29	44,20										

Die Lohnsteuer ist unabhängig von der Kinderzahl immer gleich hoch. Kinderfreibeträge werden nur beim Solidaritätszuschlag und bei der Kirchensteuer berücksichtigt.

1 / **(2)** Herr Frisch verdient 1 535,00 (2 075,00) € monatlich. Lesen Sie aus der Tabelle ab:
a) Lohnsteuer bei Steuerklasse I und SolZ,
b) Kirchensteuer bei 8 %,
c) Höhe der Sozialversicherungsbeiträge.

Berechnen Sie jeweils die Abzüge für Steuern und Sozialversicherungen unter Verwendung der Tabelle (Kirchensteuer 8 %).

	3	**4**	**5**	**6**	**7**	**8**
Brutto €	1 535,00	1 742,00	1 535,00	2 075,00	2 075,00	1 742,00
Familienstand	ledig	ledig	verh.	verh.	verh.	verh.
Kinderfreibetrag	ohne	1	ohne	2	ohne	2
Ehepartner arbeitet	–	–	nein	nein	ja	nein

25.3 Gesamtabrechnung

Der Arbeitgeber ist verpflichtet, eine Lohn- oder Gehaltsabrechnung durchzuführen. Dabei sind zu berücksichtigen:

- Lohn- und Kirchensteuer, SolZ (s. Seite 154); diese werden vom Arbeitgeber an das Finanzamt abgeführt.
- Sozialversicherungsbeiträge (s. Seite 154); sie werden vom Arbeitgeber einbehalten und überwiesen.
- Vermögenswirksame Leistungen; sie werden vom Arbeitgeber auf das vom Arbeitnehmer benannte Konto eingezahlt.
- Eventuelle Zuschüsse (z. B. Essenszuschuss) oder Erstattungen (z. B. Fahrgeld).

Der **Lohn** wird entweder
- fest vereinbart,
- über den Stundenlohn errechnet,
- aus dem Umsatz ermittelt.

Vom **Bruttolohn** werden **abgezogen**
- Lohn- und Kirchensteuer, Solidaritätszuschlag,
- Sozialversicherungsbeiträge,
- vermögenswirksame Leistungen, die der Arbeitnehmer aufbringt.

Der ermittelten Zwischensumme werden **zugerechnet** z. B.
- Fahrgelderstattung,
- Essensgeldzuschuss.

Lohn/Gehalt		1535	00
_____ Std. . . . . . . à € _____			
_____ Über-Std. . à € _____			
Über-Std.-Zuschläge _____			
Zuschläge aus Grundlohn € _____			
Fahrgeld-Erstattung _____			

Steuerfreie Bezüge siehe unten	**Brutto-Verdienst =**		1535	00
Abzüge Lohnsteuer _I/0_	102	08		
Kirch.-St. ev./kath. _8 %_	8	16		
Solidaritätszuschlag	4	21		
Krankenkasse				
Rentenversicherung				
Arbeitslosenversicher.	309	69		
Pflegeversicherung				
Vorschuss/Abschlag				
Vermögwirks. Leistung				
	424	14	424	14
Steuerfrei Steuerfreie Zuschläge . . . . +				
Auslagen-Erstattung/Fahrgeld . . . . . +				
Ersatzk.-Erst./Zusch. z. freiw. Krk.vers. +				
Auszuzahlender Betrag =			1 110	86

1 Irmgard hat einen Monatslohn von 1 535,00 (1 742,00) €. Sie ist in Lohnsteuerklasse I, Kirchen-
(2) steuer 8 %.

a) Lesen Sie Steuern und Versicherungsbeiträge ab und tragen Sie ein.

b) Errechnen Sie den auszuzahlenden Betrag.

3 Frau Brandstetter verdient monatlich 1 742,00 (2 075,00) €. Sie ist in Lohnsteuerklasse IV/0,
(4) Kirchensteuer 8 %, Sozialversicherungsbeiträge beachten. Ihre Monatskarte über 26,00 € erhält sie erstattet.

Berechnen Sie den auszuzahlenden Betrag.

5 In nebenstehender Lohnabrechnung sind bereits alle für die Abrechnung erforderlichen Werte eingetragen.

a) Ermitteln Sie die Abzüge aus der Tabelle (Kirchensteuer 8 %).

b) Wie hoch ist der auszuzahlende Betrag?

6 Wie viel Prozent des Bruttoverdienstes beträgt die Lohnsteuer bei Aufgabe 5?

7 Warum sind die Beiträge zur Krankenkasse unterschiedlich hoch?

Welchen Prozentsatz zahlen Sie?

8
(9) Der Arbeitnehmer, dessen Lohnabrechnung Sie bei Aufgabe 5 fertiggestellt haben, erhält eine Lohnerhöhung von 8 (10) %. Die Lohnsteuer beträgt dann 198,66 (206,25) €; SolZ 10,92 (11,24) €; die Kirchensteuer 8 % der Lohnsteuer; die Abzüge zur Sozialversicherung 375,84 (382,80) €. Die übrigen Werte bleiben gleich.

a) Berechnen Sie den auszuzahlenden Betrag.

b) Hat sich der Nettolohn auch um 8 (10) % erhöht?

c) Begründen Sie den Unterschied.

Lohn/Gehalt		1740	00
_____ Std. ...... à € _____			
_____ Über-Std. . à € _____			
Über-Std.-Zuschläge			
Zuschläge aus Grundlohn € _____			
Fahrgeld-Erstattung			
Steuerfreie Bezüge siehe unten **Brutto-Verdienst =**		1740	00

Abzüge

Lohnsteuer	*I/O*		
Kirch.-St. ev./kath.			
Solidaritätszuschlag			
Krankenkasse			
Rentenversicherung			
Arbeitslosenversicher.			
Pflegeversicherung			
Vorschuss/Abschlag			
Vermögwirks. Leistung			

Steuerfrei

Steuerfreie Zuschläge .... +		
Auslagen-Erstattung/Fahrgeld ..... +		
Ersatzk.-Erst./Zusch. z. freiw. Krk.vers. +		

Auszuzahlender Betrag	=	

25.4 Prüfungsaufgaben

Bei Prüfungsaufgaben zur Lohnabrechung wird nicht auf die Abzugstabelle zurückgegriffen. Daher lauten die Formulierungen der Aufgaben anders.

1
(2) Bei einem Bruttolohn von 1 450,00 (1 800,00) € werden einem unverheirateten Angestellten abgezogen: Lohnsteuer 111,66 (205,50) €, Kirchensteuer 8,93 (16,44) €, SolZ 6,13 (11,30) €, Sozialversicherungen 292,31 (360,46) €.

a) Berechnen Sie den Nettolohn.

b) Wie viel Prozent des Bruttolohnes betragen die Abzüge?

3
(4) Bei einem Bruttogehalt von 1 534,00 (1 687,00) € betragen die Abzüge für Lohnsteuer 8,8 (10,4) %, die Kirchensteuer wird mit 8 % der Lohnsteuer berechnet, für Sozialversicherungen werden 21,5 (20,2) % abgezogen.

a) Berechnen Sie die einzelnen Werte in €.

b) Wie hoch ist der auszuzahlende Betrag?

c) Wie viel Prozent des Bruttolohnes betragen die Abzüge?

5
(6) Einem Angestellten werden vom Bruttolohn in Höhe von 1 450,00 (1 680,00) € folgende Abzüge berechnet: Lohnsteuer 12 %, Kirchensteuer 8 (9) %, Rentenversicherung 10 %, Krankenversicherung 6,5 (7) % und Arbeitslosenversicherung 3 %.

Berechnen Sie den Nettolohn.

156

Gehobener Schwierigkeitsgrad

1
(2) Bei einem Bruttolohn von 1 535,00 (1 790,00) € betragen die Abzüge für Lohnsteuer 135,91 (202,33) €, die Kirchensteuer wird mit 8 % gerechnet, für Sozialversicherungen werden insgesamt 308,80 (360,46) € einbehalten.

a) Berechnen Sie den Nettolohn.
b) Wie viel Prozent des Bruttogehaltes betragen die Abzüge?

3 Ein Koch verdient 1 510,00 € brutto. An Abzügen fallen an: 8,5 % Lohnsteuer, 8 % Kirchensteuer, 21,8 % Sozialversicherungsbeiträge (Arbeitnehmeranteil).

Berechnen Sie den Nettolohn.

4
(5) Ein Commis verdient im Monat 1 645,00 (1 810,00) € netto. Die Lohnsteuer beträgt 14,3 %; die Arbeitnehmeranteile betragen: Rentenversicherung 9,4 %, Krankenversicherung 6,0 %, Arbeitslosenversicherung 2,3 %, Pflegeversicherung 1,7 %.

Wie viel verdient der Commis brutto?

6 Ein Angestellter erhält 1 273,00 € netto. Ihm wurden abgezogen 21,5 % Sozialversicherung, 9 % Lohnsteuer, 9 % Kirchensteuer.

Auf wie viel € beläuft sich der Bruttolohn?

7 Ein 28-jähriger Hotelangestellter ist verheiratet, hat ein Kind, die Ehefrau arbeitet nicht. Bruttolohn 2 420,00 €, Kirchensteuer 8 %. Ermitteln Sie Lohnsteuer und Kirchensteuer mithilfe der Tabelle; für Sozialversicherungen sind insgesamt 21 % Arbeitnehmeranteil zu berechnen.

Ermitteln Sie den Nettolohn.

Die Abzüge an Lohnsteuer, Solidaritätszuschlag und Kirchensteuer betragen

Lohn/ Gehalt bis	Steuerklasse	Lohn- steuer	ohne Kinderfreibetrag			mit 0,5 Kinderfreibetrag			mit 1,0 Kinderfreibetrag			mit 2,0 Kinderfreibeträgen		
			SolZ 5,5 %	Kirchensteuer 8 %	9 %	SolZ 5,5 %	Kirchensteuer 8 %	9 %	SolZ 5,5 %	Kirchensteuer 8 %	9 %	SolZ 5,5 %	Kirchensteuer 8 %	9 %
2432,99	I	312,58	17,19	25,00	28,13	12,69	18,46	20,77	8,45	12,30	13,83	0,00	1,70	1,91
	II	281,50	15,48	22,52	25,33	11,08	16,12	18,13	6,94	10,10	11,36	0,00	0,31	0,35
	III	99,83	0,00	7,98	8,98	0,00	3,54	3,98	0,00	0,00	0,00	0,00	0,00	0,00
	IV	312,58	17,19	25,00	28,13	14,90	21,68	24,39	12,69	18,46	20,77	8,45	12,30	13,83
	V	576,00	31,68	46,08	51,84									
	VI	610,66	33,58	48,85	54,95									

8
(9) Brigitte möchte als Aushilfsbedienung an einem Abend 50,00 (60,00) € erzielen. Es sind zu berücksichtigen: 12 % Umsatzbeteiligung und 19 % Mehrwertsteuer.

Welchen Umsatz muss sie erreichen?

10 Ein Betriebsinhaber bietet an: „Sie erhalten 10 % vom Umsatz als Bruttolohn." Der Tarifvertrag schreibt als Umsatzbeteiligung 12 % des kalkulierten Preises vor, die MwSt. ist mit 19 % zu berücksichtigen.

a) Überprüfen Sie, ob die tariflichen Vorgaben erreicht werden.
b) Welcher Prozentsatz vom Umsatz (2 Stellen nach dem Komma) entspricht „12 % vom kalkulierten Preis"?

25.5 Personalkosten

Von dem bisher bekannten Bruttolohn sind die Personalkosten zu unterscheiden, die Grundlage für die Kalkulation sind.

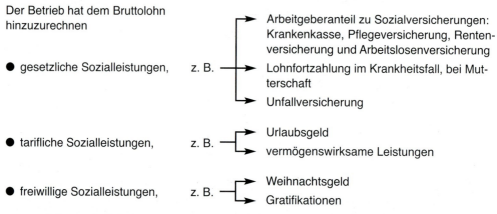

Der Betrieb hat dem Bruttolohn hinzuzurechnen

- gesetzliche Sozialleistungen, z. B. —→ Arbeitgeberanteil zu Sozialversicherungen: Krankenkasse, Pflegeversicherung, Rentenversicherung und Arbeitslosenversicherung
  —→ Lohnfortzahlung im Krankheitsfall, bei Mutterschaft
  —→ Unfallversicherung

- tarifliche Sozialleistungen, z. B. —→ Urlaubsgeld
  —→ vermögenswirksame Leistungen

- freiwillige Sozialleistungen, z. B. —→ Weihnachtsgeld
  —→ Gratifikationen

Diese über den Bruttolohn hinausgehenden Kosten werden auch **Lohnzusatzkosten** genannt.

Bruttolohn + Lohnnebenkosten = Personalkosten

Berechnungen zu diesem Gebiet sind äußerst schwierig. Sie können nur auf der Grundlage konkreter Situationen ermittelt werden. So ist z. B. eine Lohnfortzahlung im Krankheitsfall oder bei Mutterschaft nicht im Voraus zu erfassen.

Aus Durchschnittswerten ergibt sich bei 1500 € brutto folgende Übersicht zur Orientierung:

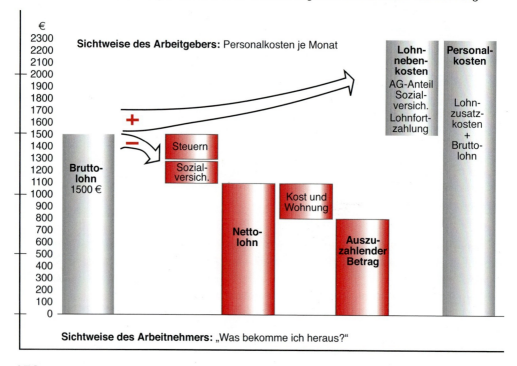

25.6 Stundenkosten

Neben den Kosten für eine Arbeitskraft ist die tatsächliche Arbeitszeit zu berücksichtigen, denn der Arbeitnehmer steht dem Betrieb nur einen Teil der Arbeitstage tatsächlich zur Verfügung. Man nennt diese Zeit die **tatsächliche Arbeitszeit:**

Von den Arbeitstagen sind abzurechnen
● Mindesturlaub: 28 Werktage,
● Zahl der Feiertage: 8 Tage,
● durchschnittliche Krankheitszeit: 9 Tage.

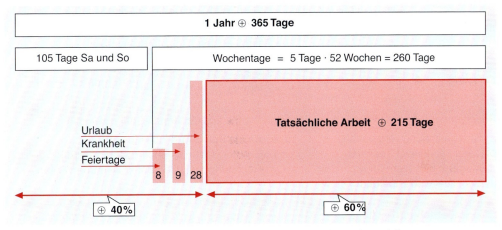

Die tatsächliche Arbeitszeit beträgt dann etwa 60 Prozent der Tage eines Jahres.

Werden die Personalkosten und die tatsächliche Arbeitszeit in Verbindung gebracht, erhält man die Stundenkosten = Kosten für eine Stunde tatsächliche Arbeitszeit.

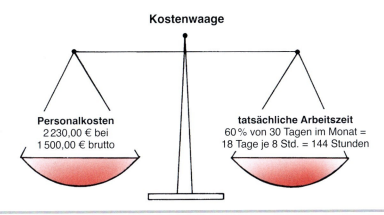

2 230,00 € Personalkosten : **144** Stunden ≈ **15,50 €** Stundenkosten

● Berechnen Sie die Stundenkosten unter Berücksichtigung oben errechneter Arbeitszeit von 144 Stunden je Monat:
   a) Bruttolohn 1 850,00 €, Lohnnebenkosten 45 Prozent,
   b) Bruttolohn 2 230,00 €, Lohnnebenkosten 35 Prozent,
   c) Bruttolohn 2 610,00 €, Lohnnebenkosten 38 Prozent.

Bei der Kostenrechnung werden kaufmännische Fachbegriffe verwendet, die es zunächst zu klären gilt.

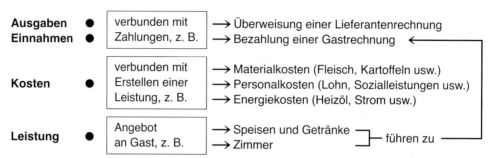

1 Beantworten Sie unter Verwendung der Fachbegriffe aus der ersten Spalte mündlich:

a) Stromrechnung wird bezahlt.

b) Verein überweist Saalmiete.

c) Magazin gibt Ware an Küche ab.

d) Schnitzel wird zubereitet.

e) Kaltes Büfett wird ins Haus geliefert.

f) Zimmer ist zur Vermietung fertig.

g) Rechnung für kaltes Büfett wird überwiesen.

> **Innerbetrieblich** entstehen ──────→ **Kosten,** z. B. Materialkosten, Personalkosten
>
> Nach außen, **dem Gast gegenüber** ──────→ **Preis,** z. B. für ein Menü, für ein Zimmer

2 Notieren Sie in Ihr Heft je zwei Beispiele für:

a) Ausgaben

b) Einnahmen

c) Kosten

d) Leistungen

Buchführung

In der Buchführung werden alle Ausgaben und Einnahmen geordnet und festgehalten. Diese Werte decken sich aber nicht immer mit den Kosten. So führt z. B. eine Ausgabe für Heizöl erst dann zu Energiekosten, wenn dieses verbraucht wird; die Ausgaben für Fleisch werden erst dann zu Materialkosten, wenn Speisen daraus zubereitet werden.

Betriebsabrechnungsbogen – BAB

In den Betriebsabrechnungsbogen werden aus der Buchführung nur die Kosten übernommen. Ausgaben, die noch keine Kosten sind, bleiben unberücksichtigt.

Der Betriebsabrechnungsbogen

● **gliedert in Kostenarten,** z. B. Kosten für Material, Personal, Energie, Räume,

● **ordnet** die Kostenarten **den Kostenstellen zu,** wo sie entstanden sind, z. B. Küche, Beherbergung,

● **verteilt** die Kosten **auf die Kostenträger,** z. B. einzelne Speisen, Getränke, Zimmer.

Nach der Art, wie die Kosten auf die Kostenträger verteilt werden, unterscheidet man unterschiedliche **Kalkulationsverfahren.**

Übersicht

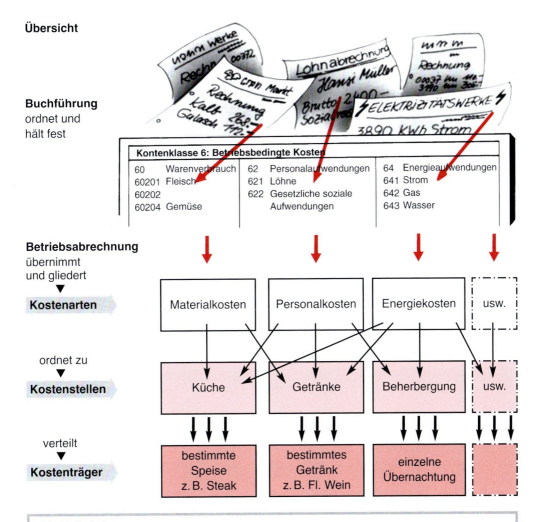

Buchführung
ordnet und
hält fest

Kontenklasse 6: Betriebsbedingte Kosten		
60 Warenverbrauch 60201 Fleisch 60202 60204 Gemüse	62 Personalaufwendungen 621 Löhne 622 Gesetzliche soziale Aufwendungen	64 Energieaufwendungen 641 Strom 642 Gas 643 Wasser

Betriebsabrechnung
übernimmt
und gliedert
▼

Kostenarten ➤ | Materialkosten | Personalkosten | Energiekosten | usw. |

ordnet zu
▼

Kostenstellen ➤ | Küche | Getränke | Beherbergung | usw. |

verteilt
▼

Kostenträger ➤ | bestimmte Speise z. B. Steak | bestimmtes Getränk z. B. Fl. Wein | einzelne Übernachtung | |

Die Kalkulation
● ist die rechnerische Verteilung der Kosten auf die einzelnen Kostenträger,
● arbeitet mit Werten, die von der Betriebsleitung vorgegeben werden.

26.1 Kalkulationsverfahren

Die Kalkulationsverfahren unterscheiden sich durch die Art, wie die Kosten auf die Kostenträger verteilt werden.

Erbringt ein Betrieb oder eine Abteilung eines Betriebes nur eine einzige Leistungsart, z. B. gebratene Hähnchen (Hähnchenbraterei) oder nur Zimmer (Hotel garni), können die anfallenden Kosten einfach durch die Anzahl der Leistungen geteilt werden.
*Die Kostenverteilung durch Division nennt man **Divisionskalkulation**. Dieses Verfahren wendet man bei der Berechnung der Zimmerpreise an (siehe Seite 173 ff.).*

*Bei Speisen und Getränken ist dieser einfache Weg der Kostenverteilung nicht möglich, denn Arbeitszeit, Energieverbrauch usw. können dem einzelnen Gericht nicht eindeutig zugeordnet werden. Sie werden daher den Materialkosten prozentual zugeschlagen. Aus diesem Grund spricht man von der **Zuschlagskalkulation**.*

26.2 Kalkulation von Speisen und Getränken

26.2.1 Zuschlagskalkulation

Elemente der Preisbildung

Materialkosten

● werden über Rezeptur und Einkaufspreise ermittelt (Stoff der 11. Jahrgangsstufe),
● werden direkt dem Kostenträger, z. B. Steak mit Beilagen, zugeordnet.

Gemeinkosten

● sind die allgemein anfallenden Kosten für Energie, Personal, Reparaturen usw.,
● werden dem Betriebsabrechnungsbogen entnommen,
● können wegen der Vielfalt der Zubereitung nicht direkt einem Kostenträger zugeordnet werden,
● werden als Durchschnittswert prozentual den Materialkosten zugeschlagen.

> Materialkosten + Gemeinkosten = Selbstkosten

Selbstkosten sind die Kosten, die dem Unternehmer selbst entstehen und die er zu verrechnen hätte, wenn er die Leistung selbst in Anspruch nähme.

Den Selbstkosten wird der **Gewinn** zugerechnet. Die weit verbreitete Meinung, der Gewinn sei das, „was der Chef in seine Tasche steckt", ist falsch. Der Unternehmer investiert Kapital, für das er bei der Bank Zinsen erhalten würde. Ihm steht darum eine entsprechende **Kapitalverzinsung** zu. Ferner zählt zum Gewinn das **Entgelt für die Leistungen des Unternehmers,** denn seine Arbeit kann nicht bei den Personalkosten berücksichtigt werden. Schließlich ist jedes Unternehmen mit einem **Risiko** behaftet, darum muss eine Rücklage gebildet werden (z. B. bei allgemein schlechter Wirtschaftslage geht man weniger oft aus, spart am Urlaub).

Gewinn

● ist die Verzinsung des investierten Kapitals,
● ist Entgelt für die Leistung des Unternehmers,
● enthält einen Risikoanteil für Rücklagen.

> Selbstkosten + Gewinn = kalkulierter Preis

In den meisten Betrieben erhält das Servicepersonal eine **Umsatzbeteiligung,** die prozentual vom kalkulierten Preis errechnet wird. Nach den tariflichen Bestimmungen beträgt diese mindestens 12 Prozent des kalkulierten Preises.

> Kalkulierter Preis + Umsatzbeteiligung = Nettoverkaufspreis

Nach den gesetzlichen Bestimmungen ist diesem Betrag die Mehrwertsteuer zuzurechnen. Bei „Verzehr an Ort und Stelle", also im Gastgewerbe, ist der volle Steuersatz zu rechnen, derzeit 19 Prozent.

> Nettoverkaufspreis + Mehrwertsteuer = Inklusivpreis

handwerk-technik.de

26.2.2 Faktoren des Inklusivpreises

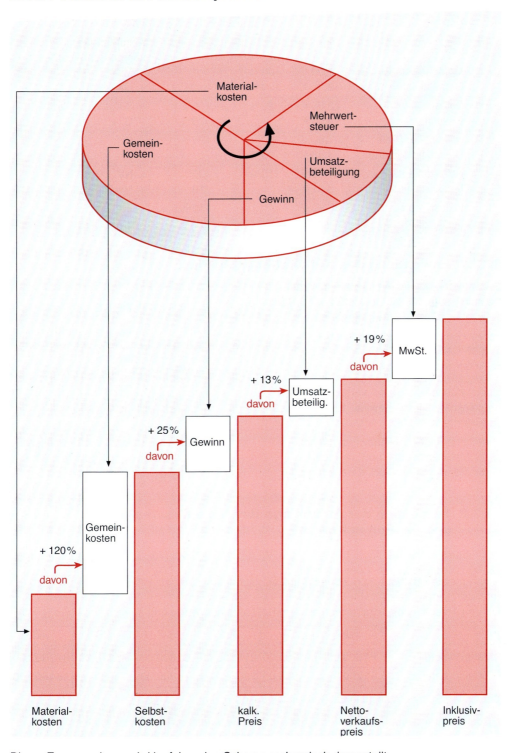

Dieser Zuammenhang wird im folgenden Schema rechnerisch dargestellt.

26.3 Kalkulationsschema

1

Beispiel

Materialkosten[1])	10,00 €	100 %				MK
+ Gemeinkosten	12,00 €	120 %				+ GK
= Selbstkosten	22,00 €	220 %	→	100 %		= SK
+ Gewinn	5,50 €			25 %		+ G
= Kalkulierter Preis	27,50 €	100 %	←	125 %		= KP
+ Umsatzbeteiligung	3,58 €	13 %				+ UB
= Nettoverkaufspreis	31,08 €	113 %	→	100 %		= NV
+ Mehrwertsteuer	5,91 €			19 %		+ MwSt.
= Inklusivpreis	36,99 €			119 %		= IP

Abkürzungen
sparen Schreibarbeit

26.3.1 Anwendung des Kalkulationsschemas

2 Ein Betrieb kalkuliert mit folgenden Werten: Gemeinkosten 125 %, Gewinn 22 %, Umsatzbeteiligung 12 %, Mehrwertsteuer 19 %.

Berechnen Sie den Inklusivpreis bei
a) 6,85 € Materialkosten,
b) 8,60 € Materialkosten.

3 Einem Küchenleiter sind vorgegeben: 118 % Gemeinkosten, 24 % Gewinn, 12,5 % Umsatzbeteiligung, 19 % Mehrwertsteuer.

Berechnen Sie den Inklusivpreis, wenn
a) die Materialkosten 6,40 € betragen,
b) die Materialkosten 5,25 € betragen.

TR-HINWEISE (zu Nr. 2)

1. Wenn der Inklusivpreis gefragt ist, müssen die Zwischenergebnisse nicht berechnet werden. Also
6,85 **X** 225 **%** 15,4125

2. Gerundeten Wert = 15,41 in das Schema, volle Zahl bleibt im Rechner. Denn: Wer nicht neu eintippt, kann dabei keinen Fehler machen. Möglicher Unterschied im Endergebnis 0,01 €.

26.3.2 Berechnen der Aufschläge für Gemeinkosten und Gewinn in Prozent

4
(5) Ein Betrieb entnimmt dem BAB folgende Werte: 100 000,00 (76 000,00) € Materialkosten, 120 000,00 (95 000,00) € Gemeinkosten.
Berechnen Sie den Aufschlag für Gemeinkosten in Prozent.

Für den Abrechnungszeitraum werden dem BAB folgende Werte entnommen:

	6	**7**	**8**	**9**	**10**	**11**
Materialkosten €	84 600,00	144 300,00	216 700,00	64 800,00	71 870,00	612 300,00
Gemeinkosten €	95 200,00	173 900,00	280 800,00	71 900,00	92 620,00	784 600,00

Berechnen Sie den Aufschlag für Gemeinkosten in Prozent.

Die Höhe der **Gemeinkosten ist** abhängig
● von den Leistungen der Küche,
● von der Ausstattung des Restaurants.

[1]) Wir gehen von 10,00 € aus, damit die Relationen deutlich sind.

164

Für die Berechnung des Prozentaufschlages für Gewinn sind die Selbstkosten das Ganze = 100 %.

12
(13) Im Abrechnungszeitraum beliefen sich die Selbstkosten auf 75 000,00 (84 500,00) €; es wurden 15 000,00 (18 950,00) € Gewinn erwirtschaftet.

Berechnen Sie den Aufschlag für Gewinn in Prozent.

Für den Abrechnungszeitraum werden dem BAB folgende Werte entnommen:

	14	**15**	**16**	**17**	**18**	**19**
Materialkosten €	90 000,00	84 500,00	144 500,00	214 900,00	67 500,00	418 000,00
Gemeinkosten €	120 000,00	105 625,00	176 200,00	253 582,00	83 700,00	551 760,00
Gewinn €	21 000,00	41 828,00	86 613,00	112 436,00	34 776,00	252 138,00

Mit welchen Aufschlägen in Prozent müssen Gemeinkosten und Gewinn kalkuliert werden?

20
(21) Die Materialkosten für ein Menü betragen 6,20 (8,40) €. Man kalkuliert mit 125 (130) % Gemeinkosten und ermittelt einen kalkulierten Preis von 19,53 (24,15) €.

Wie viel € beträgt der Gewinn?

26.3.3 Die Betriebsstruktur beeinflusst die Kosten und damit den Inklusivpreis

Je nach Betriebsart sind die Kosten unterschiedlich hoch. Wie sich das auf den Verkaufspreis auswirkt, zeigt folgendes Beispiel, das von gleichen Materialkosten ausgeht.

		22	**23**	**24**	**25**
		Cafeteria	Gasthaus	Restaurant	gehobenes Restaurant
Materialkosten	€	3,40	3,40	3,40	3,40
Gemeinkosten	%	65	115	125	165
Gewinn	%	20	22	24	27
Umsatzbeteiligung	%	0	12	12,5	15
Mehrwertsteuer	%	19	19	19	19

26 Wie verändert sich der Prozentsatz für Gemeinkosten, wenn zunehmend vorgefertigte Produkte verwendet werden?

27 Verwendet man für ein Gericht mehr vorgefertigte Produkte, erhöhen sich die „Materialkosten".

a) Warum ist das Wort Materialkosten in Anführungszeichen gesetzt (vgl. S. 105)?
b) Muss bei der genannten Situation der Kartenpreis heraufgesetzt werden?

28 Der Einkaufspreis für Fisch vergleichbarer Qualität steigt erheblich. Überlegen Sie, ob bei konsequenter Denkweise die prozentualen Kalkulationszuschläge geändert werden müssen.

Wenn ja, welche in welche Richtung?

26.4 Verkürzte Kalkulationsverfahren

Das zeitaufwändige Verfahren der Zuschlagskalkulation kann abgekürzt werden. Dazu führt man einmal mit beliebigen Materialkosten, z. B. 10,00 €, und den gegebenen Prozentwerten die bekannte vierstufige Kalkulation durch. Dann erhält man den Inklusivpreis zu gegebenen Materialkosten.

26.4.1 Kalkulationsfaktor

> Der Kalkulationsfaktor führt durch eine Multiplikation direkt zum Inklusivpreis.

Berechnung des Kalkulationsfaktors

1 **Beispiel**

1. Schritt:

   Einmal vierstufige Kalkulation. Materialkosten 10,00 €, GK 120 %, G 25 %, UB 13 %, MwSt. 19 %.
   Wir übernehmen die Werte aus Aufgabe 1, Seite 164: Materialkosten 10,00 €, Inklusivpreis 36,99 €.

2. Schritt

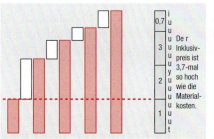

De r Inklusivpreis ist 3,7-mal so hoch wie die Materialkosten.

Inklusiv- preis		Material- kosten		Kalkulations- faktor
IP	**:**	**MK**	**=**	**KF**
36,99 €		10,00 €		3,7

Anwendung des Kalkulationsfaktors

Material- kosten		Kalkulations- faktor		Inklusiv- preis
MK	**·**	**KF**	**=**	**IP**
10,00 €		3,7		37,00 €

Inklusiv- preis		Kalkulations- faktor		Material- kosten
IP	**:**	**KF**	**=**	**MK**
37,00 €		3,7		10,00 €

2
(3) Berechnen Sie den Kalkulationsfaktor:
Materialkosten 5,60 (19,50) €, GK 120 %, G 25 %, UB 13 %, MwSt. 19 %.

4 Berechnen Sie die Kalkulationsfaktoren für folgende Betriebe (Seite 165):

a) Cafeteria, Werte bei Aufgabe 22

c) Restaurant, Werte bei Aufgabe 24

b) Gasthaus, Werte bei Aufgabe 23

d) gehobenes Restaurant, Aufgabe 25

26.4.2 Gesamtaufschlag[1])

5 **Beispiel**

Berechnung

Die Materialkosten für ein Gericht betragen 10,00 €; der Betrieb rechnet mit 120 % Gemeinkosten, 25 % Gewinn, 13 % Umsatzbeteiligung und 19 % Mehrwertsteuer.

Wie viel Prozent beträgt der Gesamtaufschlag?

[1]) Im Steuerrecht auch Rohaufschlag genannt.

Lösung

1. Schritt: Ausführliche Kalkulation, Weg s. S. 164
   Ergebnis: 36,99 €

2. Schritt: Gesamtaufschlag in €
   Inklusivpreis   36,99 €
   – Materialkosten   10,00 €
   ─────────────────────────────
   = Gesamtaufschlag 26,99 €

3. Schritt: Gesamtaufschlag in Prozent
   Materialkosten   10,00 € ≙ 100 %
   Gesamtaufschlag   26,99 € ≙ x %

$$\frac{100 \cdot 26,99}{10,00} = 270\,\%$$

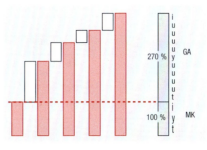

Antwort: Der GA beträgt 270 %.

Der Gesamtaufschlag
- fasst die einzelnen Aufschläge zu einem Gesamtwert zusammen,
- erlaubt eine einstufige Zuschlagskalkulation,
- darf nicht über die Addition der einzelnen Prozentwerte ermittelt werden.

6
(7) Berechnen Sie den Gesamtaufschlag:
Materialkosten 4,50 (6,80) €, Gemeinkosten 130 %, Gewinn 24 %, Umsatzbeteiligung 12 %, Mehrwertsteuer 19 %.

8
(9) Berechnen Sie den Gesamtaufschlag:
Materialkosten 4,50 €, Gemeinkosten 120 (140) %, Gewinn 22 (26) %, Umsatzbeteiligung 12 (15) %, Mehrwertsteuer 19 %.

10 Es gibt einen mathematischen Weg, ohne gegebene Materialkosten zum Gesamtaufschlag zu gelangen. Wer findet ihn?

11

Beispiel

für Kalkulation

Die Materialkosten für ein Gericht betragen 10,00 €. Man kalkuliert mit 270 % Gesamtaufschlag. Inklusivpreis?

Lösung

Materialkosten	10,00 €	100 %	←
Gesamtaufschlag	27,00 €	270 %	←
Inklusivpreis	37,00 €	370 %	

Die Materialkosten sind die Grundlage ≙ 100 %.
Der Gesamtaufschlag wird hinzugerechnet, **aufgeschlagen.**

Antwort: Der Inklusivpreis beträgt 37,00 €.

12
(13) Die Materialkosten für ein Menü betragen 8,10 (7,20) €. Man kalkuliert mit einem Gesamtaufschlag von 230 (250) %. Inklusivpreis?

14 Ein Betrieb rechnet mit einem Kalkulationsfaktor von 3,4.
Ermitteln Sie den Gesamtaufschlag in Prozent.

Zusammenhänge. Ergänzen Sie!

		15	**16**	**17**	**18**	**19**	**20**
Materialkosten	€	5,00	?	?	?	11,50	?
Gesamtaufschlag	%	?	?	210	?	?	200
Kalkulationsfaktor		?	3	?	3,25	?	3
Inklusivpreis	€	16,00	30,00	15,50	15,60	35,00	?

Welcher Betrieb arbeitet mit dem geringsten KF, welcher mit dem höchsten KF?

		21	**22**	**23**	**24**	**25**	**26**
Materialkosten	€	3,20	4,70	8,25	9,80	4,10	8,80
Inklusivpreis	€	10,40	14,80	27,80	28,80	14,40	31,80

27 Es wird mit einem Gesamtaufschlag von 240 Prozent kalkuliert.
Wie lautet der Kalkulationsfaktor?

28 Die Materialkosten für ein Gericht betragen 4,10 €. Der Betrieb kalkuliert mit einem Gesamtaufschlag von 260 %.
Wie viel € beträgt der Inklusivpreis?

29 Die Materialkosten für ein Menü wurden mit 14,30 € ermittelt. Man rechnet mit einem Kalkulationsfaktor von 3,3.
Zu welchem Preis wird das Menü angeboten?

30 Ein Restaurant kalkuliert mit 150 Prozent Gemeinkosten, 25 Prozent Gewinn, 15 % Umsatzbeteiligung und 19 Prozent Mehrwertsteuer.
Wie viel Prozent beträgt der Gesamtaufschlag?

31 Der kalkulierte Preis für ein Gericht beträgt 8,61 €. Man hat den Gewinn mit 25 Prozent kalkuliert.
Wie viel € beträgt der Gewinn?

32 Für eine Sonderveranstaltung hat die Küche 1 750,00 € Selbstkosten ermittelt. Diesem Betrag sind 18 Prozent Gewinn und 15 Prozent Umsatzbeteiligung hinzuzurechnen.
Auf wie viel € beläuft sich der Nettoverkaufspreis?

33 Wie verändert sich der Kalkulationsfaktor, wenn
a) nur die Materialkosten steigen (z. B. in der Patisserie nur Butter statt anderer Fette verwendet wird),
b) wegen einer Tariferhöhung die Löhne steigen?

26.4.3 Rückwärtskalkulation

Für Extraessen und bei der Zusammenarbeit mit Reiseunternehmen wird sehr oft ein fester Inklusivpreis vereinbart. Die Küche muss dann zum Wareneinsatz zurückrechnen.

34

Beispiel

Es wurde ein Menüpreis von 30,00 € fest vereinbart. Der Betrieb kalkuliert mit 120 % Gemeinkosten, 20 % Gewinn, 12 % Umsatzbeteiligung und 19 Prozent Mehrwertsteuer.

Wie viel € dürfen die Materialkosten betragen?

Lösung

Materialkosten	8,53 €	100 %		
+ Gemeinkosten		120 %		
= Selbstkosten	18,76 €	220 %	←	100 %
+ Gewinn				20 %
= Kalkulierter Preis	22,51 €	100 %	←	120 %
+ Umsatzbeteiligung		12 %		
= Nettoverkaufspreis	25,21 €	112 %	←	100 %
+ Mehrwertsteuer				19 %
= Inklusivpreis	30,00 €			119 %

Lösungshinweise

Die Berechnung geht viermal vom erhöhten Grundwert aus.

TR-HINWEISE

30 ⊡ 119 % 25,21

Die Prozenttaste führt direkt zum Grundwert.

35
(36) Eine Reisegesellschaft wünscht die Zusammenarbeit mit unserem Hause und bittet um verbindliche Menüvorschläge zu 16,50 (19,00) €. Der Betrieb kalkuliert mit 130 % Gemeinkosten, 25 Prozent Gewinn, 12 % Umsatzbeteiligung und 19 % Mehrwertsteuer.

Mit welchem Wareneinsatz darf die Küche rechnen?

37
(38) Für ein Festessen wurde als Menüpreis 25,00 (35,00) € vereinbart. Rechnen Sie mit den Werten von obiger Aufgabe.

Auf wie viel € dürfen sich die Materialkosten belaufen?

39 Um den Gästen entgegenzukommen, sollen zwei Kindermenüs auf die Karte gesetzt werden. Der Hoteldirektor schlägt vor:
a) Schneewittchen zu 6,90 € (Reisrand, Ragout fin, gedünstetes Gemüse)
b) Rotkäppchen zu 7,50 € (Kartoffelpüree, Deutsches Beefsteak, gedünstete Tomaten)

Berechnen Sie die Materialkosten bei 130 % Gemeinkosten, 15 % Gewinn, 12 % Umsatzbeteiligung, 19 % Mehrwertsteuer und beurteilen Sie, ob die genannten Gedecke zu diesem Preis herzustellen sind.

40
(41) Für ein Sonderessen wurde der Inklusivpreis auf 25,00 (32,00) € vereinbart. Der Betrieb rechnet mit einem Gesamtaufschlag von 230 Prozent.

Berechnen Sie die Materialkosten.

42
(43) Ein Betrieb rechnet mit einem Kalkulationsfaktor von 3,2.

Berechnen Sie den möglichen Materialeinsatz, wenn der Gedeckpreis 35,00 (45,00) € betragen darf.

26.4.4 Differenzkalkulation

Bisher haben Sie innerhalb der Kalkulation von Speisen zwei Denk- und Rechenwege kennengelernt:

Vorwärts-kalkulation						
	Materialkosten	10,00 €	100 %			
+	Gemeinkosten	12,00 €	120 %			
=	Selbstkosten	22,00 €	220 %	→	100 %	
+	Gewinn	5,50 €			25 %	
=	Kalkulierter Preis	27,50 €	100 %	←	125 %	
+	Umsatzbeteiligung	3,58 €	13 %			
=	Nettoverkaufspreis	31,09 €	113 %	→	100 %	
+	Mehrwertsteuer	5,90 €			19 %	
=	Inklusivpreis	36,99 €			119 %	

Rück-kalkulation						
	Materialkosten	8,53 €	100 %			
+	Gemeinkosten		120 %			
=	Selbstkosten	18,76 €	220 %	←	100 %	
+	Gewinn				20 %	
=	Kalkulierter Preis	22,51 €	100 %	→	120 %	
+	Umsatzbeteiligung		12 %			
=	Nettoverkaufspreis	25,21 €	112 %	←	100 %	
+	Mehrwertsteuer				19 %	
=	Inklusivpreis	30,00 €			119 %	

Innerhalb der Kalkulation sind die Gemeinkosten betriebsbedingt, die Umsatzbeteiligung richtet sich nach dem Tarifvertrag und die Mehrwertsteuer nach den gesetzlichen Vorgaben.

Die einzige Variable ist der Gewinn des Unternehmens. Rechnerisch ist das der Unterschied, die **Differenz** zwischen den einzelnen Kosten.

44

Beispiel

Für ein Sonderessen wurden Materialkosten in Höhe von 7,50 € errechnet. Die Gemeinkosten sind mit 120 % anzusetzen, als Umsatzbeteiligung sind 13 % vereinbart, die MwSt. beträgt 19 %. Das Restaurant berechnet einen Inklusivpreis von 27,50 €.

Berechnen Sie für diese Veranstaltung den Gewinn in € und Prozent.

	Materialkosten	7,50 €	100 %		
+	Gemeinkosten		120 %		
=	Selbstkosten	16,50 €	220 %	≙	100 %
+	Gewinn	3,95 €		≈	24 %
=	Kalkulierter Preis	20,45 €	100 %		
+	Umsatzbeteiligung		13 %		
=	Nettoverkaufspreis	23,11 €	113 %	←	100 %
+	Mehrwertsteuer				19 %
=	Inklusivpreis	27,50 €			119 %

Von den Materialkosten ausgehend errechnet man die Selbstkosten (Vorwärtskalkulation).

Vom Inklusivpreis ausgehend wird rückwärts gerechnet. So kommt man zum kalkulierten Preis.

Der Unterschied, die **Differenz** zwischen den Selbstkosten und dem kalkulierten Preis, ist der Gewinn.

45
(46) Ein Hotel hat mit einem Reiseveranstalter ein Menü zum Inklusivpreis von 30,00 (17,50) € vereinbart. Die Materialkosten belaufen sich auf 8,30 (5,15) €. Die Kalkulationswerte: GK 140 (130) %, Umsatzbeteiligung 12 (13) %, MwSt. 19 %.

Berechnen Sie für dieses Angebot den Gewinn in € und Prozent.

170

26.5 Prüfungsaufgaben

Prüfungen greifen aus dem Gebiet der Kalkulation meist Teilbereiche heraus. Diese umfassen mit den vielfältigen Möglichkeiten der Fragestellung jedoch den gesamten Bereich.

1
(2) Für den Abrechnungszeitraum ermittelte ein Restaurant aus der Buchführung 18 760,00 (28 720,00) € Warenkosten und 24 130,00 (38 500,00) € Gemeinkosten.

Welchen Prozentsatz für Gemeinkosten wird die Betriebsleitung der Küche vorgeben?

3
(4) Die Selbstkosten für ein Gericht wurden mit 5,10 (5,20) € ermittelt. Der Betrieb will 24 % Gewinn erzielen, zahlt 12 % Umsatzbeteiligung und hat 19 % Mehrwertsteuer zu berücksichtigen.

a) Wie viel € beträgt die Berechnungsgrundlage für die Umsatzbeteiligung?
b) Wie viel € Mehrwertsteuer sind anzusetzen?
c) Auf wie viel € beläuft sich der Inklusivpreis?

5
(6) Die Küche eines Betriebes hat für ein Gericht 4,60 (5,65) € Materialkosten ermittelt. Man rechnet mit einem Gesamtaufschlag von 230 (245) %.

Wie viel € beträgt der Inklusivpreis?

7
(8) Ein Betrieb hat für ein Gedeck 4,24 (5,16) € Selbstkosten ermittelt und rechnet mit 130 (115) Prozent Gemeinkosten.

Wie viel € dürfen die Materialkosten betragen?

9
(10) Ein Flasche Korn kostet im Einkauf 7,40 (8,10) € und ergibt 28 Gläser. Der Betrieb rechnet bei Spirituosen mit einem Gesamtaufschlag von 450 Prozent.

Wie viel € beträgt der Verkaufspreis für ein Glas?

11
(12) Der Einkaufspreis für eine Flasche Wein beträgt 3,80 (4,70) €. Man rechnet mit einem Gesamtaufschlag von 380 Prozent.

Berechnen Sie den Inklusivpreis.

13
(14) Für ein Gericht sind 4,75 (5,10) € Selbstkosten ermittelt worden. Der Betrieb setzt 22 % Gewinn an, vereinbart 12 % Umsatzbeteiligung und hat 19 % Mehrwertsteuer zu berücksichtigen.

a) Berechnen Sie den kalkulierten Preis.
b) Wie hoch ist der Nettoverkaufspreis?
c) Auf wie viel € beläuft sich der Inklusivpreis?

15
(16) Bei einem Essen für ein Firmenjubiläum beläuft sich die Gesamtrechnung auf 1 254,70 (978,20) €. Weisen Sie die Mehrwertsteuer von 19 % aus.

17
(18) Ein Betrieb rechnete bisher mit einem Gesamtaufschlag von 290 (265) Prozent. Der neue Küchenchef will die Werte auf den Kalkulationsfaktor umstellen.

Mit welchem Kalkulationsfaktor hat er zu rechnen?

19
(20) Herr Schulze hat einen Betrieb übernommen, aus dessen Buchführung ihm für den letzten Abrechnungszeitraum bekannt ist: Warenkosten 245 000,00 (87 950,00) €, Gemeinkosten 392 800,00 (102 700,00) €, Gewinn 153 200,00 (49 570,00) €.

a) Auf wie viel Prozent beliefen sich bei dem Vorgänger die Gemeinkosten?
b) Wie viel Prozent Gewinn wurden erwirtschaftet?

Gehobener Schwierigkeitsgrad

1
(2) Ein Spezialitätenrestaurant bietet ein Menü zum Preis von 35,00 (45,00) € an. Der Materialaufwand beläuft sich auf 10,80 (12,10) €. Die Geschäftsleitung gibt folgende Kalkulationswerte:
Gemeinkosten 110 (135)%
Umsatzbeteiligung für Service (Bedienungsgeld) 12%
Mehrwertsteuer 19%

a) Ermitteln Sie den Gewinn in € je Menü.
b) Ermitteln Sie den Prozentsatz, mit dem künftig der Gewinnaufschlag zu berücksichtigen ist.

3
(4) Einem Küchenchef sind von der Betriebsleitung folgende Werte vorgegeben: Gemeinkosten 115 (124) Prozent, Gewinn 24 (23) Prozent, Umsatzbeteiligung 12 Prozent, Mehrwertsteuer 19 Prozent.

Nun erhält er vom Betriebsinhaber folgenden Auftrag: „Einer meiner Freunde heiratet; ich habe den Menüpreis von 25,00 (29,00) € zugesagt, wobei ich auf den Gewinn bewusst verzichte."

Ermitteln Sie die unter den genannten Voraussetzungen zur Verfügung stehenden Materialkosten.

5
(6) Das Hotel „Roter Hahn" hat eine Reservierung für 24 (44) Personen angenommen und einen Menüpreis von 35,00 (21,00) € vereinbart. Der Betrieb kalkuliert mit 125 (132) Prozent Gemeinkosten und 19 Prozent Mehrwertsteuer.

a) Wie viel € beträgt die im Gesamtpreis enthaltene Mehrwertsteuer?
b) Wie viel € betragen die gesamten Selbstkosten, wenn die Küche einen Materialverbrauch von 286,40 (288,75) € meldet?

7
(8) Eine Flasche Qualitätswein mit Prädikat wird auf der Weinkarte für 25,00 (32,00) € angeboten. Der Betrieb rechnet mit folgenden Kalkulationszuschlägen:
Gemeinkosten 250 (270) Prozent
Gewinn 50 (35) Prozent
Umsatzbeteiligung für Service (Bedienungsgeld) 15 (12) Prozent
Mehrwertsteuer 19 Prozent

Welcher Materialpreis durfte im Einkauf höchstens bezahlt werden?

9
(10) Ein Hotel rechnet mit 145 (180)% Gemeinkosten, 22 (25)% Gewinn, 15% Umsatzbeteiligung und 19% Mehrwertsteuer.
Wie viel Prozent beträgt der Gesamtaufschlag?

11
(12) Ein Betrieb arbeitet mit 130 (142)% Gemeinkosten; es sind 12% Umsatzbeteiligung vereinbart und 19% Mehrwertsteuer anzusetzen. Bei einem Festessen, das zu 42,50 (55,00) € je Gedeck verkauft wurde, ermittelt die Küche einen Materialverbrauch von 11,60 (13,20) €.
a) Berechnen Sie den Gewinn in € und Prozent.
b) Zu welchem „Werbepreis" kann das Gedeck verkauft werden, wenn in diesem Zusammenhang bewusst auf einen Gewinn verzichtet wird?

Grenzen der Zuschlagskalkulation: Bei den aufgezeigten Verfahren wird der Inklusivpreis von den Materialkosten ausgehend mithilfe von Zuschlägen ermittelt – Zuschlagskalkulation.
Der wesentliche Nachteil dieses Verfahrens ist, dass unterschiedliche Stufen der Vorbereitung (z. B. frische Bohnen – Tiefkühlware) und damit unterschiedliche Lohnkosten nicht berücksichtigt werden. Im Gegenteil: Auf den höheren kg-Preis der Tiefkühlware werden entsprechend höhere Gemeinkosten gerechnet, die im konkreten Fall nicht entstehen.
Bei der Gehilfenprüfung gilt die Zuschlagskalkulation als Standardverfahren.

26.6 Kalkulation von Zimmern

26.6.1 Divisionskalkulation

Die gesamten **Kosten der Beherbungsabteilung** werden aus dem BAB ermittelt. Es sind die Kosten für Räume (z. B. Pacht), Einrichtung usw. Diese Kosten fallen immer mit einem festen Betrag an, gleich ob das Haus voll belegt ist oder leer steht. Auch die Personalkosten verändern sich bei unterschiedlicher Belegung nur wenig.

Weil die genannten Kosten unabhängig von der Anzahl der Übernachtungen feststehen, bezeichnet man sie als **feste Kosten.**

Diese festen Kosten werden auf die Übernachtungen verteilt → **Divisionskalkulation.**

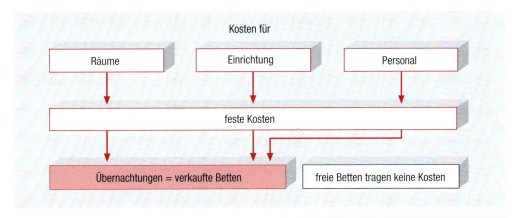

> **Selbstkosten je Übernachtung** = feste Kosten : Übernachtungen

Je mehr Übernachtungen also ein Hotel hat, desto geringer sind die Selbstkosten je Übernachtung, weil die anfallenden Kosten auf eine höhere Anzahl von Zimmern verteilt werden.

26.6.2 Kapazität – Auslastung oder Frequenz

Kapazität ist die theoretisch mögliche Belegung eines Hauses. Das ist der Fall, wenn **alle Betten jeden Öffnungstag verkauft** sind. Dann ist man zu 100 % belegt.

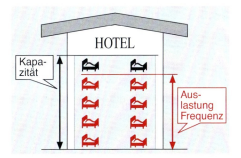

> **Kapazität** = Betten · Öffnungstage ≙ **100 %**

> **Auslastung** oder **Frequenz** =
> tatsächliche Belegung in %

1

> **Beispiel**
>
> Ein Hotel garni hat 40 Betten. Im letzten Jahr (365 Tage) wurden 11 680 Übernachtungen gezählt. Wie hoch ist die Frequenz?
>
> Kapazität: 40 Betten · 365 = 14 600 Übernachtungen möglich.
>
> 14 600 ≙ 100 % $\dfrac{100 \cdot 11\,680}{14\,600} = 80\,\%$
> 11 680 ≙   x %
>
> **Antwort:** Die Auslastung oder Frequenz beträgt 80 Prozent.

Ergänzen Sie die fehlenden Werte und formulieren Sie einen Antwortsatz.

	2	**3**	**4**	**5**	**6**
Bettenzahl	120	135	?	184	?
Öffnungstage	365	?	150	185	365
Kapazität	?	49 275	14 100	?	?

7 Das Hotel „Zur Post" hat 34 (42) Einzelzimmer und 22 (28) Doppelzimmer. Im vergangenen Jahr
(8) wurden insgesamt 14 601 (22 226) Übernachtungen festgestellt.

Berechnen Sie die Frequenz.

9 Das Hotel „Imperial" verfügt über 82 (86) Einzel- und 34 (46) Doppelzimmer. Letztes Jahr waren
(10) es 37 260 (46 778) Übernachtungen.

Berechnen Sie die Frequenz.

11 Das Schweizer Hotel „Matterhorn" ist mit 46 (54) Einzelzimmern und 32 (39) Doppelzimmern
(12) ausgestattet. Während der 95 Tage zählenden Wintersaison wurden 6 690 (8 650) Übernachtungen registriert.

Berechnen Sie die Frequenz.

Zusammenhänge erkennen
Berechnen Sie die fehlenden Werte und formulieren Sie einen Antwortsatz.

	13	**14**	**15**	**16**	**17**
Bettenzahl	264	138	94	410	?
Öffnungstage	365	262	?	365	365
Kapazität	?	?	34 310	?	150 015
Tats. Übern.	71 306	?	?	100 265	100 000
Frequenz	?	68	72	?	?

26.6.3 Veränderung der Selbstkosten bei unterschiedlicher Frequenz

18   **Beispiel**

Ein Betrieb mit 50 Betten hat für ein Jahr (365 Tage) aus dem BAB 438 000,00 €
Kosten für Beherbergung ermittelt. Der Betrieb arbeitet mit einer Frequenz von 80 %.

Berechnen Sie die Selbstkosten je Übernachtung.

Lösung

Kapazität: 50 Betten · 365 = 18 250 mögliche Übernachtungen
Frequenz 80:   80 % von 18 250 = 14 600 tatsächliche Übernachtungen
Selbstkosten: 438 000,00 : 14 600 = 30,00 €

19 Berechnen Sie für den in Beispielaufgabe 18 genannten Betrieb die Selbstkosten je Übernachtung bei   a) Frequenz 60 Prozent,   b) Frequenz 70 Prozent.

Bei höherer Frequenz   ⟶ geringere Selbstkosten je Übernachtung
Bei geringerer Frequenz ⟶ höhere   Selbstkosten je Übernachtung

174

20
(21)
Die Beherbergungabteilung eines Hauses hat 185 (210) Betten. Aus dem BAB wurden 1 300 000,00 (1 897 090,00) € Selbstkosten ermittelt. Das Haus hat 365 Tage geöffnet.

a) Berechnen Sie die Selbstkosten je Bett bei einer Frequenz von 55 Prozent.
b) Berechnen Sie die Selbstkosten je Bett bei einer Frequenz von 70 Prozent.

22
(23)
Aus Konkurrenzgründen dürfen die Selbstkosten je Bett nicht über 27,00 (32,50) € liegen. Das Haus hat 86 (127) Betten. Es ist im Jahr mit Selbstkosten in Höhe von 457 666,00 (934 050,00) € zu rechnen.

Welche Frequenz muss angestrebt werden, damit die Kosten gedeckt sind?

24
(25)
Das Hotel „Meeresblick" verfügt über 90 (65) Betten und ist ganzjährig (365 Tage) geöffnet. Die Selbstkosten beliefen sich im vergangenen Jahr auf 1 201 400,00 (714 600,00) €. Das Haus war zu 52 (62) Prozent ausgebucht, die Selbstkosten wurden mit 60,00 (55,00) € je Bett kalkuliert.

a) Überprüfen Sie, ob die Selbstkosten erwirtschaftet wurden.
b) Welche Frequenz ist zur Kostendeckung erforderlich?

26.6.4 Von den Selbstkosten zum Zimmerpreis

Im Bereich Beherbergung sind die meisten Kosten fix, also unabhängig vom Grad der Auslastung des Hauses. Auch die auf der Etage beschäftigten Personen sind nicht unmittelbar von der Belegung abhängig. Die Löhne werden deshalb nicht über eine Umsatzbeteiligung ermittelt, sondern zählen zu den **Selbstkosten.** Siehe Übersicht. Der Zuschlag für **Gewinn** liegt höher als bei der Speisenkalkulation, weil ein hoher Kapitalanteil verzinst werden muss.

26

Beispiel

Die durchschnittlichen Selbstkosten für ein Einzelzimmer sind mit 40,00 € ermittelt worden. Der Betrieb rechnet mit 35 Prozent Gewinn und hat die 7-prozentige MwSt. zu berücksichtigen. Berechnen Sie den Zimmerpreis.

Lösung

Selbstkosten	40,00 €	100 %	
+ Gewinn	14,00 €	35 %	
= Nettoverkaufspreis	54,00 €	135 %	100 %
+ Mehrwertsteuer	3,78 €		7 %
= Inklusivpreis	57,78 €		107 %

Antwort: Der Zimmerpreis beträgt 57,78 €.

Lösungshinweis

Auch bei der Zimmerkalkulation werden Gewinn und Mehrwertsteuer prozentual zugerechnet.

27
(28)
Die durchschnittlichen Selbstkosten für ein Zimmer betragen 32,00 (41,00) €. Man rechnet mit 32 (34) Prozent Gewinn und hat die 7-prozentige Mehrwertsteuer zu berücksichtigen.

Berechnen Sie den Zimmerpreis (auf ganze € aufrunden).

29
(30)
Ein Hotel verfügt über 72 (124) Zimmer. Im abgelaufenen Jahr (365 Tage) zählte man 21 550 (33 492) Übernachtungen. Die Selbstkosten belaufen sich nach dem BAB auf 773 214,00 (1 428 677) €. Man kalkuliert mit 32 Prozent Gewinn und 7 Prozent Mehrwertsteuer.

a) Mit welcher Frequenz hat der Betrieb im vergangenen Jahr gearbeitet?
b) Wie hoch waren die Selbstkosten je Übernachtung?
c) Berechnen Sie den Inklusivpreis für ein Einzelzimmer.

26.6.5 Zimmer haben unterschiedlichen Wert

In den bisherigen Berechnungen wurde nicht berücksichtigt, dass Zimmer unterschiedlich groß und nicht gleichmäßig ausgestattet sind. Das geschah der Übersicht wegen.

> Der **Wertfaktor** berücksichtigt Größe, Ausstattung und Lage der Zimmer.
> Der Wertfaktor wird von der Betriebsleitung nach Erfahrungswerten festgelegt.

Beispiel: Für ein einfaches Einzelzimmer wird der Wertfaktor 1 festgesetzt; ein gut ausgestattetes Einzelzimmer hat dann z. B. den Wertfaktor 1,4. Durchschnittliche Doppelzimmer erhalten den Wertfaktor 1,8 und gut ausgestattete 2,6.

Frequenz bezieht sich auf Übernachtungen ≙ Anzahl der Personen
Wertfaktor bezieht sich auf Belegungen ≙ Anzahl der belegten Zimmer

31 **Beispiel**

Ein Betrieb hat für die Zimmer Wertfaktoren festgesetzt (siehe Tabelle unten). Die Kosten für die Beherbergung werden mit 55 040,00 € monatlich ermittelt.

Wie hoch sind die jeweiligen Selbstkosten für die Zimmerbelegung?

	Kategorie	Wertfaktor	Bel. je Monat im Durchschn.	Werteinheiten	Selbstkosten je Zimmerbelegung
10 1-Bett-Zi.	A	1,4	200	280	❸ 40,00 € · 1,4 = 56,00 €
15 1-Bett-Zi.	B	1	250	250	40,00 € · 1 = 40,00 €
10 2-Bett-Zi.	A	2,6	180	468	40,00 € · 2,6 = 104,00 €
15 2-Bett-Zi.	B	1,8	210	378	40,00 € · 1,8 = 72,00 €
50 Zimmer ≙ 75 Betten				1 376	

❷ 55 040,00 € : 1 376 =   40,00 €

Lösungshinweis

Die durchschnittliche Belegung wird mit dem Wertfaktor malgenommen, dann ermittelt man die Summe dieser Zahlen.

❷ Die Gesamtkosten werden durch die Summe der Werteinheiten (1 376) geteilt.

❸ Der so ermittelte Betrag wird mit dem Wertfaktor malgenommen und ergibt die jeweiligen Selbstkosten des Zimmers.

32 Führen Sie zu der Beispielaufgabe die Probe durch, indem Sie die jeweiligen Selbstkosten für ein Zimmer mit der durchschnittlichen Belegung malnehmen und die Ergebnisse zusammenzählen.

33
(34) Ein Betrieb hat folgende Zimmer mit den genannten Wertfaktoren:

		Kategorie	Wertfaktor	∅ Belegung je Monat
Einzelzimmer	18 (26)	A	1,6	300 (380)
	22 (24)	B	1	270 (290)
Doppelzimmer	16 (18)	A	2,8	260 (290)
	17 (20)	B	2,4	230 (250)
	3 (5)	C	1,8	40 (65)

Ermitteln Sie die Selbstkosten für jedes Zimmer, wenn monatlich 64 803,60 (108 486,90) € Kosten anfielen.

26.6.6 Zimmerpreis bei differenzierten Kosten – Deckungsbeitrag[1])

Die bei der Beherbergung anfallenden Kosten können nach der Abhängigkeit von den Übernachtungszahlen (Frequenz) in zwei Gruppen geteilt werden.

Feste oder fixe Kosten	Veränderliche oder variable Kosten
sind unabhängig von der Belegung, z. B.	verändern sich mit der Belegung, z. B.
– Pacht	– Bett- und Frotteewäsche
– Wertminderung	– Arbeitsaufwand für Zimmer
– Zinsen für Fremdkapital	– Strom, Heizung
– Personalkosten für Festangestellte	– Materialkosten für Frühstück

Eine Grafik zeigt die Kostenentwicklung innerhalb eines Abrechnungszeitraumes.

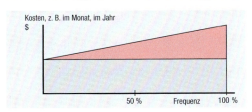

Variable Kosten steigen mit zunehmender Belegung. Sie entstehen zusätzlich zu den festen Kosten.

Feste Kosten fallen in gleichbleibender Höhe an.

Gesamtkosten = feste Kosten + variable Kosten

35

Beispiel

Ein Hotel hat 200 Betten und ist 365 Tage im Jahr geöffnet. Die fixen Kosten belaufen sich auf 934 400,00 €, die variablen Kosten veranschlagt man mit 20,00 € je Übernachtung.

Berechnen Sie die Gesamtkosten je Übernachtung bei einer Auslastung von 40 Prozent.

Lösung

Feste Kosten	934 400,00 €	sind gegeben.
Variable K. 20,00 € · 29 200 =	584 000,00 €	Kosten je Übernachtung · tatsächliche Übernachtungen
Gesamtkosten	1 518 400,00 €	
Kosten je Übernachtung	52,00 €	Gesamtkosten : tatsächliche Übernachtungen

Antwort: Die Kosten je Übernachtung betragen 52,00 €

36 Berechnen Sie für das im Beispiel genannte Hotel die Gesamtkosten im Jahr und die Kosten je Übernachtung bei folgenden Belegungen:

a) 50 Prozent,   b) 60 Prozent,   c) 70 Prozent   und   d) 80 Prozent.

Bei steigender Belegung oder Frequenz steigen die Gesamtkosten,
fallen die Kosten je Übernachtung.

---

[1]) Dieses Verfahren wird derzeit nicht bei Abschlussprüfungen verlangt, doch viele Betriebe arbeiten nach diesem Kalkulationsverfahren.

37 Das Hotel bei Beispielaufgabe **35** kann einen Nettoverkaufspreis von 42,00 € je Übernachtung erzielen.

Ermitteln Sie Gewinn/Verlust im Jahr und je Übernachtung bei folgenden Frequenzen:
a) 40 Prozent   b) 50 Prozent   c) 60 Prozent   d) 70 Prozent   und   e) 80 Prozent

38

Beispiel

Das Hotel bei Beispielaufgabe **35** will ermitteln, welche Frequenz erreicht werden muss, damit feste und variable Kosten gedeckt sind.

Die Werte: 200 Betten, 365 Tage geöffnet, feste Kosten im Jahr 1 619 651,00 €, variable Kosten je Übernachtung 20,00 €, Nettoverkaufspreis (Preis ohne MwSt.) 60,34 €.

Lösung

NVP	60,34 €
– variable Kosten	20,00 €
= Deckungsbeitrag	40,34 €

$$\frac{\text{Fixkosten/Jahr}}{\text{Deckungsbeitrag/Übern.}} = \text{erforderl. Übern.} \qquad \frac{1\,619\,651,00\,€}{40,34} = 40\,150 \text{ Übern.}$$

Kapazität: 200 · 365 = 73 000 ≙ 100 %
Frequenz erforderlich   40 150 ≙ 55 %

Antwort: Bei einer Belegung von 55 % sind die Kosten gedeckt.

Deckungsbeitrag = Nettoverkaufspreis – **variable Kosten**
trägt bei zur **Deckung der festen Kosten**

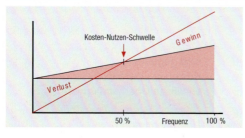

Der Verlauf von festen und variablen Kosten ist von Seite 177 bekannt.
Hier wird – als rote Linie – der Verlauf der Erlöse zusätzlich eingefügt.
Sie beginnen bei 0, wenn keine Gäste im Hause sind, und steigen entsprechend der Belegung.

Kosten-Nutzen-Schwelle = Schnittpunkt, an dem sich Gesamtkosten und Erlöse decken
Break-Even-Point   kein Gewinn, kein Verlust

39
(40) Das Hotel „Schöne Aussicht" verfügt über 80 (90) Betten und ist an 365 Tagen im Jahr geöffnet. Die variablen Kosten je Übernachtung belaufen sich auf 25,00 (28,50) €, die festen Kosten im Jahr liegen bei 590 862,00 (865 597,00) €. Als Nettoverkaufspreis können 60,50 (71,00) € erzielt werden.

Welche Auslastung muss erreicht werden, damit alle Kosten gedeckt sind?

41
(42) Ein Hotel mit 65 (120) Betten hat monatlich (30 Tage) Fixkosten in Höhe von 92 355,00 (150 555,00) €. Der durchschnittliche Nettopreis (ohne MwSt.) beträgt 104,00 (91,50) €. Die variablen Kosten je Übernachtung werden mit 30,00 € veranschlagt.

Bei welcher Auslastung wird die Kosten-Nutzen-Schwelle erreicht?

178

26.7 Prüfungsaufgaben

1 Ein Hotel verfügt über 160 Betten. Im letzten Jahr (365 Tage) wurden 36 208 (33 288) Übernach-
(2) tungen verzeichnet.

Mit welcher Frequenz arbeitet das Haus?

3 Ein Saisonbetrieb hatte im vergangenen Jahr 240 (260) Tage geöffnet. Es wurden 16 932
(4) (17 355) Übernachtungen verzeichnet. Das Haus verfügt über 85 (75) Betten.

Berechnen Sie die Frequenz.

5 Ein Hotel hatte im September 2 754 (1 814) Übernachtungen. Der Betrieb verfügt über 135 (84)
(6) Betten.

Wie viel Prozent betrug die Belegung?

7 Eine Pension hat 8 (12) Doppelzimmer und 5 (8) Einzelzimmer. Im Monat August (31 Tage) war
(8) der Betrieb zu 82 (87) Prozent ausgebucht.

Wie viele Übernachtungen hatte die Pension?

9 Ein Hotel mit 45 (75) Betten hat in der Beherbergungsabteilung Selbstkosten in Höhe von
(10) 256 230,00 (462 637,50) €. Die Frequenz beträgt 65 Prozent.

a) Wie viele Übernachtungen hatte das Haus bei einer Öffnungszeit von 365 Tagen?
b) Auf wie viel € belaufen sich die Selbstkosten für eine Übernachtung?

11 Ein Hotel hatte bei einer Frequenz von 85 Prozent je Übernachtung Selbstkosten in Höhe von
(12) 28,00 (32,00) €.

Wie viel € betragen die Selbstkosten je Übernachtung, wenn die Frequenz auf 65 (58) Prozent
zurückgeht?

13 Ein Hotel verfügt über 42 (54) Doppelzimmer und 18 (22) Einzelzimmer. Im abgelaufenen Jahr
(14) zählte man 20 850 (34 164) Übernachtungen. Nach dem BAB beliefen sich die Selbstkosten auf
399 750,00 (966 840,00) €.

a) Mit welcher Frequenz hat der Betrieb im vergangenen Jahr gearbeitet?
b) Wie hoch waren die Selbstkosten je Übernachtung?

15 Für eine Übernachtung wurden die Selbstkosten mit 34,60 (48,40) € ermittelt. Der Betrieb rech-
(16) net mit 27 Prozent Gewinn und muss 7 Prozent Mehrwertsteuer berücksichtigen.

a) Auf wie viel € beläuft sich der Nettoverkaufspreis?
b) Auf wie viel € beläuft sich der Inklusivpreis?
c) Wie viel € Mehrwertsteuer sind im Inklusivpreis enthalten?

17 Ein Saisonbetrieb hat 84 (105) Betten. Im vergangenen Jahr konnte bei 230 Öffnungstagen eine
(18) Frequenz von 87 (92) Prozent erreicht werden. In diesem Jahr liegen die Feiertage anders. Daher rechnet man mit 210 Öffnungstagen.

Wie viele Übernachtungen können bei gleichbleibendem Geschäftsgang erwartet werden?

19 Die Selbstkosten eines Zimmers liegen bei einer Frequenz von 63 (68) Prozent bei 42,00
(20) (45,00) €.

Wie viel € betragen die Selbstkosten, wenn die Frequenz auf 72 (82) Prozent steigt?

Gehobener Schwierigkeitsgrad

1
(2) Ein Hotel mit 68 (72) Betten: Für das erste Vierteljahr liegen folgende Übernachtungszahlen vor:

Januar – 31 Tage: 1 823 (1 162) Übernachtungen
Februar – 28 Tage: 1 548 (2 020) Übernachtungen
März   – 31 Tage: 1 897 (2 139) Übernachtungen

a) Um wie viel Übernachtungen liegen die tatsächlichen Übernachtungen unter der Gesamtzahl der möglichen Übernachtungen?
b) Wie hoch war der Tagesdurchschnitt der Übernachtungen?
c) Mit welcher Frequenz arbeitet das Haus?

3
(4) Aus Konkurrenzgründen sollen die Selbstkosten je Übernachtung 40,00 (35,00) € nicht überschreiten. Es handelt sich um ein 80- (90)-Betten-Hotel mit 250 (210) Öffnungstagen, das mit 65 (72) Prozent ausgelastet ist.

Wie hoch dürfen die gesamten Selbstkosten höchstens sein?

5
(6) Ein Hotel hat bei Auslastung von 85 (78) Prozent die Selbstkosten je Übernachtung mit 23,15 (29,40) € ermittelt. Nun fällt die Frequenz auf 64 (62) Prozent.

Berechnen Sie die Selbstkosten je Übernachtung bei verschlechtertem Geschäftsgang.

7
(8) Ein Saisonhotel mit 64 (148) Betten war im vergangenen Jahr 250 (210) Tage geöffnet; man zählte 10 880 (23 951) Übernachtungen.

Berechnen Sie die Frequenz während der Öffnungstage.

9
(10) Ein Hotel hat je Tag durchschnittlich 78 (72) Betten belegt. Das entspricht einer Frequenz von 65 (72) Prozent.

Über wie viele Betten verfügt das Haus?

11
(12) Ein Saisonbetrieb hat 95 (78) Betten. Im letzten Jahr konnte bei 225 (210) Öffnungstagen eine Auslastung von 87 (84) Prozent erreicht werden. Wegen der Verschiebung der Feiertage rechnet man für dieses Jahr mit 210 (205) Öffnungstagen.

Wie viele Übernachtungen können bei gleicher Auslastung erwartet werden?

13
(14) Ein Hotel mit 60 (85) Betten erreichte im Jahr (365 Tage) eine Frequenz von 75 (68) Prozent. Die gesamten Selbstkosten für die Beherbergung beliefen sich auf 328 320,00 (460 000,00) €. Die Summe der kalkulierten Preise betrug 492 570,00 (628 776,00) €.

Berechnen Sie den Gewinn je Übernachtung.

15
(16) Ein Hotel, das über 210 (260) Betten verfügt, war im letzten Jahr (365 Tage) wegen Umbauten an 62 (38) Tagen geschlossen. Auf die Öffnungstage bezogen, hatte es eine Frequenz von 72 (64) Prozent.

Mit wie viel Übernachtungen kann im kommenden Geschäftsjahr gerechnet werden, wenn das ganze Jahr über geöffnet ist?

17
(18) Ein Hotelbetrieb mit 78 (124) Betten erreichte im letzten Jahr (365 Tage) eine Frequenz von 68 (74) Prozent. Die auf die Beherbergungsabteilung entfallenden Kosten betrugen 542 080,00 (1 490 394,00) €. Ohne Umsatzbeteiligung und Mehrwertsteuer betrugen die Erlöse 667 920,00 (1 681 298,00) €.

Wie viel € beträgt der Gewinn aus einer Übernachtung?

180

27 Kosten der Technisierung

Maschinen und Geräte sparen Zeit, kosten aber Geld. Eine Wirtschaftlichkeitsberechnung gibt Aufschluss darüber, ob sich eine Anschaffung lohnt.

Bei den Kosten unterscheidet man

- **feste Kosten** oder **Kapitalkosten,** die mit der Anschaffung verbunden sind.

  Sie umfassen
  Abschreibung und
  Zinskosten.

- **veränderliche Kosten** oder **Betriebskosten,** die mit dem Betrieb (der Benutzung) verbunden sind.

  Dazu zählen z. B.
  Energiekosten wie Strom und Gas,
  Hilfsmittel wie Waschpulver, Spülmittel,
  Reparaturkosten.

27.1 Feste Kosten oder Kapitalkosten

27.1.1 Abschreibung

Jede Maschine muss nach einer bestimmten Zeit ersetzt werden, weil sie „verbraucht" oder veraltet ist. Damit zum Zeitpunkt der Neuanschaffung das Kapital zur Verfügung steht, wird eine Rücklage gebildet. Diese nennt man Abschreibung.

> Abschreibung ⟶ Rücklage für Ersatzbeschaffung oder
> **A**bsetzung **f**ür **A**bnutzung (AfA)

1

Beispiel

Mikrowellengerät: Anschaffungskosten 2 500,00 €, Nutzungsdauer 5 Jahre.

Berechnen Sie den jährlichen Wertverlust.

2 500,00 € : 5 Jahre = 500,00 €

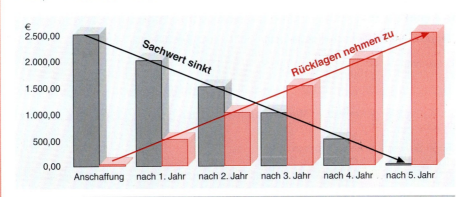

Sinkender Sachwert wird durch Rücklagen ausgeglichen.

> Anschaffungskosten : Nutzungsdauer = Abschreibung in €
> 100 % : Nutzungsdauer = Abschreibung in %

2 Eine gewerbliche Waschmaschine kostet 2 800,00 €. Nutzungsdauer 7 Jahre.
Berechnen Sie die jährliche Abschreibung.

3 Ein gewerblicher Trommeltrockner kostet 1 800,00 €. Nutzungsdauer 10 Jahre.
Wie viel € beträgt die jährliche Abschreibung?

Weil die Abschreibung auch Auswirkungen auf die Besteuerung hat, werden von den Finanzbehörden entsprechende Richtwerte vorgegeben. Diese sind großzügig bemessen. Meist können die Gegenstände länger benutzt werden.

AfA-Tabelle (Auszug)		Nutzungsdauer in Jahren		Nutzungsdauer in Jahren
	Brat- und Backöfen, el.	5	Waschmaschinen	7
	Elektro-Kleingeräte	5	Trockner, Schleuder	10
	Geschirrspülmaschinen	10	Mangel	8

27.1.2 Zinskosten

Wird eine Anschaffung über einen Kredit finanziert, ist offensichtlich, dass für das eingesetzte Kapital Zins bezahlt werden muss.
Erfolgt die Anschaffung mit Eigenkapital, so entstehen zwar keine Ausgaben für Zinsen, doch verzichtet der Unternehmer auf die Zinsen, die ihm das Kapital bei der Bank bringen würde.
Man spricht daher von **Zinsverlust.** Weil diese Zinsen keine Ausgaben sind, sondern als rechnerische Kosten ermittelt werden, nennt man sie auch **kalkulatorische Zinsen.**

Durch die Abschreibung wird das eingesetzte Kapital wieder angespart. Aus diesem Grund ist im Durchschnitt nur die Hälfte des Kapitals zu verzinsen. Vgl. Abb. vorige Seite: In den ersten Jahren ist das zu verzinsende Kapital höher als die Hälfte, später ist es geringer. Man rechnet:

$$\text{Zinskosten} = \frac{\text{Kapital} \cdot \text{Zinsfuß}}{100 \cdot 2} \longleftarrow \text{diese 2 berücksichtigt die Hälfte} \left(\frac{1}{2}\right)$$

4 **Beispiel**

Mikrowellengerät: Anschaffungskosten 2 500,00 €, Zinsfuß 6 %

$$\text{Zinskosten} = \frac{2\,500\,€ \cdot 6}{100 \cdot 2} = 75,00\,€$$

5 Für den Kauf einer gewerblichen Waschmaschine werden 3 100,00 (3 500,00) € aufgewendet.
(6) Zinsfuß 6 Prozent.
Berechnen Sie die Zinskosten für ein Jahr.

Berechnen Sie jeweils die jährlichen Kapitalkosten: Nutzungsdauer siehe AfA-Tabelle, Zinsfuß 6 Prozent.

7	**8**	**9**	**10**	**11**	**12**	**13**	**14**
Mikrowellengerät		Waschmaschine		Trommeltrockner		Spülmaschine	
1 600,00 €	2 800,00 €	4 500,00 €	3 100,00 €	1 800,00 €	1 300,00 €	4 200,00 €	2 800,00 €

Die festen Kosten oder Kapitalkosten sind unabhängig vom Nutzungsgrad.
Sie sind aufzubringen, unabhängig davon, wie oft das Gerät eingesetzt wird.

handwerk-technik.de

27.2 Betriebskosten

Zu den Betriebskosten zählen alle Aufwendungen, die mit dem Betrieb einer Maschine oder eines Gerätes zusammenhängen.

Zu den **Betriebskosten** werden gerechnet
- **Energiekosten,** z. B. für Strom, Öl, Gas,
- **Hilfsmittel,** z. B. Wasser, Waschpulver, Spülmittel,
- **Reparaturkosten;** sie werden nach Erfahrungswerten berechnet. Sind solche nicht bekannt, rechnet man mit 4 % der Anschaffungskosten.

1

Beispiel

Das Mikrowellengerät hat einen Anschlusswert von 5 kW. Bei etwa 30 Einsätzen täglich ist es etwa eine Stunde in Betrieb. Eine kWh kostet 0,13 €. Reparaturkosten 4 % des Anschaffungswertes von 2 500,00 €.

Berechnen Sie die Betriebskosten im Jahr und je Einsatz.

Lösung

5 kW · 1 h = 5 kWh · 365 = 1 825 kWh
0,13 € · 1 825 = 237,25 €
4 % von 2 500,00 € = 100,00 €

Betriebskosten im Jahr

Energie	237,25 €
Reparatur	100,00 €
	337,25 €

30 · 365 = 10 950 Einsätze/Jahr
337,25 € : 10 950 = 0,03 €/Einsatz

Lösungshinweis

Vom täglichen Energieverbrauch ausgehend werden die Energiekosten berechnet.

Von den jährlichen Kosten schließt man auf die Kosten je Einsatz.

Antwort: Die Betriebskosten belaufen sich auf 337,25 € im Jahr und 0,03 € je Einsatz.

2 Ein Trommeltrockner verbraucht je Beschickung 4 kWh. Er wird viermal täglich gefüllt. Die Wäscherei arbeitet an 220 Tagen im Jahr. Die Reparaturkosten werden mit 4 % von 3 230,00 € angesetzt. Preis je kWh 0,13 €.

Berechnen Sie die jährlichen Betriebskosten und die Betriebskosten je Einsatz.

3
(4) Eine Gläserspülmaschine verbraucht je Einsatz 2,1 (2,4) kWh Strom, je kWh zu 0,14 €, 15 (20) ℓ Wasser zu 3,10 €/m³ und 20 (30) ml Spülmittel, je Liter zu 3,80 (4,10) €. Sie wird im Jahr durchschnittlich 4 000- (5 600-) mal benutzt. Die Reparaturkosten sind mit 4 % von 3 800,00 (4 100,00) € Anschaffungskosten zu veranschlagen.

Berechnen Sie die jährlichen Betriebskosten und die Betriebskosten je Einsatz.

5
(6) Für eine gewerbliche Waschmaschine nennt die Betriebsanleitung folgende Durchschnittswerte bei 6 (8) kg Trockenwäsche:

Wasser:	60 (90) ℓ, 1 m³ kostet einschließlich Abwasser 2,10 €
Strom:	2,8 (3,8) kWh, 1 kWh kostet 0,12 €
Waschmittel:	180 (210) g, je kg 2,10 €

Berechnen Sie
a) die Kosten für Energie und Hilfsmittel je Maschinenfüllung.
b) Die Maschine wird im Jahr 900-mal beschickt. Anschaffungskosten 1 800,00 (2 100,00) €; Reparaturrücklage 4 %. Jährliche Betriebskosten?
c) Berechnen Sie die Betriebskosten für eine Beschickung.

27.3 Kosten der Technisierung – Übersicht

Auf Seite 181 ff. haben Sie die Teilbereiche der Kosten der Technisierung kennengelernt. Die Gesamtkosten wurden aufgegliedert in
- feste Kosten oder Kapitalkosten und
- veränderliche Kosten oder Betriebskosten.

Hier fassen wir nun in einer Übersicht zusammen:

1

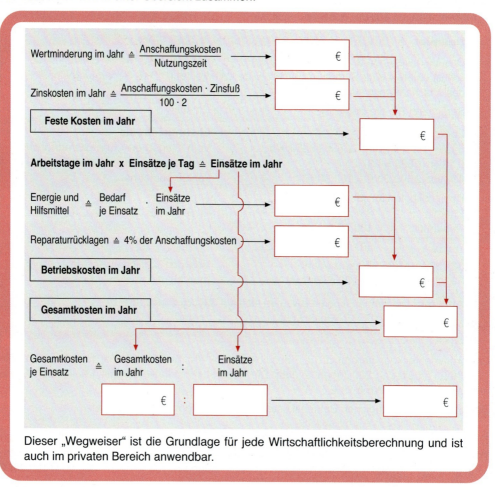

Dieser „Wegweiser" ist die Grundlage für jede Wirtschaftlichkeitsberechnung und ist auch im privaten Bereich anwendbar.

2 Berechnen Sie jetzt zusammenhängend die Kosten für ein Mikrowellengerät. Anschaffungskosten 2 500,00 €, Nutzungsdauer 5 Jahre, Zinsfuß für Zinskosten 6 Prozent. Das Gerät wird täglich 30-mal eingesetzt und verbraucht dabei insgesamt 5 kWh. Preis für 1 kWh 0,13 €. Reparaturkosten 4 Prozent vom Anschaffungspreis.

Berechnen Sie die Gesamtkosten im Jahr und je Einsatz. Die Lösungen bei den Beispielen **1**, Seite 181, **4**, Seite 182 und **1**, Seite 183 dienen Ihnen als Kontrolle für Zwischenergebnisse.

3 Berechnen Sie die Kosten je Einsatz für einen Trommeltrockner.

Anschaffungskosten 2 200,00 €, Nutzungsdauer 10 Jahre, Zinsfuß für Zinskosten 6 Prozent. Energieverbrauch 4 kWh je Beschickung, 1 kWh zu 0,12 €. Reparaturrücklagen 4 %. Das Gerät wird an 190 Tagen durchschnittlich je viermal beschickt.

27.4 Unterschiedliche Nutzung – unterschiedliche Kosten

Bei den Kosten wird unterschieden zwischen den festen Kosten oder Kapitalkosten und den veränderlichen Kosten oder Betriebskosten. Wie sich die Kosten bei unterschiedlicher Nutzung entwickeln, zeigen die folgenden Grafiken.

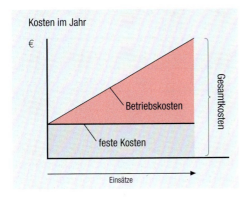

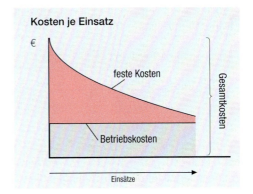

Die **festen Kosten** sind unabhängig von der Nutzung immer gleich hoch.
Die **Betriebskosten** werden mit zunehmender Nutzung höher. Damit steigen auch die **Gesamtkosten.**

Die **Betriebskosten** sind je Einsatz immer gleich hoch. Die **festen Kosten** werden auf die Anzahl der Einsätze verteilt und damit trifft bei häufiger Nutzung auf den einzelnen Einsatz ein geringerer Anteil. Damit werden die **Kosten je Einsatz** geringer.

> Je höher die Nutzung, desto höher die Gesamtausgaben.

> Je intensiver die Nutzung, desto geringer die Gesamtkosten je Einsatz.

Zur Überprüfung dieser Aussagen zwei Beispiele: für den Bereich Küche das Mikrowellengerät (Aufgabe **1**) und für den Bereich Beherbergung eine Waschmaschine (Aufgabe **2**).

1 Ein Küchenleiter will für ein Mikrowellengerät die Kosten je Einsatz ermitteln.

Führen Sie die Berechnung in Ihrem Heft weiter und ermitteln Sie die Kosten je Einsatz bei den vorgegebenen Einsätzen je Tag.

Vergleichen Sie mit der Grafik.

Kosten je Tag		Einsätze je Tag						
		10	20	30	40	50	60	70
Abschreibung	€	1,40	1,40	1,40	?	?	?	?
Zinskosten	€	0,20	0,20	0,20	?	?	?	?
Energiekosten	€	0,10	0,20	?	?	?	?	?
Reparaturrücklagen	€	0,28	0,30	0,32	0,33	0,34	0,35	0,36
Gesamtkosten je Tag	€	1,98	2,10	?	?	?	?	?
Kosten je Einsatz	€	0,20	0,11	?	?	?	?	?

2 Berechnen Sie für eine Waschmaschine die Kosten bei unterschiedlicher Nutzung.

Anschaffungskosten 3800,00 €		Verbrauch	je Füllung	Preise	
Nutzungsdauer	7 Jahre	Wasser	140 l	Wasser/Abwasser	2,30 €/m³
Kapitalverzinsung	6 %	Waschmittel	180 g	Waschpulver	1,80 €/kg
Reparaturrücklage	4 %	Strom	6,5 kWh	Strom	0,11 €/kWh

Füllungen je Arbeitstag	3	4	5	6	6	7
Arbeitstage im Jahr	180	220	220	220	260	260

27.5 Kraftfahrzeugkosten

Die Übersicht auf Seite 184 zeigt den Weg, wie Wirtschaftlichkeitsrechnungen durchgeführt werden. Nach dem gleichen Verfahren werden auch die Kilometerkosten bei einem Auto berechnet. Wir verwenden für die Berechnungen die von Automobilklubs zusammengestellten Werte.

1 Berechnen Sie die Gesamtkosten je 100 km für einen Kleinwagen, Werte unten.

a) bei jährlich   5 000 km (das sind die „reinen Sonntagsfahrer"),
b) bei jährlich 10 000 km (das fährt man „zum Einkaufen und am Sonntag"),
c) bei jährlich 15 000 km (das fahren Privatpersonen im Durchschnitt),
d) bei jährlich 25 000 km (das fahren die meisten im Jahr der Anschaffung eines Autos –
weil es so schön ist zu fahren).

	Gesamtanschaffung	8 200,00 €
Feste Kosten in €	Abschreibung 12 %[1]	?
	Kapitalverzinsung 6 %[2]	?
	Kfz-Steuer	148,20 €
	Haftpflichtversicherung	550,00 €
	Garagenmiete	240,00 €
	Waschen + Pflege	150,00 €
	Nebenausgaben	150,00 €
	Summe im Jahr	?
Betriebskosten je 100 km im Jahr	Kraftstoff	7,70 €
	Öl	0,47 €
	Reparaturen	3,25 €
	Reifen	0,99 €
	Summe je 100 km	?

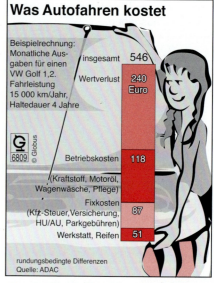

Was Autofahren kostet

Beispielrechnung: Monatliche Ausgaben für einen VW Golf 1,2. Fahrleistung 15 000 km/Jahr, Haltedauer 4 Jahre

insgesamt 546

Wertverlust 240 Euro

Betriebskosten 118
(Kraftstoff, Motoröl, Wagenwäsche, Pflege)

Fixkosten 87
(Kfz-Steuer, Versicherung, HU/AU, Parkgebühren)

Werkstatt, Reifen 51

6809 © Globus

rundungsbedingte Differenzen
Quelle: ADAC

Wer zu den Betriebskosten für sein Auto nur das Benzin, die Kfz-Steuer und die Versicherung zählt, macht eine „Milchmädchenrechnung" auf. Schließlich fallen auch Wartungs-, Pflege- und Reparaturkosten an. Der größte Happen ist jedoch der Wertverlust, der rund ein Drittel des monatlichen Aufwands ausmacht.

[1] vom Listenpreis   [2] vgl. S. 182

In jedem Betrieb sind bestimmte Kontrollen unumgänglich. Sie vergleichen die geplanten Ziele, das **Soll** mit den tatsächlichen Ergebnissen, mit dem, was **ist.**

Beispiele für verschiedene Bereiche sollen die Grundsätze aufzeigen.

28.1 Büfettkontrolle – Beispiel einer Mengenkontrolle

Jede Mengenkontrolle ist aufgebaut nach der Grundformel:

> Anfangsbestand + Zugang – Verbrauch = Endbestand

Beim Endbestand ist zu unterscheiden zwischen dem
Sollbestand, dem Bestand, der rechnerisch vorhanden sein soll, und dem
Istbestand, der ausweist, was tatsächlich vorhanden ist. Der Unterschied zwischen diesen Beständen ist die
Differenz, welche durch + oder – gekennzeichnet ist.

Hotel „Goldener Löwe" Büfett	Bestand		Zugang	Verbrauch		Endbestand Soll	Endbestand Ist		Differenz
Ware									
Cola	38	(26)	75	82	(91)		31	(10)	
Orangenlimonade	12	(9)	40	34	(29)		18	(20)	
Zitronenlimonade	19	(21)	60	64	(79)		13	(15)	
Mineralwasser	11	(8)	24	26	(19)		9	(13)	
Mineralwasser, still	8	(10)	12	7	(9)		13	(13)	
Apfelsaft	7	(9)	20	18	(21)		6	(9)	
Orangensaft	21	(23)	–	16	(19)		5	(4)	
Johannisbeersaft	4	(12)	20	12	(14)		11	(17)	
Tomatensaft	8	(11)	20	17	(19)		9	(12)	

(Warengruppe: Alkoholfreie Getränke — Datum: 17. 3.)

Schließen Sie das Kontrollblatt ab.

Fertigen Sie Aufstellungen nach obigem Muster für die folgenden 7 Tage.
Übernehmen Sie in diese Aufstellungen jeweils den Istbestand des Vortages und tragen Sie dann die Veränderungen ein. Schließen Sie jeden Tag ab.

	18. 3. Bestand	Zugang	Verbrauch	Istbestand	19. 3. Zugang	Verbrauch	Istbestand	20. 3. Zugang	Verbrauch	Istbestand	21. 3. Zugang	Verbrauch	Istbestand	22. 3. Zugang	Verbrauch	Istbestand	24. 3. Zugang	Verbrauch	Istbestand	25. 3. Zugang	Verbrauch	Istbestand
Cola	42	48	64	26	24	48	2	48	42	8	48	39	16	72	79	9	48	46	10	24	29	5
Orangenlimonade	18	40	39	18	40	39	19	20	29	9	20	18	11	30	28	15	20	28	7	30	31	6
Zitronenlimonade	13	20	18	15	20	28	7	20	19	7	20	19	8	20	16	11	20	24	6	20	19	7
Mineralwasser	15	20	12	22	10	18	14	20	19	13	10	14	9	20	15	14	–	9	4	10	8	6
Mineralwasser, still	8	15	8	15	15	11	19	–	11	8	10	9	9	10	11	8	10	10	8	20	13	15
Apfelsaft	17	24	32	9	48	37	20	24	39	4	48	31	20	48	42	24	60	51	33	48	54	27
Orangensaft	14	24	29	8	48	46	10	24	31	3	48	39	11	24	29	6	36	32	10	36	39	7
Johannisbeersaft	9	20	19	8	20	17	11	15	14	12	20	22	11	30	24	17	20	23	14	30	28	16
Tomatensaft	7	20	12	15	–	9	5	20	17	8	20	13	14	10	10	14	–	9	5	20	16	8

28.2 Tagebuch oder Journal –
Beispiel einer Finanzkontrolle

Das Tagebuch oder Journal ermöglicht:
- Nachweis und Kontrolle der Außenstände und Zahlungen von Gästen,
- Kontrolle der Rezeptionskasse.

Hinweise zur Führung

   Alle Einzelleistungen werden zum Tagesbetrag summiert.

❷ Tagesbetrag und Vortrag (was der Gast bereits zu bezahlen hat) ergeben die Gesamtschuld des Gastes.

❸ Zahlungen erscheinen unter Kasse oder Kreditkarte.

❹ Noch nicht bezahlte Beträge kommen zum Übertrag auf den Folgetag.

1 Tragen Sie folgende Vorgänge in unten stehendes Muster ein: Zi. 1, Maier, erhält zweimal Frühstück je 13,00 €, Telefon 4,60 €. Zi. 5, Lorenz, kauft für 4,40 € Briefmarken und erhält für 35,00 € eine Theaterkarte.

2 Der Restaurantkellner bringt Bons: Zi. 2: 28,40 €, Zi. 7: 14,20 €. Zi. 2, Müller, bittet um die Rechnung. Machen Sie die erforderlichen Einträge.

3 Schließen Sie das Journal ab. Beachten Sie die Hinweise.

17. 3. Zi.	Name	Personen	Zimmerpreis	Frühstück	Garage	Restaurant	Auslagen		Tagesbetrag	Vortrag Debitoren	Gesamt	Kasse, Kreditkarten	Übertrag
1	Maier	2	95,00						❶	294,30	❷	❸	❹
5	Lorenz	1	78,00	13,00	8,00					82,60			
2	Müller	2	115,00	26,00			Telefon	8,10		412,20			
7	Breuer	1	65,00	13,00	8,00				86,00	149,00	235,00	235,00	
			❺						❻		❼ ❽		

Hinweise zum Abschluss

❺ Die Beträge jeder Spalte werden zusammengezählt.

❻ Die Summen aller Spalten entsprechen der Summe der Tagesbeträge.

❼ Die Summen der Spalten Tagesbetrag und Vortrag/Debitoren müssen mit der Summe aus der Spalte Gesamt übereinstimmen.

❽ Die Summen der Spalten Kasse, Kreditkarte und Übertrag müssen mit der Summe Gesamt übereinstimmen.

4 Übertragen Sie die Kopfleiste des Journals auf ein DIN-A 4-Blatt im Querformat.

5 Übernehmen Sie aus dem Journal vom 17. 3. die für den 18. 3. erforderlichen Werte für die verbleibenden Gäste (Zimmernummer, Name, Personen usw.).

6 Am 18. 3. fallen an: Bons aus dem Restaurant: Zi. 7 22,45 €, Zi. 1 32,60 €; Herr und Frau Becker reisen an, Zi. 4, Preis 95,00 €; Verzehr im Restaurant 46,30 €; Herr Maier telefoniert, 9,40 €; Frau Breuer Mantel reinigen, 8,50 €.

7 Familie Breuer will am 19. 3. ohne Frühstück abfahren und bezahlt am 18. 3. – Schließen Sie das Journal für den 18. 3. ab.

188

28.3 Kosten- und Kalkulationskontrolle –
der Wareneinsatz

Bei der **Kalkulation** von Speisen wird von den Materialkosten ausgehend der Inklusivpreis ermittelt. Bei der **Kostenkontrolle** werden die tatsächlich erzielten Einnahmen mit den Material-kosten oder dem **Wareneinsatz**[1]) verglichen. Der Denkweg geht also vom Inklusivpreis zum Wareneinsatz.

1

Beispiel

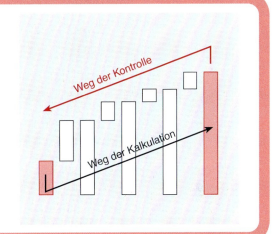

Ein Menü steht mit 34,00 € auf der Karte; die Materialkosten betragen 10,00 €.

Wie viel Prozent beträgt der Wareneinsatz?

Lösung

34,00 € ≙ 100 %
10,00 € ≙ x %
——————————
= 29,41 %

Antwort: Der Wareneinsatz beträgt 29,41 %.

$$\text{Wareneinsatz \%} = \frac{\text{Materialkosten} \cdot 100}{\text{Inklusivpreis}}$$

2
(**3**) Die Materialkosten für ein Menü belaufen sich auf 7,20 (12,80) €. Es steht mit 24,00 (42,00) € auf der Karte.

Berechnen Sie den Wareneinsatz in Prozent.

4
(**5**) Ausgehend von 8,50 (11,30) € Materialkosten, wurde ein Menü mit dem Kalkulationsfaktor 3,2 kalkuliert und steht mit 27,20 (36,20) € auf der Karte. Eine Rezepturüberprüfung ergibt, dass zwischenzeitlich die Materialkosten bei 9,10 (12,00) € liegen.

a) Welcher Wareneinsatz in Prozent war ursprünglich geplant?
b) Wie hoch ist der tatsächliche Wareneinsatz in Prozent?
c) Angenommen, das Gericht wird täglich 20-mal verkauft und der Betrieb ist 365 Tage im Jahr geöffnet. Um wie viel € verringert sich der Gewinn, wenn eine Kontrolle unterbleibt?

Zusammenhänge erkennen, neue Werte vorgeben.

		6	**7**	**8**	**9**	**10**	**11**
Materialkosten	€	7,40	4,41	5,20	?	6,80	?
Inklusivpreis	€	?	15,00	?	18,40	23,20	20,00
Wareneinsatz	%	32	?	34	?	?	30
Kalkulationsfaktor		?	?	?	3,3	?	?

[1]) Bei der Berechnung des Wareneinsatzes gehen wir hier vom Inklusivpreis ≙ 100 % aus. Es gibt auch Verfahren, die den Nettoverkaufspreis zugrunde legen.

28.4 Kontrollierter Einkauf

● **Optimale Lager- und Bestellmengen** lassen sich ermitteln und überprüfen.

Wir vergegenwärtigen uns ein Lager.

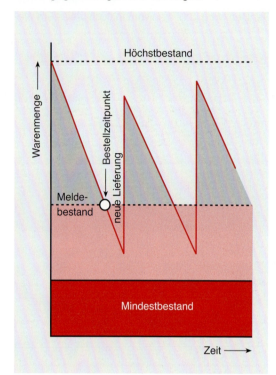

Höchstbestand: Menge, die höchstens gelagert werden kann. Besonders zu beachten bei Kühl- und Tiefkühlware.

Tatsächlicher Lagerbestand: Menge, die sich tatsächlich im Lager befindet.

Meldebestand: Wenn diese Menge erreicht ist, muss das gemeldet werden, damit die neue Ware rechtzeitig eintrifft.

Mindestbestand, auch **eiserner Bestand:** die Lagermenge, die als Sicherheit für das tägliche Geschäft erforderlich ist, z. B. mindestens x Flaschen von jeder Sorte Wein, die auf der Karte aufgeführt ist. Diese Menge wird von der Geschäftsleitung bestimmt.

Meldebestand = (Tagesbedarf · Lieferzeit) + Mindestbestand

---

1 Ein Betrieb verkauft täglich durchschnittlich 36 (65) Flaschen eines bestimmten Mineralwassers.
(**2**) Der Mindestbestand ist auf 120 Flaschen festgelegt. Es wird wöchentlich (7 Tage) geliefert.
Mit welchem Meldebestand muss gearbeitet werden?

3 Von einem Diätbier werden täglich durchschnittlich 22 (30) Flaschen verkauft. Der Mindest-
(**4**) bestand soll dem dreifachen Tagesverbrauch entsprechen. Geliefert wird wöchentlich (7 Tage).
Berechnen Sie den Meldebestand.

5 Bisher: Tagesverbrauch 36 (45) Stück; Lieferzeit 10 Tage, Meldebestand 500. Jetzt wird wö-
(**6**) chentlich geliefert.
Wie lautet der neue Meldebestand?

7 Nennen Sie Gründe, warum ein Höchstbestand zu ermitteln ist. Denken Sie an Frischfleisch, Tiefkühlware.

8 Warum arbeiten manche Betriebe ohne Lagerkennzahlen?

190

28.5 Warenwirtschaft – Food and Beverage

Im Bereich der Warenwirtschaft bedarf es der laufenden Kontrolle, damit

- Verluste durch verdorbene und abhanden gekommene Waren gering sind,
- nicht zu viel Kapital durch die Waren gebunden wird,
- der Bestellzeitpunkt richtig gewählt wird.

Kennziffern ermöglichen dabei einen Vergleich und eine Bewertung. Ein Teil der folgenden Kennziffern wurde bereits in der Grundstufe (Seite 75 f.) behandelt.

Hier eine Wiederholung:

- **Durchschnittlicher Lagerbestand** gibt an, wie viel Geld (Kaufpreis der Waren) durchschnittlich im Lager gebunden ist. Ein übergroßes Lager verursacht unnötige Kosten.

$$\text{Durchschnittlicher Lagerbestand} = \frac{\text{Jahresanfangsbestand} + 12 \text{ Monatsendbestände}}{13}$$

- **Durchschnittliche Lagerumschlagshäufigkeit** gibt an, wie oft im Jahr die durchschnittliche Lagermenge verkauft wurde. Je höher die Lagerumschlagshäufigkeit, desto geringer sind die Lagerkosten.

$$\text{Lagerumschlagshäufigkeit} = \frac{\text{Wareneinsatz}}{\text{durchschnittlicher Lagerbestand}}$$

- **Durchschnittliche Lagerdauer** gibt an, wie lange eine Ware durchschnittlich gelagert wird. Dieser Wert ist besonders bei Frischware wichtig.

$$\text{Durchschnittliche Lagerdauer} = \frac{360}{\text{Lagerumschlagshäufigkeit}}$$

Je kürzer die Lagerdauer, desto besser die Qualitätserhaltung.

- **Lagerzins** nennt den Betrag, um den die Waren durch die Lagerung verteuert werden. Der durchschnittliche Lagerbestand entspricht dem Kapital bei der Zinsrechnung, die durchschnittliche Lagerdauer der Zeit in Tagen.

$$\text{Lagerzins} = \frac{\text{durchschn. Lagerbestand} \cdot p \cdot \text{Lagerdauer (t)}}{100 \qquad 360}$$

28.6 Prüfungsaufgaben

1
(2) Ein Hotel hat am 1. Januar einen Anfangsbestand von 24 600,00 (8 760,00) €. Die Summe aus 12 Monatsendbeständen beläuft sich auf 263 720,00 (86 460,00) € .

Wie hoch ist der durchschnittliche Lagerbestand?

3 Die Buchführung des Hotels „Kaiserhof" liefert folgende Werte:

1. 1. 9 834,00 €			
31. 1. 11 879,00 €	30. 4. 11 342,00 €	31. 7. 8 983,00 €	31. 10. 6 985,00 €
28. 2. 8 792,00 €	31. 5. 9 879,00 €	31. 8. 11 324,00 €	30. 11. 11 678,00 €
31. 3. 12 654,00 €	30. 6. 9 734,00 €	30. 9. 12 560,00 €	31. 12. 12 232,00 €

Berechnen Sie den durchschnittlichen Lagerbestand.

4
(5) Die Küche des Hotels „Königshof" hat im vergangenen Jahr Trockenwaren im Werte von 109 760,00 (182 640,00) € verarbeitet. Der durchschnittliche Lagerbestand ist mit 6 456,00 (10 147,00) € bekannt.

a) Berechnen Sie die Lagerumschlagshäufigkeit.
b) Wie hoch ist die durchschnittliche Lagerdauer (360 Tage)?

6
(7) Bei einer Lieferzeit von 10 Tagen und einem durchschnittlichen Tagesverbrauch von 30 (50) Flaschen war der Meldebestand auf 500 (600) Flaschen festgesetzt. Nun stellt der Lieferant auf wöchentliche Lieferung (7 Tage) um.
Für die Zukunft wird von gleichem Absatz und gleichem Mindestbestand ausgegangen.

Auf wie viel Flaschen beläuft sich der neue Meldebestand?

8
(9) Die Lagerbuchhaltung weist für das vergangene Jahr folgende Werte aus:

Anfangsbestand 15 200,00 (10 250,00) €
Summe der Monatsendbestände 182 400,00 (173 050,00) €
Wareneinsatz des Jahres 258 400,00 (197 400,00) €

Berechnen Sie die Lagerumschlagshäufigkeit

10
(11) Die Buchführung hat ermittelt: durchschnittlicher Lagerbestand 8 564,00 (12 675,00) €, durchschnittliche Lagerdauer 30 (15) Tage, der Bankzins ist mit 8 % zu veranschlagen.

Berechnen Sie den Lagerzins in €.

12
(13) Aus unserer Lagerbuchhaltung ergeben sich bei Trockenwaren für das abgelaufene Geschäftsjahr folgende Werte:

Anfangsbestand 16 000,00 (14 500,00) €
Summe der 12 Monatsendbestände 348 000,00 (163 240,00) €

Wie hoch ist der durchschnittliche Lagerbestand?

Gehobener Schwierigkeitsgrad

1
(2) Ein Betrieb hat bei der Neueröffnung einen Warenbestand von 21 400,00 (17 940,00) €. Nach einem Vierteljahr wird erstmals eine Lagerkontrolle durchgeführt. Die Summe der monatlichen Endbestände wird mit 106 730,00 (54 710,00) € ermittelt.

Berechnen Sie den durchschnittlichen Lagerbestand.

handwerk-technik.de

3 Folgende Werte liegen vor:
(4)

Anfangsbestand	28 000,00	(19 600,00) €
Wareneinkauf des Jahres	536 000,00	(394 200,00) €
Schlussbestand	36 000,00	(26 340,00) €
Summe der 12 Monatsendbestände	448 320,00	(276 700,00) €

Wie hoch ist die Umschlagshäufigkeit?

5 Bei einem Tagesumsatz von 36 (15) Stück und 10 (12) Tagen Lieferzeit war der Meldebestand
(6) auf 450 (265) Stück festgesetzt. Der Lieferant stellt auf eine Lieferzeit von 8 (7) Tagen um. Zugleich wird aus innerbetrieblichen Gründen der Mindestlagerbestand um 10 (15) Stück erhöht.

Berechnen Sie den neuen Meldebestand.

7 Von einem Lager sind für das abgelaufene Geschäftsjahr bekannt:

Anfangsbestand	22 000,00 €
Summe der 12 Monatsendbestände	296 500,00 €
Endbestand	18 500,00 €
Durchschnittliche Lagerdauer	30 Tage

Ermitteln Sie
a) Lagerumschlagshäufigkeit (Jahr 365 Tage),
b) Wareneinkauf des Jahres.

8 Von einer Ware wurde für das Vorjahr eine durchschnittliche Lagerdauer von 12 Tagen ermittelt. Für dieses Jahr ist eine Lagerumschlagshäufigkeit von 24 geplant.

Welche Aussage wirkt sich kostengünstiger aus?

9 Die Lagerfachkarte für einen Tischwein enthält folgende Eintragungen:

Mindestbestand	20 Flaschen	Lieferdauer 7 Tage
Meldebestand	90 Flaschen	

Wie viele Flaschen werden am Tag durchschnittlich verkauft?

10 Aus der Lagerbuchhaltung sind folgende Werte bekannt: Bestand zu Jahresanfang 22 000,00 €, Summe der Monatsendbestände 296 500,00 €. Die Lagerumschlagshäufigkeit wurde mit 12-mal ermittelt.

Lässt sich aus diesen Werten der Wareneinsatz berechnen? Wenn ja, wie hoch ist er?

11 Die Lagerverwaltung hat für das abgelaufene Jahr ermittelt: Bestand am 1. Januar 650,00 €, Bestand am 31. Dezember 550,00 €, Summe der Einkäufe im laufenden Jahr 10 880,00 €, Summe der 12 Monatsendbestände 7 280,00 €.

Wie viel Tage war die Ware durchschnittlich im Lager (Jahr 360 Tage)?

12 Von einem Mineralwasser werden im Jahr (365 Tage) 14 600 Flaschen verkauft. Der Mindestbestand ist auf drei Tagesumsätze festgelegt, die Lieferzeit beträgt 6 Tage.

Ermitteln Sie
a) den durchschnittlichen Tagesabsatz,
b) den vorgegebenen Mindestbestand,
c) den Meldebestand.

Hinweise

Nach den gültigen Stoffkatalogen für Abschlussprüfungen umfasst die schriftliche Abschlussprüfung für jeden Ausbildungsberuf drei Prüfungsbereiche. Berechnungen sind in die jeweiligen Prüfungsbereiche intregiert und erscheinen daher nicht als eigenes Fach.

Sie finden hier für jeden Beruf eine Gruppe mit 14 Aufgaben wie sie bei Gehilfenprüfungen verwendet werden. Dabei können Sie neben dem Schwierigkeitsgrad auch die Besonderheiten der Aufgabenstellung kennenlernen. Wenn Sie testen wollen, geben Sie 40 Minuten vor. In dieser Zeit sollte die Zusammenstellung für Ihren Beruf – hier ohne Prüfungsstress – zu schaffen sein.

Nummerierung

Aus dem Rechenbuch kennen Sie diese Art:

Bei Karotten rechnet man mit einem Vorbereitungsverlust von 15 Prozent und einem Portionsgewicht von 170 Gramm.

a) Wie viele Portionen erhält man aus einem Kilogramm?

b) Wie viel Gramm Rohware sind für eine Portion erforderlich?

Bei der Prüfung wird diese Aufgabe so dargestellt:

1. und 2. Aufgabe

Bei Karotten rechnet man mit einem Vorbereitungsverlust von 15 Prozent und einem Portionsgewicht von 170 Gramm.

1. Aufgabe

Wie viele Portionen erhält man aus einem Kilogramm?

2. Aufgabe

Wie viel Gramm Rohware sind für eine Portion erforderlich?

Aus einer Aufgabe mit zwei Fragen werden somit zwei Aufgaben. Oder anders ausgedrückt: Aus einer Vorgabe werden zwei Problemstellungen abgeleitet.

Erforderliche Genauigkeit

Wie viele Stellen hinter dem Komma? Aufrunden oder Abrunden? Wie ist es, wenn es mit den Portionen nicht aufgeht?

Alles kein Problem! Die Aufgabenmacher wollen Sie nicht hereinlegen. Daher dürfen Sie sich auf folgende Regelungen verlassen:

Die Fragen sind so gestellt, dass es keine Missverständnisse gibt. Es heißt z. B.:
„Wie viele ganze Portionen…?" und nicht: „Wie viele Portionen…?" Kein Rundungsproblem. Vergleichen Sie Beispiele auf Seite 15.

Wenn Berechnungen nicht „aufgehen", wenn z. B. 1,666 666 im Rechner angezeigt wird und die Frage lautet: „Wie viel Kilogramm Fleisch sind erforderlich?", dann gelten meist die Ergebnisse 1,666 und 1,667. Doch das gilt nur unter der Bedingung, dass das Ergebnis tatsächlich zu runden ist. „Freiräume für Schlamper" sind nicht vorgesehen.

Was zählt als Ergebnis?

Es zählen nur die Lösungen auf dem Markierungsbogen. Der Vordruck für Nebenrechnungen ist zwar mit abzugeben, doch nur was auf dem Lösungsbogen steht, wird gewertet. Oft wird gefragt: „Und der Ansatz zählt nichts?" Nein, der Ansatz allein zählt nicht, denn der Taschenrechner verrechnet sich nicht. Jedes Ergebnis ist deshalb zugleich der Ausdruck eines ganz bestimmten Gedankenganges, eben des Ansatzes.

29.1 Aufgaben für Koch/Köchin

1. Aufgabe
Die Nährwerttabelle nennt für ältere Menschen einen täglichen Bedarf von 800 mg Calcium. Ein Becher Joghurt enthält 250 g; 100 g enthalten 115 mg Calcium.

Wie viel Prozent des Tagesbedarfes an Calcium sind mit einem Becher Joghurt gedeckt?

2. Aufgabe
Es wurden 11,500 kg Fleisch gebraten. Daraus konnte man 48 Portionen mit je 170 g schneiden.

Berechnen Sie den Bratverlust in Prozent.

3. Aufgabe
Für ein Essen sollen 75 Portionen Rinderbrust mit je 150 g gegartem Fleisch zur Verfügung stehen. Man rechnet mit einem Kochverlust von 35 Prozent.

Wie viel Kilogramm Fleisch müssen gekocht werden?

4. Aufgabe
Lieferer A bietet 3 kg gefrostete Hähnchenkeulen für insgesamt 12,25 € an.
Lieferer B fordert für 2,5 kg 10,70 €.

Wie viel Prozent ist das Angebot B teurer als das Angebot A?

5. Aufgabe
Eine Dose Brechbohnen wird für 3,80 € bezogen. Nettoeinwaage beträgt 3 650 g.

Berechnen Sie den Preis für 1 kg Bohnen.

6. Aufgabe
Für 1 kg Fleisch mit Knochen werden 8,10 € bezahlt. Man rechnet mit einem Auslöseverlust von 18 Prozent. Die Knochen bleiben unbewertet.

Wie viel € sind für 1 kg Fleisch ohne Knochen zu veranschlagen?

7. Aufgabe
Eine Hotelküche soll neue Wandfliesen erhalten. Der Raum ist 10,20 m lang, 7,60 m breit und 3,60 m hoch. Für Tür- und Fensterflächen sind insgesamt 15,22 m² abzurechnen.

Wie viel Quadratmeter beträgt die zu fliesende Fläche?

8. Aufgabe
Eine Gastrechnung für eine Feier beläuft sich auf insgesamt 522,00 €. Die Mehrwertsteuer ist mit 19 Prozent berücksichtigt.
Wie viel € beträgt die in der Rechnung enthaltene Mehrwertsteuer?

9. Aufgabe
Ein Darlehen über 30 000,00 € wird zunächst mit 11 Prozent verzinst. Nach 9 Monaten erhöht die Bank den Zinssatz um 0,5 Prozent.

Berechnen Sie die Zinszahlung für das abgelaufene Jahr.

10. Aufgabe
Ein Koch hat einen Bruttolohn von 1 800,00 €.
Vom Lohn werden abgezogen: 118,60 € Lohnsteuer
9,49 € Kirchensteuer
20,5 % für Sozialversicherungen

Wie viel Prozent betragen die gesamten Abzüge?

11. Aufgabe

Ein Betrieb rechnet mit einem Gesamtaufschlag von 225 Prozent. Ein Festmenü wird für 45,00 € angeboten.

Berechnen Sie den Materialeinsatz in €.

12. Aufgabe

Eine Tagessuppe steht mit 3,50 € auf der Karte. Der Betrieb rechnet mit 22 % Gewinn, bietet 12 % Umsatzbeteiligung und hat 19 % Mehrwertsteuer zu berücksichtigen.

Berechnen Sie die Selbstkosten der Suppe.

13. Aufgabe

Ein Jungkoch verdient in der Schweiz 2 360,00 CHF monatlich. Er tauscht diesen Betrag in der Bundesrepublik in €. Der Tageskurs ist 1,32 CHF ≙ 1 €.

Wie viel € erhält er?

14. Aufgabe

Ein Hotelier zieht von einer Rechnung 3 Prozent Skonto ab; das sind 22,98 €.

Auf wie viel € lautet die Überweisung?

29.2 Aufgaben für Restaurantfachmann/-frau

1. Aufgabe

Ein Hühnerei enthält nach der Nährwerttabelle 0,25 g Kohlenhydrate, 6 g Eiweiß und 5 g Fett. Ein Gramm Kohlenhydrate und ein Gramm Eiweiß liefern je 17 kJ, ein Gramm Fett 37 kJ.

Wie viel Kilojoule nimmt man mit zwei Eiern zu sich?

2. und 3. Aufgabe

Ein Kalbsrücken mit 4,500 kg wird gebraten. Der Einkaufspreis betrug 10,60 €/kg; man rechnet mit einem Parier- und Bratverlust von 52 Prozent.

2. Aufgabe

Wie viele ganze Portionen Braten je 180 g erhält man?

3. Aufgabe

Wie viel € betragen die Materialkosten je Portion?

4. Aufgabe

Eine Firma liefert Porzellan im Gesamtwert von 6 718,40 €. Sie erhalten 6,5 Prozent Rabatt und 3 Prozent Skonto.

Wie viel € sind zu überweisen, wenn beide Vergünstigungen in Anspruch genommen werden?

5. Aufgabe

Der Fußboden eines Gasthauses soll neu mit Auslegware belegt werden.
Der Raum ist 14,1 m lang und 8,7 m breit. Für fest mit dem Fußboden verbundene Einrichtungen, wie z. B. Theke, fallen folgende Flächen an: 0,95 x 3,80 m, zweimal 0,65 x 0,45 m.

Wie viel Quadratmeter Teppichfliesen werden benötigt?

6. Aufgabe

Ein Restaurant hat drei Gasträume, für die insgesamt Kosten in Höhe von 5 072,10 € angefallen sind. Die Kosten sollen entsprechend der Anzahl der Sitzplätze verteilt werden. Raum A hat 82 Sitzplätze, Raum B 64, und Raum C ist mit 28 Sitzplätzen ausgestattet.

Berechnen Sie den Kostenanteil für Raum B.

7. und 8. Aufgabe

Für Stangenspargel mit Schinken benötigt man je Portion 300 g Spargel, tellerfertig. Der Schäl-verlust ist mit 25 % anzusetzen.

7. Aufgabe

Wie viel Kilogramm Spargel sind für 27 Portionen einzukaufen?

8. Aufgabe

Berechnen Sie die Kosten für eine Portion Stangenspargel, wenn der Einkaufspreis bei 4,70 €/kg liegt.

9. und 10. Aufgabe

Ein Hotel hat 68 Betten. Im ersten Vierteljahr wurden an Übernachtungen registriert: Januar (31 Tage) 1 785 Übernachtungen, Februar (28 Tage) 1 677 Übernachtungen und März (31 Tage) 1 883 Übernachtungen.

9. Aufgabe

Um wie viele Übernachtungen liegt das tatsächliche Ergebnis unter der möglichen Zahl von Übernachtungen?

10. Aufgabe

Wie hoch war der Tagesdurchschnitt der tatsächlichen Übernachtungen in diesem Zeitraum?

11. Aufgabe

Ein Betrieb kauft Wein zu 4,20 € je Flasche. Man kalkuliert mit folgenden Aufschlägen: Gemein-kosten 225 %, Gewinn 22 %, Umsatzbeteiligung 15 % und Mehrwertsteuer 19 %.

Berechnen Sie den Inklusivpreis.

12. Aufgabe

Eine Flasche Wein steht mit 28,00 € auf der Karte. Die Mehrwertsteuer ist mit 19 % berechnet.

Ermitteln Sie die enthaltene Mehrwertsteuer in €.

13. Aufgabe

Es wird ein Sonderessen für 32 Personen bestellt. Als Gedeckpreis sind 26,00 € vereinbart. Der Betrieb arbeitet mit 245 % Gesamtaufschlag.

Ermitteln Sie, mit wie viel € Materialkosten die Küche rechnen kann.

14. Aufgabe

Ein Schweizer Gast hat für das Mittagessen 28,80 € zu bezahlen. Er gibt einen 50-Franken-Schein und bittet, den Rest in € herauszugeben.

Wie viel € bekommt der Gast zurück, wenn der Tageskurs für CHF 1,28 beträgt?

29.3 Aufgaben für Hotelfachmann/-frau

1. Aufgabe

Forellenfilet enthält 14 % Eiweiß und 3 % Fett. 1 g Eiweiß liefert 17 kJ, 1 g Fett 37 kJ.

Berechnen Sie den Energiegehalt einer Portion mit 140 g.

2. Aufgabe

Ein Hotel mit 84 Betten erreichte im letzten Jahr (365 Tage) 19 929 Übernachtungen.

Berechnen Sie die Frequenz.

3. und 4. Aufgabe

Der Frühstücksraum eines Hotels erhält einen neuen Bodenbelag. Der Raum ist 12,8 m lang und 7,4 m breit.

3. Aufgabe

Wie viel Quadratmeter sind auszulegen?

4. Aufgabe

Wie viel € betragen die Kosten, wenn 1 m² Auslegeware einschließlich Verlegen 28,80 € kostet?

5. und 6. Aufgabe

Ein Betrieb kauft 12 kg Spargel. Beim Vorbereiten entsteht ein Verlust von 25 %. Eine tischfertige Portion soll 250 g wiegen.

5. Aufgabe

Wie viele Portionen ergibt die Lieferung?

6. Aufgabe

Wie viel € beträgt der Materialwert für eine Portion, wenn der Einkaufspreis für 1 kg Spargel 8,60 € betrug?

7. Aufgabe

Eine amerikanische Familie übernachtet in einem deutschen Hotel und erhält folgende Rechnung:

2 Doppelzimmer   je 86,00 €
4 Frühstück   je   8,50 €
4 Tomatensaft   je   2,40 €

Sie will die Rechnung mit 250,00 Dollar begleichen.

Beurteilen Sie (Kurs 1 € ≙ 1,28 USD).

8. Aufgabe

Ein Hotelrestaurant verteilt den Tronc nach Punkten. Daran sind beteiligt:

1 Oberkellner   12 Punkte
4 Chefs de rang   je   8 Punkte
8 Commis de rang   je   6 Punkte

Wie viel € erhält ein Commis de rang, wenn 19 065,00 € im Tronc sind?

9. bis 11. Aufgabe

Die Materialkosten für ein Menü betragen 16,80 €.

9. Aufgabe

Wie viel € betragen die Selbstkosten bei 135 % Gemeinkosten?

10. Aufgabe

Wie viel € beträgt der kalkulierte Preis, wenn der Wirt mit 20 % Gewinn rechnet?

11. Aufgabe

Wie viel € beträgt der Nettoverkaufspreis bei 16 % Umsatzbeteiligung?

12. und 13. Aufgabe

Für ein Festessen werden dem Gast 1 183,70 € in Rechnung gestellt. In diesem Betrag sind 19 % Mehrwertsteuer enthalten.

12. Aufgabe

Wie viel € beträgt die Mehrwertsteuer?

13. Aufgabe

Wie viel € entsprechen der Umsatzbeteiligung von 16 %?

14. Aufgabe

Für eine Wäschelieferung erhält ein Betrieb eine Rechnung über 1 038,40 €. Die Firma gewährte 12 % Rabatt.

Berechnen Sie die ursprüngliche Summe.

handwerk-technik.de